T0153778

CONSTANTES PHILOSOPHIQUES DE L'ÊTRE

ÉTIENNE GILSON
À LA MÊME LIBRAIRIE

Dante et la Philosophie, 4 ᵉ éd., 1986

D'Aristote à Darwin... et retour, 1971

Études sur le rôle de la pensée médiévale dans la formation du système cartésien, 5 ᵉ éd., 1984

Héloïse et Abélard, 3 ᵉ éd. revue, 1997

Index scolastico-cartésien, 2 ᵉ éd., 1979

Introduction à l'étude de saint Augustin, 2 ᵉ éd., 2003

Introduction aux arts du beau, 2 ᵉ éd., 1998

Jean Duns Scot. Introduction à ses positions fondamentales, 1952

L'École des Muses, 1951

L'esprit de la philosophie médiévale. Gifford Lectures (Université d'Aberdeen), 2 ᵉ éd. revue, 1998

L'Être et l'Essence, 3 ᵉ éd., 1984

La liberté chez Descartes et la théologie, 1987

La philosophie de saint Bonaventure, 3 ᵉ éd., 1953

La société de masse et sa culture, 1967

La théologie mystique de saint Bernard, 5 ᵉ éd., 1986

Le philosophe et la théologie, 2 ᵉ éd., 2005

Le thomisme. Introduction à la philosophie de saint Thomas d'Aquin, 6 ᵉ éd. revue, 1997

Les idées et les lettres, 1955

Les métamorphoses de la cité de Dieu, 2 ᵉ éd., 2005

Les tribulations de Sophie, 1967

Linguistique et Philosophie, 1981

Matières et Formes, 1964

Peinture et réalité, 2 ᵉ éd., 1998

Pourquoi saint Thomas a critiqué saint Augustin, 1986

Réalisme thomiste et critique de la connaissance, 1986

ŒUVRES COMPLÈTES
– Tome I : *Un philosophe dans la cité 1908-1943*, textes présentés et annotés par Florian Michel, 2019
– Tome II : *Un philosophe dans la cité 1944-1973*, textes présentés et annotés par Florian Michel, 2023

BIBLIOTHÈQUE DES TEXTES PHILOSOPHIQUES

Fondateur H. GOUHIER   Directeur E. CATTIN

Étienne GILSON
de l'Académie française

CONSTANTES PHILOSOPHIQUES DE L'ÊTRE

Avant-propos

de

Jean-François COURTINE

PARIS
LIBRAIRIE PHILOSOPHIQUE J. VRIN
6 place de la Sorbonne, V e

2023

© *Librairie Philosophique J. VRIN*, 1983, 2023
ISSN 0249-7972
ISBN 978-2-7116-3116-2
www.vrin.fr

AVANT-PROPOS

Étienne Gilson laissait à sa mort, en septembre 1978, le manuscrit d'un ouvrage largement inédit dont il avait achevé la préparation dix ans plus tôt, à en croire l'indication marginale : « janvier 1968 » qui figure sur la table des matières, complète et paginée. Henri Gouhier, suivant une suggestion de l'auteur qui, comme l'atteste « une note à son éditeur », songeait à une publication posthume, en a publié séparément en 1979 les deux derniers chapitres, sous le titre *L'athéisme difficile*[1]. Ces deux chapitres formaient en effet comme des appendices autonomes de l'ouvrage que nous publions aujourd'hui.

Mis à part ces appendices, le corps même du volume posthume qu'Étienne Gilson avait lui-même intitulé *Constantes philosophiques de l'être*, se compose de huit chapitres, inédits pour moitié ; les autres reprennent, sous une forme souvent remaniée et plus développée, la matière d'essais publiés de 1952 à 1967.

Le chapitre I, « De la connaissance du principe », présente une version revue et corrigée de l'article déjà publié sous le même intitulé en 1961 dans la *Revue de Métaphysique et de Morale* ; de même, le chapitre II, « Les

1. Voir aujourd'hui la nouvelle édition, accompagnée d'une riche présentation par T.-D. Humbrecht (O.P.), et la Préface d'H. Gouhier, Paris, Vrin, 2014. – L'essai *L'athéisme difficile* porte une date d'achèvement : 12 octobre 1970.

principes et les causes », propose une version corrigée de l'article publié en 1952 dans la *Revue Thomiste* ; le chapitre v, « Les vicissitudes des principes », reprend, sans grands changements, le texte publié en 1967 dans les Mélanges offerts au R.P. M.-D. Chenu[1] ; enfin, le chapitre VII, « L'être et Dieu », reproduit, dans sa première partie, l'étude publiée en deux articles dans la *Revue Thomiste* en 1962, avec le même intitulé.

La seconde partie présente une rédaction assez différente du second article : certains paragraphes ont été purement et simplement supprimés, d'autres sont venus s'y ajouter ou se substituer aux précédents. Il nous a paru nécessaire de retenir dans tous les cas la version manuscrite (en réalité celle du tapuscrit), postérieure au texte publié en revue, comme on le voit par l'ajout de quelques références internes ; par exemple la note a, p. 221, qui renvoie au chapitre VIII, ou encore la référence donnée en note a (p. 224) à l'ouvrage du Père W. J. Richardson publié à La Haye, chez Nijhoff, en 1963, dans la série *Phaenomenologica : Heidegger – Through Phenomenology to Thought*.

La composition des textes ici rassemblés s'échelonne donc sur une quinzaine d'années sans qu'on puisse dater plus précisément la rédaction des chapitres jusqu'à présent inédits[2]. Ce qui est sûr en tout cas, c'est que, comme l'auteur le note lui-même dans sa Préface, même les essais publiés d'abord séparément ont été conçus dans la perspective d'un recueil d'ensemble qui s'est constitué

1. *Mélanges offerts à M.-D. Chenu*, « Bibliothèque Thomiste », Paris, Vrin, 1967.
2. La liberté de ton, la distance ironique sont souvent assez proches de ce que l'auteur nous a donné à lire dans l'ouvrage de 1960, *Le philosophe et la théologie*, Paris, A. Fayard, 1960 ; avec une Préface de J.-Fr. Courtine, Paris, Vrin, 2005 pour l'édition de poche.

progressivement et comme de lui-même. En effet, par-delà l'hétérogénéité relative des chapitres, l'ensemble manifeste une profonde cohérence : celle de l'historien de la philosophie, engagé à la fois dans son débat avec la « grande famille des thomistes », pour reprendre l'heureuse formule du P. Henri de Lubac[1], et celle du philosophe si généreusement attentif aux publications contemporaines ou, à tout le moins, aux traductions, s'agissant de Heidegger. Ou encore, pour le dire autrement, d'un côté « L'actualité de saint Thomas d'Aquin », selon l'intitulé du second paragraphe des *Trois leçons sur le thomisme*, qui figure dans le volume de 1967, publié chez Vrin, *Les Tribulations de Sophie*; de l'autre, la poursuite du « débat » avec la question de l'être, le « dépassement de la métaphysique » et la différence ontologique, débat amorcé dans l'Appendice II de l'*Être et l'essence*. Sur ce dernier versant, le présent ouvrage, beaucoup plus doctrinal qu'historique, se situe en effet dans le prolongement direct des réflexions développées à la faveur de la seconde édition, en 1962. Il poursuit en particulier, à travers la mise en perspective de l'ensemble de la tradition métaphysique occidentale, l'enquête qui porte sur ce qu'Étienne Gilson nomme ici « la nouvelle philosophie de l'être ». L'auteur, qui « s'interroge en philosophe sur les données de l'histoire », demande à présent : « Qu'y a-t-il de nouveau dans les aventures de l'être ? », la nouveauté tenant pour l'essentiel au « cas Heidegger ».

1. Cardinal Henri de Lubac. – Étienne Gilson, *Lettres de M. Étienne Gilson adressées au P. de Lubac et commentées par celui-ci*, Nouvelle édition revue et augmentée (*Œuvres Complètes*, XLVII), Paris, Cerf, 2013, p. 221-237. – On notera aussi que plusieurs chapitres sont rédigés dans les années qui sont aussi celles de l'élaboration de la dernière édition du *Thomisme* (1965).

On ne saurait reconstituer précisément et de manière exhaustive le corpus heideggérien étudié par Gilson : les indications du présent volume concernent explicitement la *Lettre sur l'humanisme*, dans l'édition et la traduction française procurée par Roger Munier, chez Aubier, en 1957 (1964[2]) ; l'*Introduction à la métaphysique*, dans l'invraisemblable et héroïque traduction « française » établie par l'excellent Gilbert Kahn et publiée d'abord aux Presses Universitaires de France, dans la collection Épiméthée, en 1967[1] ; elles renvoient aussi, implicitement, au volume *Identität und Differenz*, et en particulier à l'essai consacré à *Die onto-theo-logische Verfassung der Metaphysik*[2]. Mentionnons également, même en l'absence de référence explicite de Gilson à ce texte[3], la traduction partielle,

1. La suite des traductions françaises de Heidegger nous réservera bien d'autres désastreuses surprises…! Dans *L'être et l'essence* (2ᵉ éd. p. 365), Etienne Gilson notait : « Ma connaissance de la langue allemande est trop superficielle pour me permettre de comprendre vraiment l'usage, assez personnel, qu'en fait notre philosophe. Il m'est donc imparfaitement compréhensible en allemand, et il m'est tout à fait imcompréhensible en français. »

2. On apprend de la précieuse biographie de L. K. Shook, malheureusement non traduite en français (*Etienne Gilson*, Pontifical Institute of Mediaeval Studies, « The Etienne Gilson Series 6 », 1983, p. 334-335), que Gilson, lors d'un séjour à Freiburg en 1957 où il reçoit un doctorat *honoris causa* en théologie a eu l'occasion d'entendre la conférence donnée par Heidegger au *Stadthalle* le 27 juin, à savoir *Der Satz der Identität*, publiée la même année, chez Neske, à Pfullingen [*Gesamtausgabe*, Bd. 11, Klostermann, 2006]. Quelques mois plus tard, le discours de Gilson prononcé lors de la remise du doctorat est publié en même tant que le texte de Heidegger, d'abord présenté à l'issue d'un séminaire consacré à Hegel : *Die onto-theo-logische Verfassung der Metaphysik*, ce dont Gilson rend compte dans une lettre adressée à Anton Pegis le 26 janvier 1958.

3. *Cf.* cependant, la remarque de la page 164 : « Heidegger sort aujourd'hui de Kant […] par un mouvement de retour « *dans le* » et non pas seulement *au*, fondement de la métaphysique. »

donnée à titre de « Document », dans la *Revue des sciences philosophiques et théologiques*, en 1958[1]. Gilson évoque ce texte, nous semble-t-il, à la fois comme « Introduction » à « Qu'est-ce que la métaphysique » et comme « Retour au fondement de <dans> la métaphysique ». Nous ne sommes pas parvenus à conjecturer avec assez de vraisemblance l'identité de l'auteur de la présentation de ce « document »[2]. Rappelons cependant un passage tout à fait significatif de cette « présentation » qui marque proximité et distance avec les analyses de Gilson :

« Dans la présentation que nous faisons de ce document, il ne saurait être question de prendre parti pour ou contre la pensée de Heidegger. Mais il est tout aussi évident qu'on ne saurait, sans dommages réciproques, la comparer ou l'assimiler à la pensée scolastique en général et à la philosophie de S. Thomas en particulier. [...] Il reste que dans le *Retour au fondement de la métaphysique*, Heidegger propose un « dépassement de la métaphysique », pour

1. Sous le titre « Retour au fondement de la métaphysique », (p. 401-433), il s'agit en réalité de la traduction due à R. Munier de *l'Introduction* ajoutée en 1949 à la leçon inaugurale : *Qu'est-ce que la métaphysique ?*, publiée chez Klostermann en 1965. [*Gesamtausgabe*, Bd. 9, Klostermann, 1976, p. 365-383.]

2. Risquons cependant une hypothèse : Maurice Corvez (O.P.) ? Il avait publié dans la *Revue thomiste* une « chronique heideggérienne » (1953, p. 591-613) et donné dans la même revue (1, 1953, p. 287-301) une étude très documentée : « La place de Dieu dans l'ontologie de Martin Heidegger ». *Cf.* D. Janicaud, *Heidegger en France, I. Récit*, Paris, Albin Michel, 2011, p. 143.

Un indice supplémentaire (simple indice) tient aussi au fait que Maurice Corvez dans un article publié dans la *Revue philosophique de Louvain* 63, 78, 1965 : « L'être et l'étant dans la philosophie de Martin Heidegger » (p. 257-279) se risque à traduire *Seiendheit* par « étance », terme que l'on retrouvera, au moins une fois, sous la plume d'Étienne Gilson, dans le présent volume.

autant que la « métaphysique ne représente constamment que l'étant en tant qu'étant » et « ne se tient pas dans la pensée de l'Être lui-même. » […] Il se trouve que dans un horizon de pensée très différent du sien, la difficulté soulevée par Heidegger avec ce qu'il appelle « la différence ontologique » reçoit une solution dans la philosophie de saint Thomas d'Aquin avec ce que nous nommons analogie de l'être. Et les tenants de la philosophie de saint Thomas ont des raisons de penser que l'objet de la métaphysique est sinon l'être en tant qu'être (en laissant au terme être, dans la langue française, sa signification à la fois substantive et verbale), du moins l'étant en tant qu'être, non seulement parce qu'ils peuvent s'appuyer sur cette phrase qui assure que *ens dicitur ab esse* et donc que tout étant, dans tout ce qu'il est, n'est que l'*esse* mesuré par son essence, mais encore parce qu'ils ont à essayer de penser pour leur propre compte ce que saint Thomas vise sous le nom de *ratio entis* et qui n'est ni de l'ordre de la confusion entre l'étant et l'être, ni de l'ordre de ce que Heidegger nomme l'étantité (*Seiendheit*). Est-ce à dire que la pensée de l'Être telle que la conçoit Heidegger nous soit si étrangère qu'elle nous laisserait indifférents ? Bien loin de là : elle ne cesse de nous parler, de nous interpeller, et de nous obliger à nous approfondir dans la compréhension du sens de la philosophie de saint Thomas. »

Ce n'est assurément pas ici le lieu d'examiner en son détail le bien-fondé de l'interprétation que le grand historien suggère de tel ou tel moment du développement de la pensée de Heidegger, de discuter de la pertinence de telle ou telle « critique », de mesurer enfin ce qui sépare le « retour à Parménide », comme l'entend Gilson, de la lecture passionnément interrogative des présocratiques menée presque dès le début par l'auteur de *Sein und Zeit*[1]. Nous nous bornerons à souligner deux traits : 1) au-delà de l'aspect parfois superficiel ou inutilement polémique de la confrontation avec Heidegger, le souci d'échanger « quelques signaux avec les rares compagnons d'aventure » ; 2) la profonde nécessité de la discussion ainsi ouverte qui, même si elle demeure souvent en deçà de la ligne de partage séparant obscurément la « différence métaphysique » de la « différence onto-logique », répond à son insu à cette ultime indication de Heidegger, lors du dernier séminaire tenu à Fribourg-Zähringen en 1973 : « Toute l'histoire de la métaphysique se caractérise [...] comme histoire de l'être de l'étant. On est donc, face à cette histoire de la métaphysique, dans une situation à première vue équivoque : – d'une part il n'est jamais question, dans la métaphysique, d'autre chose que de l'être ; – d'autre part, il n'y est jamais question du sens de l'être. Le résultat de cette équivoque est la tentation

1. On indiquera seulement qu'à nos yeux le « débat » esquissé ici par Étienne Gilson, même s'il est – et pour cause – moins « documenté », n'a rien à envier dans ses grandes lignes aux travaux ultérieurs, comme ceux de J. B. Lotz (S. J.), *Martin Heidegger und Thomas von Aquin*, G. Neske, Pfullingen, 1975, de G. Siewerth, *Das Schicksal der Metaphysik von Thomas zu Heidegger*, Einsiedeln, Johannes Verlag, 1959 ou de J. Caputo, *Martin Heidegger und Thomas von Aquin*, New York, Fordham University Press, 1982. – À une exception près, sans aucun doute, et majeure : l'ouvrage si important et difficile d'E. Przywara (S. J.), *Analogia entis – Ur-Struktur und All-Rythmus*, Munich, Kösel & Pustet, 1932 (repris aujourd'hui dans les *Schriften* III, Einsiedeln, Johannes Verlag, 1966[3]), jamais cité, à notre connaissance, par Étienne Gilson. – On trouvera aujourd'hui un « dossier » très riche sur ce débat dans *Quaestio I, Heidegger e i medievali*, éd. C. Esposito, P. Porro, Turnhout, Brepols, 2001. On peut consulter aussi l'étude fine et documentée de V. Holzer, « Les thomistes de langue allemande au XXe siècle », *Revue des sciences philosophiques et théologiques* 1/2013, t. 97, p. 37-58.

de lire la philosophie comme posant à chacune de ses époques la question fondamentale du sens de l'être. Heidegger invite les auditeurs du séminaire à réfléchir, en vue du travail à venir, à la question : peut-on dire que la question en quête du sens de l'être est déjà posée dans toute l'histoire de la philosophie ? » – Et Heidegger d'ajouter, légitimant ainsi toute réflexion sur « les données de l'histoire » : « Il ne s'agit pas en effet de se contenter simplement de répondre ici par la négative »[1].

Nous sommes très heureux de voir aujourd'hui réédité, dans une version revue, complétée et corrigée, cet ouvrage dont Henri Gouhier nous avait généreusement confié l'édition alors que nous commencions de travailler à ses côtés pour le suivi de plusieurs collections qu'il dirigeait à l'époque chez Vrin. En effet, les difficultés économiques et commerciales de l'édition philosophique et « académique » en 1983 avaient contraint Gérard Paulhac à réduire drastiquement les coûts de préparation : c'était l'époque, de sinistre mémoire, où l'IBM « à sphère » servait à la composition. D'où un nombre déraisonnable d'erreurs et de coquilles qui entachaient ce volume. C'est pourquoi nous sommes particulièrement reconnaissants à Monsieur Denis Arnaud d'avoir immédiatement donné son accord à l'idée d'une nouvelle édition revue et corrigée, tout comme à notre collègue et cher ami, Emmanuel Cattin, de l'accueillir dans une collection dont il a la responsabilité, en un nouveau format plus élégant et plus maniable.

Jean-François COURTINE

---

1. Heidegger, *Questions IV*, Paris, Gallimard, 1976, p. 316-317.

« Tout cela n'a rien d'original. Mais on ne
voit pas assez combien c'est important. »
Edward Sapir, *Anthropologie*, I, 107

PRÉFACE

Le titre de ces essais en indique l'intention. Il se veut aussi modeste que possible. Au risque de créer contre l'écrit un préjugé défavorable, peut-être injustement, il annonce l'intention de reprendre l'examen d'une tradition plus de vingt-quatre fois séculaire, mais toujours vivante et dont les philosophes d'aujourd'hui, quoi qu'ils en aient, ne parviennent pas à s'évader.

Les doctrines contemporaines les plus originales, les plus neuves, doivent le meilleur de leur nouveauté à leur oubli spontané ou délibéré de certaines données essentielles du problème de l'être dont les philosophes grecs ont pourtant fait voir qu'il faut tenir compte. La pensée grecque contenait plus que la seule métaphysique ; tout ce que nous nommons aujourd'hui la science fut fondé par elle, des mathématiques à l'anthropologie et aux sciences sociales, qui sont des sciences de l'homme. Dans cet ordre, le progrès accompli par la pensée occidentale a été immense, il croît encore et rien n'invite à prévoir la fin de cette croissance. On est tenté de penser qu'il doit en avoir été de même dans l'ordre de la philosophie première, mais ce n'est pas ce qui s'est passé.

Aristote a dit dans son *Éthique à Nicomaque* :
« N'oublions pas que raisonner à partir des principes est
autre chose que raisonner sur les principes »[a]. Cette
évidence élémentaire était un bien commun de l'école
péripatéticienne et Théophraste a fondé sur elle la
distinction entre la philosophie première, « où les principes
mêmes sont l'objet de la recherche », et les autres sciences,
où « c'est à partir de principes que la recherche se
poursuit »[b]. L'histoire de la philosophie permet d'observer
un fait important. La réflexion sur les principes, qui porte
sur des évidences premières, ne se prête qu'à de rares
progrès et ceux-ci relèvent plutôt de l'ordre de la prise de
conscience, ou de la prise en considération, que de celui
de la découverte proprement dite. Le métaphysicien n'a
pour ainsi dire jamais le sentiment de découvrir quelque
chose de nouveau ; il éprouve plutôt l'impression que la
vérité qui est une découverte pour lui, puisque chacun doit
la redécouvrir pour son propre compte, a toujours été là,
sous les yeux de tous et que même ceux d'entre eux qui
l'ont méconnue, parfois niée, en ont pourtant toujours fait
usage. Il le fallait bien, puisque toute la vérité de ce que
nous nommons la science relève de la connaissance qui
s'obtient à partir des principes. Les métaphysiciens
eux-mêmes en ont toujours eu conscience et plus d'un a
envié, à certains moments, le bonheur du savant qui, en
quelque ordre que ce soit, ne cesse d'en apprendre toujours
davantage sur son objet, au lieu que le progrès du

Les notes appelées dans le texte par des lettres (a, b, c…) sont
d'Etienne Gilson. Les notes appelées par des chiffres (1, 2, 3…), comme
les ajouts entre [ ] sont de l'éditeur.

a. Aristote, *Éthique à Nicomaque*, I, 4, 1095 a 30-32.
b. Théophraste, *La Métaphysique*, 3. [Gilson cite ici la traduction
Tricot, Paris, Vrin, 1948 ; voir aujourd'hui l'édition et traduction d'A. Laks
et G. W. Most, Paris, Les Belles Lettres, 1993, 4 a 14-16.]

métaphysicien consisterait plutôt à reconnaître que les principes, vers lesquels il remonte à partir de la science, s'enfoncent progressivement à ses yeux dans une sorte de brume comme si, au rebours de ce qui se passe dans les sciences de la nature, une sorte de non-savoir, ou de nescience, était en métaphysique le sommet du savoir. La recherche sur le principe jette alors un regard d'envie sur la recherche qui se poursuit à partir des principes ; elle éprouve la tentation de concevoir la connaissance des principes sur le modèle de la science qu'ils engendrent et de ce désir naît l'une quelconque de ces métaphysiques qui ne sont que des extrapolations de la dernière science positive enfin constituée dans la claire vue de ses principes et de ses moyens particuliers. Ainsi naissent les métaphysico-mathématiques, ou les physico-métaphysiques, suivies des métaphysiques de la vie, de l'homme ou de l'être social. Toutes, même les plus récentes, tendent à ramener la science des principes à ce qu'elle devrait être pour justifier la science de l'un des modes d'être particuliers dont ils sont les principes.

Il convient donc qu'un rappel à l'ordre se fasse parfois entendre pour remettre en lumière l'objet et la méthode propres de la philosophie première. Elle a ses limites, car il semble bien qu'avec la grande trinité métaphysicienne, Platon-Aristote-Plotin, elle ait reconnu une fois pour toutes l'entière étendue de son domaine, mais l'exploration n'en est pas achevée, ne serait-ce que parce que tout métaphysicien a pour tâche première de la recommencer pour son propre compte et que la critique d'un réel qui ne cesse de changer doit toujours être refaite, à partir des mêmes principes, à mesure que son objet se modifie. Toute philosophie digne de ce nom est une critique du devenir à partir de l'être ; l'être étant le pays de l'homme, il est naturel que certains hommes aient la curiosité de l'explorer.

Ce volume se compose d'essais dont chacun a été rédigé pour lui-même, mais avec l'arrière-pensée qu'il trouverait probablement sa place dans un recueil tel que celui-ci, auprès d'autres auxquels il était dès lors apparenté. S'il s'y trouve des répétitions, on veut espérer qu'elles ne seront pas inutiles.

Plusieurs de ces essais ont déjà été publiés séparément. « De la connaissance du principe », dans la *Revue de Métaphysique et de Morale*, 1961, n° 4 [p. 373-397]. « Les principes et les causes », dans la *Revue Thomiste*, 1952, n° 1 [p. 64-94]. « L'être et Dieu », même revue, 1962, n° 2 et 3 [tome LXII, p. 181-202 ; 203-233]. Je renouvelle à ces deux revues l'expression de ma gratitude pour avoir aimablement accueilli ces pages d'un style philosophique décidément démodé. « Sur les vicissitudes des principes » a paru dans le recueil d'études publié en hommage au R. P. M.-D. Chenu, O.P. [*Mélanges offerts à M.-D. Chenu, Maître en théologie*, (« Bibliothèque thomiste », XXXVII)], Paris, [Vrin] 1967, [p. 277-289].

Quelles que soient leurs dates, ces essais sont nés d'une pensée hantée par certains problèmes qui ne sont pas d'aujourd'hui mais de toujours. Quand j'étais jeune, je pensais souvent que l'historien de la philosophie est un gardien de cimetière. L'âge et la réflexion m'ont appris qu'en métaphysique il n'y a pas de vérités mortes ; il n'y en a pas non plus qui ne soient inépuisables ; en les retrouvant pour son propre compte, chacun prend place dans une immense famille de connus ou d'inconnus qu'inspire le désir, toujours en partie frustré, de revivre des idées qu'on ne connaît pas vraiment tant qu'on se contente d'en parler par ouï-dire. Mais celui qui se laisse une fois séduire à leur étude est sûr de jouer plus tard le personnage, toujours un peu comique, d'un vieil apprenti.

CHAPITRE PREMIER

DE LA CONNAISSANCE DU PRINCIPE

Ces réflexions se voudraient aussi brèves que la matière permet de l'être. Elles s'exprimeront donc sur un ton dogmatique en ce sens qu'elles ne s'accompagneront d'aucune des justifications dialectiques que le lecteur aurait droit d'attendre, mais ce ton ne devra pas faire illusion. Il signifiera simplement que la position se réfère à une tradition philosophique connue de tous et tenue par beaucoup pour accordée. Si elle ne l'est pas, il suffira d'interrompre la lecture ; tout le reste ne serait plus qu'une occasion de multiplier les malentendus. On demandera peut-être : pourquoi ne pas apporter les justifications nécessaires ? Simplement parce que nos réflexions voudraient être une réponse à cette question.

Supposons donc accordé que la métaphysique est la science des premiers principes et des premières causes. Un raisonnement simple conduit à conclure qu'elle est avant tout la connaissance du premier principe, dans la lumière duquel tout le reste est connu. Cette position se complète par une deuxième touchant la nature de la connaissance des principes. Il est admis que leur connaissance appartient à l'intellect ; qu'elle est, dans le cas du premier principe, immédiate, et, pour les suivants, réductible à celle du premier ; enfin, qu'elle est évidente, et, puisqu'elle est une opération naturelle liée à la nature même de l'intellect, infaillible, de sorte que nul ne peut ignorer les principes ni se tromper à leur sujet.

Une première précision s'impose, qu'il semble légitime d'accepter comme nécessairement liée à la doctrine. Cette notion des principes ne vaut que pour leur connaissance spontanée, en tant qu'elle ne fait qu'un avec l'exercice naturel de l'intellect. Tout homme pense et parle comme s'il connaissait l'existence et le sens des principes, car il ne peut vivre sans penser, ni penser sans mettre en œuvre les principes. Leur connaissance explicite est au contraire relativement rare ; peu d'hommes répondraient à la question : quel est le premier principe de la connaissance ? Ce petit nombre est celui des philosophes et, plus particulièrement, des métaphysiciens qui sont par là même les seuls dont on puisse attendre une opinion précise sur les propriétés qui caractérisent la connaissance des principes : immédiateté, évidence, universalité, infaillibilité.

C'est ici que se pose le problème sur lequel nous désirons réfléchir. Si la connaissance du premier principe est telle, comment se fait-il que l'accord ne règne pas entre métaphysiciens touchant sa nature et son sens ? S'il existait, cet accord assurerait la reconnaissance d'une vérité métaphysique commune universellement admise comme vraie, mais on sait assez qu'il n'existe pas. La notion qui aurait le plus de chances de se faire universellement reconnaître comme principe premier, serait celle d'être, mais certains philosophes la rejettent comme philosophiquement stérile, par exemple, Descartes, dont le point de départ est tout autre, et même entre ceux qui se réclament de cette notion comme première, le désaccord règne touchant son sens. Aristote en parle déjà comme de l'enjeu

d'un débat jamais conclu : qu'est-ce que l'*étance* (οὐσία)?[1]
Les théologiens chrétiens, qui s'accordaient presque tous
pour en faire l'équivalent philosophique de la notion de
Dieu, ne s'entendaient aucunement sur le sens de la notion.
Les interminables controverses sur les rapports de l'être
(*esse*) à l'étant (*ens*) et à l'essence (*essentia*) suffisent à
établir ce désaccord. Il dure encore. Les scotistes et les
suaréziens n'entendent pas l'être comme font les thomistes
et tous les thomistes ne l'entendent pas de la même manière.
En somme, même si l'on réduit le champ de la réflexion
aux métaphysiques où le premier principe est l'être, le
désaccord est manifeste. Or ce désaccord sur le principe
premier entraîne fatalement des divergences sur toutes les
autres positions occupées par les philosophies en cause.
Même si d'ailleurs ils disent littéralement les mêmes
choses, deux métaphysiciens qui n'entendent pas l'être au
même sens ne s'accordent sur rien. Ainsi le veut la nature
de cette notion en tant que première. Il y a donc désaccord
entre de nombreuses métaphysiques ; elles ne sont même
plusieurs que parce qu'elles ne s'accordent pas entièrement,
et si l'on remonte à l'origine de leurs différences, on
arrivera tôt ou tard à constater une divergence initiale
touchant la nature ou le sens du premier principe. Faible
au point de départ, la divergence s'accentue naturellement
à mesure qu'on en développe les conséquences. Inutile
d'insister, les philosophes sont connus pour leur aptitude
à ne pas s'accorder : le fait n'est que trop évident.

    C'est pourtant un fait paradoxal. Si les principes et leur
connaissance sont ce que l'on dit, le désaccord devrait être
impossible. Deux philosophes entraînés au raisonnement

---

1. Dans l'article de la *Revue de Métaphysique et de Morale*, on lisait
en 1961 : « Qu'est-ce que l'étant ? »

métaphysique, d'accord sur l'objet de leur recherche commune, convenus en outre qu'il s'agit de dégager de l'exercice actuel de la pensée le principe premier que présupposent toutes les opérations de la connaissance, semblent destinés à se mettre inévitablement d'accord. En effet, l'objet de leur enquête est une notion immédiatement connaissable, évidente et sur laquelle, pour un esprit capable de l'expliciter, l'erreur est impossible. Il s'agit donc de savoir comment le désaccord métaphysique est possible. Le seul espoir de trouver réponse à cette question est de la chercher dans une réflexion expressément dirigée sur la manière dont nous connaissons les principes, et d'abord celui d'être qui, à première vue, devrait être éminemment évident.

Prenant cette notion comme typique de la classe entière des principes métaphysiques, essayons d'en préciser l'objet. Mais il est caractéristique de l'objet de notre enquête que nous ne puissions même pas y faire le premier pas sans commencer par choisir entre au moins deux manières différentes d'en entendre les termes. Admettons sans discussion qu'il y ait lieu de distinguer entre deux opérations de l'esprit, l'appréhension simple (ou conception du concept quidditatif) et le jugement, et limitons-nous à l'objet de l'appréhension simple du concept ; qu'entendons-nous par cette appréhension ? Quel en est l'objet ? Par hypothèse, c'est le concept, mais encore, quel genre de contenu pouvons-nous attribuer au concept ? Il est possible que deux philosophes accordent que le premier principe des appréhensions simples est la notion d'être et, en elle, l'être même, sans s'accorder pourtant sur la nature de l'appréhension qu'ils en ont.

Deux manières de voir s'opposent traditionnellement sur ce point. L'une, celle qui se réclame à tort ou à raison de Platon, considère l'intellection des notions premières comme obtenue au terme d'un effort de la pensée pour transcender les images sensibles. La sensation n'y aide pas, elle est plutôt un obstacle, à tel point que la rémanence des images dans l'âme du philosophe est l'obstacle le plus sérieux aux progrès qu'il désire faire dans la connaissance métaphysique. Est-il possible ou non de libérer totalement l'intellect de la connaissance sensible ? Il n'est pas certain que ce soit possible, mais il est tout à fait certain que, dans la mesure où l'intellect connaît vraiment, son objet est de l'intelligible vu à la fine pointe de l'esprit. La condition idéale de l'intellect humain serait l'intuition directe de l'intelligible ; sa condition de fait en est une intuition obscurcie par des images sensibles, mais toute intellection en est une certaine intuition.

La deuxième position, liée à la philosophie d'Aristote, conçoit l'objet de l'intellection comme une forme intelligible abstraite de la sensation et de l'image sensible, mais tellement liée à cette image que, sans elle, la connaissance est impossible. La doctrine est assez connue pour qu'il suffise de la rappeler. On peut dire qu'à la notion platonicienne d'une intuition de l'intelligible, elle oppose la notion aristotélicienne d'une connaissance obtenue par abstraction à partir de la quiddité sensible. Assurément, on peut, si l'on veut, attribuer à l'intellect de type aristotélicien une intuition directe de la forme qu'il abstrait lui-même du sensible, mais si l'on reste fidèle à l'esprit de la doctrine, il faudra maintenir que l'objet de cette intuition n'est pas un intelligible pur, fût-il vu confusément ; son objet est la forme abstraite du sensible et appréhendée dans le sensible même dont on l'abstrait : on ne pense pas sans images. Comme chez Platon, plus l'abstraction s'élève au-dessus du sensible, plus la connaissance est élevée, mais rien ne lui permettra jamais de changer de nature ; son objet ne sera jamais, dans la condition présente de l'homme, qu'une abstraction.

Cette difficulté n'affecte en rien l'évidence ni la solidité du premier principe, car il ne dépend à aucun degré d'une justification philosophique. Avec ou sans philosophie, l'intellect continuera de ne rien pouvoir penser autrement que comme un être, et de commencer par les mots « c'est » toute proposition concernant la nature d'un objet quelconque. Au contraire, cette première indétermination affectera nécessairement tout effort philosophique pour élucider le sens de ce principe. À la question, « qu'est-ce que l'être ? », on ne répondra pas exactement de la même manière selon que l'on fera de cette notion l'objet de l'intuition intellectuelle d'un pur intelligible ou celui de l'intuition intellectuelle d'un concept abstrait du sensible et inséparable d'une image. En ce sens, bien que sa certitude reste de toute manière assurée, la nature du premier principe ne sera pas conçue de la même manière selon qu'on en cherchera la connaissance dans les voies d'Aristote ou dans celles de Platon.

Nous choisissons celle d'Aristote, non sans raison, mais d'abord parce que nous constatons l'impossibilité qu'il y a pour nous de jamais penser sans images. Platon ne l'a d'ailleurs pas formellement nié, car sa doctrine n'a pas posé la question en ces termes. Elle conseillait, comme méthode de réflexion philosophique, un effort persévérant pour transcender l'imagination ; or Aristote et les aristoté-liciens font aussi de cet effort d'abstraction une condition de la connaissance métaphysique ; savoir si, dans la condition présente de l'homme, l'effort peut être couronné d'un plein succès est une question différente. Platon lui-même ne parle d'une telle réussite que comme d'une exception fort rare. Il n'y a donc pas d'inconvénient, pour l'accord des esprits, à tenir pour vraie la réponse classique au problème : on ne conçoit jamais la notion première d'être sans imaginer en même temps l'image confuse de quelque chose qui est.

Comment conçoit-on cet objet de pensée dont on dit qu'il est ? Pour éviter les confusions, convenons de le nommer un « étant » (τò ὄν, *ens, a being, das Seiende, l'ente*). Nous l'avons rappelé, il est traditionnel, dans l'école d'Aristote, de distinguer deux opérations principales de l'intellect, l'appréhension simple (ou formation du concept) et le jugement (ou liaison affirmative ou négative des concepts dans la proposition). Il est exact que les deux opérations sont distinctes, mais en fait elles sont inséparables, car on peut aussi bien tenir le concept pour le résultat d'un jugement que le jugement pour l'explicitation d'un concept. Tel est du moins le cas au niveau de la connaissance philosophique. À la question : « Qu'est-ce qu'un étant ? », saint Thomas répond : c'est un ayant l'être (*habens esse*). Cet exemple classique d'appréhension simple est le résultat d'un effort d'analyse long et compliqué conduisant au jugement : un étant est ce qui a l'être. À partir de ce moment, le nom « être » devient le signe qui tient lieu de toutes les opérations dont il résume la conclusion ; le contenu de l'appréhension simple et celui du jugement est le même quoique diversement formulé.

Puisque notre objet est d'examiner le sens de la notion qui constitue le premier principe, nous admettrons de le considérer sous sa forme la plus simple, qui est celle du concept. Sa simplicité se révèle aussitôt plus apparente que réelle. Il est certain que les deux notions incluses dans *habens esse* peuvent faire l'objet d'une seule appréhension, mais le problème se pose de savoir si ces deux éléments sont conçus comme n'en formant qu'un seul ou, au contraire, comme distincts. On reconnaît aussitôt le problème métaphysique à propos duquel se sont divisées les écoles du Moyen Âge : l'essence est-elle réellement distincte de l'être actuel (existence) dans le composé physique ? Quand elle est fidèle à son maître, l'école thomiste affirme la réalité de la distinction. La définition même qui vient d'être rapportée en est la preuve ; dans *habens esse*, le mot *habens*, « ce qui a », représente l'essence ; le mot *esse*, ou être actuel, représente l'être pris dans son actualité. L'école de Scot et de Suárez, pour ne rien dire de certains thomistes illustres, rejette cette distinction. Ainsi, alors que la notion d'étant signifie pour les uns une essence douée d'un acte qui la fait être, elle signifie pour d'autres l'essence elle-même en tant qu'amenée de puissance à acte par l'efficace de sa cause. Encore ne faut-il pas oublier la classe, nombreuse semble-t-il, de ceux pour qui cette notion n'est qu'un nom commun désignant la généralité des choses dont on dit qu'elles existent, mais rien de plus. Gabriel Séailles[1] disait un jour devant ses étudiants : « Le P. Peillaube[2] m'assure que j'ai l'intuition de l'être. Vous ne pouvez pas ne pas voir l'être, ne cesse-t-il de me répéter. Mais non, je ne vois rien du tout. »

La situation est paradoxale. Comment le désaccord est-il possible touchant le premier principe ? On pourrait aussi bien demander : comment se peut-il que, même pour ceux qui l'accordent, il y ait des métaphysiques différentes

---

1. Gabriel Séailles (1852-1923) a été professeur à la Faculté des Lettres de l'Université de Paris où il a notamment donné des cours portant sur des questions d'esthétique et de philosophie de l'art.

2. Émile Peillaube (1864-1934), doyen de la faculté de philosophie à l'Institut Catholique de Paris a été le maître d'œuvre d'un ouvrage collectif : *Initiation à la philosophie de saint Thomas* (1926).

et opposées ? Les réponses à ces questions ne manquent pas. À celui qui refuse de lui concéder ce qu'il tient pour la notion vraie de l'être, un métaphysicien peut opposer qu'il a l'esprit trop faible pour s'élever à ces hauteurs, ou que les préjugés obscurcissent sa vue, ou simplement que son incapacité de chasser les images sensibles lui rend impossible l'accès de ces abstractions intellectuelles. Les arguments de ce genre sont bons pour la controverse, mais l'usage philosophique en est nul, pour la raison qu'ils peuvent se retourner contre celui qui les emploie. Le partisan de la distinction d'essence et d'existence peut soutenir que son adversaire est aveugle, mais celui-ci peut lui reprocher de voir double, et comme chacun des deux opposants fait appel à l'évidence intuitive du principe, la discussion est sans issue, comme on ne le voit que trop par la leçon de l'histoire. Pourtant, il ne devrait pas y avoir de discussion. Ceux qui s'en accommodent en déconsidérant simplement leurs adversaires, restent eux-mêmes sans réponse quand on les met en demeure d'expliquer pourquoi ce qui est pour eux une évidence immédiate, première, universelle et infaillible ne l'est pas aux yeux de tous.

Le problème est analogue à celui que pose la possibilité de l'erreur en mathématiques. Tant qu'il s'agit simplement d'expliquer des fautes de raisonnement accidentelles, il suffit de recourir à des raisons psychologiques : faiblesse ou fatigue de l'attention, complication de certains raisonnements ou même simples accidents d'écriture. Il est, au contraire, difficile d'expliquer pourquoi, avant même de pouvoir s'y tromper, certains esprits se plaignent de ne pouvoir y entrer. Descartes se flattait de ne rien introduire que d'évident partout où il pouvait user de la méthode mathématique, alors qu'en fait il ne manque pas d'esprits tout à fait normaux, souvent même bien doués à d'autres égards, pour qui les raisonnements mathématiques sont obscurs et même incompréhensibles. La différence entre les deux cas est pourtant qu'en fin de compte une démonstration mathématique conduit à des résultats dont la correction est objectivement démontrable, de sorte que l'accord de tous ceux qui peuvent comprendre les démonstrations finit inévitablement par se faire. Même ceux qui ne se sentent pas capables de les suivre font là-dessus confiance aux autres, dont l'accord est pour eux une garantie suffisante. Il n'en va pas ainsi en métaphysique, parce qu'il ne s'y agit plus simplement de correction logique, mais d'intellection vraie. De deux métaphysiciens également compétents et jouissants d'une égale habileté dans le maniement des arguments dialectiques, il se peut qu'aucun ne réussisse jamais à convaincre l'autre, parce qu'ils ne *voient* pas les mêmes choses.

Ici encore l'histoire de la philosophie constitue comme une expérience collective d'une ampleur immense. Les métaphysiques scolastiques, dont on sait combien elles étaient opposées entre elles, ont été collectivement considérées comme périmées par les philosophes du XVIIe et du XVIIIe siècles. Leurs propres philosophies ont été mises au rebut, comme entachées de « dogmatisme », par la critique de Kant, cependant que des esprits entièrement normaux ont continué en tous temps et en tous pays à philosopher selon les principes de l'aristotélisme traditionnel, comme si la métaphysique de l'être n'avait jamais été contestée. De tels esprits ne sont encore pas rares aujourd'hui, mais ils mènent une sorte de combat d'arrière-garde et jamais on ne les a vus moins capables de rendre aux autres une foi en la valeur de leur premier principe qui fut jadis partagée de tous. Ce qui est évident pour eux ne l'est pas pour les autres et l'on observe même que leurs anciens désaccords n'ont jamais été conciliés. Ils font figure de survivants dans un monde qui les a dépassés depuis longtemps. Leurs adversaires sont pourtant aussi incapables de les réfuter qu'eux-mêmes le sont de convaincre ceux qui tiennent leur philosophie pour périmée. Rien ne convient mieux aux sceptiques qu'une telle situation, mais nous la considérons, au contraire, du point de vue de ceux qui tiennent que toute la connaissance philosophique dépend d'un premier principe immédiatement évident, qui est l'être, et c'est de ceux-là qu'il est curieux qu'incapables de faire partager aux autres une évidence immédiate et première, ils soient pourtant capables de la maintenir indéfiniment vivante dans leur esprit. Indestructible où elle est, impossible à imposer où elle n'est pas, cette certitude ne ressemble à aucune autre de celles qui se réclament de la lumière naturelle de l'intellect.

Une description satisfaisante de la connaissance métaphysique devrait donc rendre raison du caractère d'évidence qu'elle a revendiqué dès l'origine de son histoire et qu'elle conserve en beaucoup d'esprits, mais, en même temps, elle devrait expliquer pourquoi, outre qu'elle prête matière à de nombreux désaccords, elle apparaît à d'autres comme sans objet.

L'étant s'offre à la pensée comme la notion d'un objet réel ou possible, mais sa possibilité même est celle d'une réalité. On peut le décrire simplement comme la notion d'un objet qui existe ou qui peut exister. En quel sens cette notion est-elle principe ? Elle ne présente pas à l'esprit un objet privilégié, qui serait l'être même, et dont la notion inclurait celle de tous les autres objets réels ou possibles. À ce premier degré, l'être est principe en ce sens qu'il est une absolue nécessité de pensée. Il est impossible de rien concevoir autrement que comme un être. Ceci ne suppose pas que toute langue contienne nécessairement un mot pour signifier « ce qui est », au sens le plus général de la formule ; *ens* semble avoir été un mot étranger au latin classique et Sénèque faisait encore des difficultés pour admettre le mot *essentia* qu'avait pourtant proposé Cicéron ; mais là même où le mot fait défaut, le langage trouve des équivalents pour en signifier le sens, qui est celui d'un objet en général. De toute manière, toutes les langues philosophiques dérivées du grec font de ce mot un usage tel que la pensée y serait sans lui impossible. C'est le premier caractère qu'il convient de lui attribuer.

Peut-on trouver un contenu propre à cette notion ? En essayant d'en déterminer un, on rencontre d'abord le mot, puis une immense vague de quelque chose, ou même d'une forme symbolisant n'importe quelle chose particulière possible. On ne trouve pas une image précise et définie de l'être comme celles qui représentent pour nous un homme, un cheval ou telle maison que nous avons vue. En effet, ces images dérivent toutes de perceptions sensibles dont les objets étaient réels, mais « être » n'existe pas à titre d'objet donné dans l'expérience ; ce n'est pas une « chose », et c'est bien pourquoi Gabriel Séailles ne voyait rien quand on prononçait le mot devant lui. Sa riche imagination plastique donnait alors sur le vide. Il n'y a donc d'abord dans la pensée que le mot lié à l'image d'un objet quelconque, substitut de tout autre objet imaginable. L'image ne joue même pas expressément le rôle d'un substitut, elle est simplement là comme ce dont la pensée se contente en fait de contenu.

Supposons à présent que nous soyons mis en demeure de préciser le sens du mot « être », ou « étant », un nouvel élément paraîtra nécessairement, le jugement. À la question, « Qu'est-ce qu'un étant ? », nous répondrons quelque chose comme : c'est ce qui a l'être, ou encore : c'est une essence qui est. Toute définition de ce genre présente deux caractères : sa nécessité et son évidence, mais l'un et l'autre tiennent à ce qu'ici la définition du concept consiste à répéter le concept. Ceci résulte du caractère absolument premier de la notion d'être donnée dans l'appréhension simple. Tenter de définir le principe, c'est se condamner à la tautologie ; on y est installé, chaque fois que l'on forme comme jugement premier la proposition : l'être, c'est ce qui est.

Cette tautologie n'est pourtant pas stérile. Quand on y réfléchit, on se demande si elle ne constituerait pas précisément le contenu intelligible du mot dont nous cherchons le sens. L'être est ce dont il est impossible de ne pas penser qu'il est. Le sens du mot est donc un jugement ; ce jugement est évident parce qu'il consiste à affirmer d'elle-même la notion en question : il est nécessaire en vertu de son évidence même, mais en même temps la tautologie qu'il constitue est d'un genre tout particulier sur lequel il est utile de réfléchir. En effet, il s'agit d'une proposition dont le sens peut être tautologique ou non selon la manière de la comprendre. L'être est ce qu'il est, peut signifier simplement que l'être est l'être, auquel cas il y a, en effet, simple répétition du concept ; mais on peut l'entendre en ce sens, que l'étant est ce qui est, comme si être était l'acte exercé par l'étant. Il faut choisir entre ces deux sens, mais comment faire ce choix ?

Avant d'y procéder, la nature même du choix demande à être précisée en même temps que son objet. Celui-ci n'est pas le sens même du premier principe. Nous le connaissons déjà. L'objet qui correspond dans la pensée au mot être n'est ni le mot lui-même, ni l'image plus ou moins vague qui se joint au mot, ni quelque représentation abstraite de ce que serait l'être en général, qui n'existe pas ; pour former cette dernière notion, il nous manque d'avoir vu dans l'expérience sensible un être qui ne serait que cela. Pourtant le mot a un sens, et ce qu'il signifie est précisément la nécessité où nous sommes de tout concevoir en termes d'être, ce qui entraîne la nécessité complémentaire d'affirmer de l'être qu'il est. Le contenu de ce premier concept est donc le premier jugement en lequel il s'explicite et qu'il résume. Jusqu'ici, évidence et nécessité sont absolues. C'est la découverte faite par le père de la méta-physique, Parménide d'Élée, lorsque dans la pensée de ce grand ancêtre, l'esprit humain découvrit pour la première fois, et une fois pour toutes, que l'être est l'étoffe même dont notre connaissance est faite. Il en définissait en même temps les attributs métaphysiques essentiels en termes qui n'ont jamais été modifiés depuis, sauf peut-être en ce qui concerne l'infinité, que Melissos devait bientôt lui recon-naître : un, immuable, éternel, simple, nécessaire, l'être de Parménide devait continuer de s'imposer tel quel à la pensée métaphysique au cours des siècles, comme il s'impose encore à la nôtre aujourd'hui.

Il n'y a donc aucune option, ni même aucun choix à opérer touchant le premier principe de la connaissance, non plus que sur les principes qui en dépendent, mais ceux qui pensent que le problème de l'objet de la métaphysique se trouve réglé par-là, confondent la sagesse avec la simple reconnaissance et le bon usage des principes, traités en instruments de l'intellect pour l'acquisition et la régulation de la connaissance. Il est vrai que les principes sont de tels instruments et c'est bien par eux que la métaphysique exerce sa fonction régulatrice, dont dépend la totalité du savoir humain. Il est nécessaire que tout soit connu dans la lumière des principes reconnus par la métaphysique, mais sa fonction la plus haute n'est pas de faire bon usage de ces principes, elle est de les prendre eux-mêmes pour objets de sa méditation et d'en approfondir la nature. C'est au cours de cet approfondissement, et à l'intérieur du principe premier lui-même que des alternatives s'offrent à la pensée, que des choix s'imposent et, qu'en fait, ils se sont exercés au cours des siècles comme le fait voir l'histoire de la métaphysique. Les raisons de ce fait doivent se trouver dans la nature même de ce plus haut des objets de réflexion offerts à l'homme ; ce sont elles que l'on aimerait savoir discerner.

S'il y a une marge d'indétermination dans notre appréhension du premier principe, on peut s'attendre que la philosophie mette tout en œuvre pour la réduire et, si possible, pour l'éliminer. On y réussirait si les concepts métaphysiques pouvaient être assimilés aux notions mathématiques. À prendre le problème en gros, ce fut le projet de Descartes, et puisqu'il l'a mis à exécution, le résultat est connu. On admire chez lui la hardiesse de pensée et la puissance de construction, mais c'est un esprit pour qui les concepts, ou, comme il dit, les idées, sont maniables comme le seraient des définitions géométriques ou les signes qui les représentent. Claire et distincte, chaque idée est un bloc qu'il s'agit d'amener à sa place selon l'ordre du raisonnement, de l'y poser et de faire en sorte qu'il y reste. Le philosophe a raison de nommer son œuvre « méditations métaphysiques », car les problèmes traités sont bien ceux de la métaphysique, mais il médite sur l'usage méthodique des idées plutôt que sur leur contenu, dont il ne retient que ce qui peut servir son propos, qui est de fonder la science. La métaphysique y est vraiment racine, mais c'est la nature de l'arbre qui détermine ici celle des racines et dès que Descartes a pu s'assurer qu'une notion contient l'élément clair et distinct dont il a besoin pour l'intégrer à son œuvre, il l'y introduit sans en scruter le reste. De là le simplisme de ses notions de pensée et même d'étendue, si souvent noté par ceux qui, venus après lui, les ont reprises pour les soumettre à un examen qui les considérât en elles-mêmes et dont l'objet fût-ce qu'elles sont plutôt que la place qu'elles peuvent occuper dans un système. Claire et distincte aux yeux de Descartes, l'étendue le sera beaucoup moins à ceux de Leibniz, et la pensée à ceux de Malebranche et de Maine de Biran. Après l'avènement des notions de subconscient et de psychologie des profondeurs, le *Cogito* se chargera d'obscurités impénétrables qui s'épaississent un peu plus chaque jour.

Cela n'est pas une objection contre l'œuvre de Descartes ; elle est ce qu'il a délibérément voulu qu'elle fût et l'on serait mal venu à lui reprocher de l'avoir voulue telle. Ses *Méditations* sont exactement ce qu'elles devaient être pour alimenter en sève le grand arbre du savoir humain, il s'agit seulement d'observer que, telles que Descartes les conçoit, les notions qu'il y met en œuvre sont déjà, non quant à leurs objets, mais quant à l'esprit dans lequel il les traite, des notions physiques beaucoup plus que métaphysiques. En fait, puisque la mathématique est devenue la science régulatrice et fournit une méthode universellement applicable, on peut dire au moins ceci, que la métaphysique ne peut requérir ici du philosophe aucune attitude spécifiquement autre que celle qu'exige en général la méthode pour bien conduire son esprit et chercher la vérité dans les sciences. De là l'impression d'étrangeté ressentie par ceux qui abordent l'œuvre de Descartes à partir des théologies et philosophies dont il a usé comme de carrières pour s'approvisionner en notions métaphysiques à équarrir et ajuster au niveau de la raison. Les premiers architectes chrétiens usaient ainsi des temples païens. Quand on avait besoin de matériaux pour une église, on commençait par en démolir un, puis on lui empruntait des colonnes, enfin on en ajustait les débris aux besoins du nouvel édifice. C'est pourquoi, dans certains murs, une pierre laisse parfois apparaître le visage mutilé d'un dieu.

Même en la considérant du dedans de l'œuvre, la méthode cartésienne posait des problèmes insolubles pour un métaphysicien. Les concepts mathématiques peuvent être clairs et distincts, quand ils le sont, parce que la pensée qui les manie opère le plus souvent sur des notions et des symboles dont elle définit elle-même le sens et l'usage. L'exactitude parfaite dans le raisonnement, même en mathématiques, est peut-être un idéal inaccessible, mais la difficulté n'y tient pas à la nature de l'objet ; la cause en est plutôt la complication des opérations dont l'analyse va pour ainsi dire à l'infini. Il n'est pas certain que la tâche entreprise par Bourbaki comporte un terme. Pourtant, chaque moment de la construction mathématique est l'objet d'une description et d'une définition que l'on peut tenir pour exhaustive du point de vue de l'usage que la raison se propose d'en faire. En dernière analyse, les résultats peuvent s'exprimer sous forme de nombres, si bien que le contenu d'une notion mathématique, quoiqu'ouverte à des développements ultérieurs toujours possibles, est en principe transparente à elle-même à partir du moment où elle a réussi à se définir.

Les notions métaphysiques diffèrent à cet égard des notions mathématiques. À la différence des nombres, elles ne se composent pas d'unités interchangeables et pratiquement indiscernables. En outre, quand on tente de l'analyser, la notion métaphysique ne se résout pas en règles opérationnelles signifiables par des symboles applicables à des grandeurs quelconques. Au contraire, le premier regard posé sur une notion métaphysique se perd dans un enchevêtrement impénétrable, comme si la notion exigeait d'être prise dans sa totalité et refusait de se laisser analyser. À vrai dire, elle ne se compose pas d'éléments définissables à part et dont on pourrait faire usage pour en déterminer le sens et le contenu. Quand on veut en prendre un, tous veulent venir en même temps. Le mot, qui constitue la matière du symbolisme de la métaphysique, refuse donc de signifier aucune notion de ce genre comme définissable à part.

Sur ce point encore la doctrine de Parménide est une expérience métaphysique décisive. Formulée vers la fin du VIe siècle ou vers le commencement du Ve siècle avant Jésus-Christ, elle constituait la découverte métaphysique de l'être et le décrivait en termes tels que vingt-cinq siècles de réflexion n'ont rien trouvé à y changer ; ils n'ont pu que l'approfondir. Le plus important est qu'elle se soit présentée d'abord comme ce complexe de notions inextricablement mêlées dont on ne peut prendre aucune sans que toutes les autres ne viennent à la fois. C'est bien pourquoi Parménide les a toutes vues d'un seul coup. Obligé de les énumérer successivement, parce que telle est la loi du discours, il ne semble avoir fait aucune tentative pour les déduire : nécessité, éternité, immutabilité, identité à soi-même, homogénéité et simplicité, ce ne sont pas là des conséquences qui suivraient de la notion d'être ; ce ne sont même pas à proprement parler des propriétés ou des attributs de l'être ; on dirait plutôt que ces notions en apparence diverses ne sont que celle de l'être même, à laquelle elles n'ajoutent rien puisqu'il est tout ce qu'elles disent, qu'il est seul à l'être, et qu'elles-mêmes sont dénuées de sens dès qu'on cesse de les lui rapporter. La formule désormais classique d'Avicenne exprime parfaitement cette involution mutuelle des notions premières : être, chose et nécessaire sont les premières notions qui tombent dans l'esprit. Nous aurons à revenir sur ce point. Pour le présent, il suffira de mettre en relief que le premier objet de l'intellect est riche d'une pluralité de notions données toutes ensemble, comme étant celle de l'être même aperçue sous des aspects différents et désignée sous divers noms qui ne signifient pourtant que lui. C'est pourquoi l'effort du métaphysicien ne saurait avoir pour objet premier et principal de déduire, ni même de cataloguer et de classer, mais plutôt de s'habituer à vivre dans la notion première en s'accoutumant à en éprouver les richesses, dont on ne peut dire qu'elle les a, mais plutôt qu'elle les est.

Ce fait interdit de traiter les problèmes métaphysiques par des méthodes dialectiques au sens logique du terme. Platon lui-même a souvent cédé à la tentation du logicisme, mais il s'en libérait au moment d'atteindre les genres suprêmes. La philosophie d'Aristote est souvent celle d'un logicien et d'un naturaliste, même en métaphysique et en théologie naturelle ; elle conduit à affirmer la transcendance, elle ne s'y installe pas et ne cherche qu'à peine à y pénétrer. On ne peut ici parler que de ce qui subsiste d'une œuvre cruellement mutilée ; mais c'est ce reste qui a marqué de son empreinte d'innombrables réflexions métaphysiques et théologiques et quel qu'ait été l'Aristote réel, celui de l'histoire, qui est réel à sa manière, est le seul dont nous puissions parler. Cet Aristote-là est celui dont les preuves de l'existence de Dieu peuvent couronner la physique aussi bien que la métaphysique. C'est aussi celui qui engendra, sans en avoir l'intention, une lignée de dialecticiens pour qui la métaphysique consistait surtout en une suite d'exercices logiques dont les notions premières étaient l'enjeu. Ces exercices étaient légitimes, car la déduction logique est nécessaire pour développer les conséquences des principes et en contrôler l'usage, mais toute déduction de ce genre présuppose la méditation directe sur le sens du principe dont elle tire toute sa substance. On comprend qu'un métaphysicien épris de logique s'efforce de réduire d'abord la notion qu'il se fait des principes à des définitions rigoureuses dont il lui suffirait de déduire ensuite les conséquences, mais le *Grand Art* de Lulle, la caractéristique universelle dont rêvait Leibniz n'eussent été possibles que si les notions métaphysiques avaient pu se constituer en concepts complètement déterminés. Tel n'étant pas le cas, Wolff a donné le parfait exemple d'une ontologie entièrement analytique, au moins d'intention, n'introduisant dans les concepts aucun élément qui n'eût été préalablement défini. Il en est naturellement résulté une philosophie claire et sans mystères, car soit dans les principes, soit dans la liaison des conséquences, tout ce qui n'était pas analytiquement définissable en a d'abord été éliminé.

Si les principes métaphysiques ne sont des notions susceptibles ni de définition mathématique ni de définition logique, de quel genre de connaissance relèvent-elles ? Ce sont des nécessités de pensée ultimes, et qui sont telles parce qu'elles-mêmes sont impliquées dans tout essai de les définir. Puisqu'elles sont comme les formes nécessaires de toute intellection, de telles notions sont évidentes et premières, mais il est en même temps certain que, puisqu'elles sont premières, tout essai de définition les impliquera inévitablement elles-mêmes. Quand la pensée trouve un objet de ce genre, elle entre en contact avec le domaine propre de la réflexion première. C'est aussi le moment où la décision capitale doit être prise. Si l'intellect cède à sa pente naturelle, il se hâtera de substituer à chaque

objet de ce genre une définition nominale qui permette de
le manier en toute sécurité sans se soucier de la réalité
correspondante. Le procédé est légitime et même
nécessaire ; aucune objection ne peut être élevée contre
son emploi, mais on ne saurait s'élever trop vivement
contre la prétention de l'identifier avec la connaissance
métaphysique. Il n'est rien de tel ; il n'en est même pas le
commencement ; on dirait plutôt qu'il constitue pour la
plupart des esprits l'obstacle majeur sur la voie de la
connaissance métaphysique. Par exemple, il est correct de
définir l'étant comme « ce qui possède l'être », mais si
l'on demande ensuite ce que c'est que l'être, la seule
réponse possible sera : c'est ce qui fait de la chose, ou de
l'essence, un étant. De quelque manière qu'on s'y prenne,
on ne remontera pas plus haut. De même encore, il est vrai
de dire qu'une cause efficiente est ce dont la présence
entraîne nécessairement celle de quelque chose d'autre,
que l'on nomme l'effet. La définition est juste, car même
si la cause est contingente ou libre, il reste vrai que, si elle
le produit, ce qu'on nomme son effet en suit nécessairement.
Ceci dit, la nature du lien causal reste enveloppée dans
une obscurité profonde, car si l'on demande quelle est la
nature de la connexion qui explique cette consécution
nécessaire, ou bien il faudra refuser de répondre, ou bien
il faudra en revenir à la notion de cause conçue comme
une sorte de pouvoir de produire ce qu'on nomme son
effet. Cette nécessité de pensée est d'ordre métaphysique,
parce qu'elle est ultime et, par là même, prise dans sa
propre définition.

Ces notions premières ne sont pourtant pas simples.
En se fixant sur le premier principe, l'attention le fait
apparaître comme à la fois nécessaire et fluide. Il change
d'aspect sous le regard et tend à prendre successivement

la forme de tous ses transcendantaux. C'est inévitable, puisque la nature des transcendantaux est précisément d'être convertibles avec l'être[a]. Leur convertibilité tient à ce qu'ils signifient l'être même conçu, non plus directement, mais sous un certain rapport. Ce rapport étant toujours un rapport de l'être à l'être en tant qu'être, il jouit des mêmes propriétés que le principe. On le connaît dans la lumière de la notion première qui constitue sa réalité. Ainsi, l'un, qui est l'être dans son indivision d'avec soi-même, le vrai qui est l'être appréhendé comme intelligible, le bien qui est encore l'être voulu pour son actualité même, qui est perfection, autant de notions qui s'offrent d'elles-mêmes comme autant de facettes du premier objet de connaissance. Mais on pourrait en ajouter d'autres, à commencer par celles de « chose », ou substance, et de « nécessaire », dont nous avons rappelé qu'Avicenne les tenait pour premières et s'offrant d'abord ensemble à l'intellect. Cette diversité dans l'unité permet de comprendre pourquoi des métaphysiques différentes peuvent sortir d'une réflexion suivie sur l'être. Prendre avec Plotin l'Un comme principe, c'est encore philosopher sur l'être ; pousser, avec Platon, la dialectique des essences jusqu'à un premier terme situé au-delà de l'essence et qui est le Bien, c'est rester fidèle au même principe, et ce n'est encore pas le délaisser que de suspendre le monde à une Pensée suprême, comme fait Aristote, car un suprême intelligible qui se pense soi-même, c'est l'être posé comme vérité. Ces métaphysiques ne sont pas seulement distinctes, elles peuvent à l'occasion s'opposer. En effet, un transcendantal devient principe de division à partir du moment où il usurpe la place de l'être,

a. « Sunt autem sex transcendentia, videlicet esse, res, aliquid unum, verum, bonum quae re idem sunt, sed ratione distinguuntur », Thomas d'Aquin (pseudo), *De natura generis, cap.* 2.

car l'être inclut tous les transcendantaux, mais aucun transcendantal n'inclut les autres, puisque chacun d'eux est une détermination de l'être en tant qu'être. C'est ce qui explique la multiplicité des métaphysiques, leurs désaccords partiels en dépit d'un accord profond et jusqu'à ce qui peut sembler parfois des contradictions formelles. Inutile de nier l'opposition radicale des intellectualismes et des volontarismes de tout genre ; de telles doctrines n'en ont pas moins leur source dans le vrai et le bien, qui sont des propriétés transcendantales de l'être, considéré cette fois dans les actes qui les appréhendent. Le premier principe est donc une nécessité de pensée dont l'objet contient de quoi justifier plusieurs choix possibles, tous légitimes en tant qu'ils trouvent en lui leur fondement.

Une proposition de ce genre fait contre elle l'unanimité de ceux qui ont déjà choisi ; en admettant la possibilité d'une certaine diversité dans l'interprétation du principe, elle semble faire dépendre la vérité d'une libre décision de la volonté, ce qui revient à en ruiner la nécessité. Mais, en fait, cette diversité existe et la meilleure manière de la réduire est peut-être d'en comprendre d'abord l'origine. Ensuite, il s'en faut que les décisions de cet ordre soient arbitraires ; chacune d'elles exprime, au contraire, l'intention de donner son assentiment à la vérité. Il y aurait arbitraire s'il s'agissait d'opter entre des partis également acceptables à l'intellect ; mais il n'y a jamais d'options pures dans la recherche de la connaissance, car la pensée y suit normalement certaines règles générales dont l'efficace est connue, ou bien elle défère à une sorte de sentiment confus de ce qu'elle croit être la vérité. La recherche mathématique est faite de choix successifs, tous légitimes en eux-mêmes et dont pourtant il faut avoir fait l'épreuve jusqu'à ce qu'on ait trouvé la bonne réponse à la question. Il en va de même en métaphysique. À moins que la pensée ne se jette tout entière et de prime abord du côté d'un seul des transcendantaux, elle procède à ce qui n'est pas une option arbitraire, mais un choix réfléchi. Nier qu'il y ait place pour un tel choix dans la recherche de la vérité, c'est simplement vouloir imposer aux autres, par voie d'autorité, celui que l'on a fait soi-même. Excellente pour s'assurer dans la jouissance personnelle de la vérité, cette méthode ne permet ni de la justifier ni d'y gagner les autres. Légitime en soi, elle ne doit pas interdire d'autres manières de philosopher.

En présence de possibilités intelligibles diverses, la pensée qui ne se fie pas simplement au hasard se laisse ordinairement guider par un instinct divinatoire qui la conduit du côté de la vérité la plus riche d'intelligibilité. Cette vérité est par là même celle qui permet d'ordonner, en les justifiant, le plus grand nombre d'autres vérités. Elle n'est pas plus vraie que les autres, mais elle l'est d'une vérité en quelque sorte antérieure à la leur et, comme on dit, plus haute. Le choix à faire n'est donc pas alors entre le vrai et le faux ; une fois engagée dans le transcendantal convertible avec l'être, la pensée ne peut hésiter qu'entre des vérités, et puisqu'elle ne saurait vouloir en sacrifier aucune, le seul objet de choix qui lui reste concerne l'ordre à établir entre elles. Cet ordre n'a rien de secret. Il consiste à disposer les vérités selon qu'elles se conditionnent les unes les autres, avec le désir d'arriver à connaître celle dont toutes les autres dépendent et d'y donner son assentiment, quelle qu'elle soit.

Il n'est pas seulement inhumain, il est contraire à la philosophie de prétendre déterminer la vérité sans tenir compte des dispositions subjectives de celui qui la cherche. La vérité est le bien de l'intellect, nul ne la trouve qui ne la désire et l'aime ; nul ne la saisit qui ne soit d'abord résolu à l'accueillir parce que, quelle qu'elle soit, c'est elle qu'il aime. Un état de disponibilité intérieure totale, non pas à tout, mais à la vérité seule, est la condition première du succès dans sa recherche. Rien n'est plus rare. Une expérience un peu longue en ces matières fait, au contraire, assez voir que la vérité est un obstacle plus difficile à vaincre que l'erreur dans la poursuite de la vérité. En effet, quand on demande à un philosophe de déplacer son point de vue sur le premier principe, il pense qu'on lui demande de l'abandonner, et puisque tout transcendantal est vrai, c'est le vrai qu'il refuse de trahir en maintenant son point de vue. La stérilité des discussions métaphysiques ne tient pas à ce que des principes vrais échouent à faire reconnaître leur vérité, mais plutôt à ce que l'attachement à des vérités partielles interdit l'accès de la vérité absolue.

Cet attachement peut avoir les causes les plus différentes. Si l'on pense à l'histoire de la philosophie chrétienne, par exemple, on observera que, transporté sur le terrain de la philosophie, de celui de la piété où il est en effet premier, l'amour de l'amour est un des plus sérieux obstacles à la reconnaissance de la primauté de l'être. C'est que le premier principe a de quoi justifier la piété, mais celle-ci, même sous la forme de la charité, n'est pas le premier principe. Dans les philosophies qui se développent exclusivement au niveau de la nature et de la raison, toute tentative pour mettre la recherche philosophique au service d'une cause autre que la découverte de la vérité philosophique, conduit inévitablement à substituer au premier principe quelque principe subordonné. Les philosophies de la volonté, de l'efficace, de l'action, de la personne, de l'humanisme et d'un *Dasein* qui ne soit pas le *Sein*, tant d'autres encore, ne sont pas des philosophies fausses, mais des vérités mal ordonnées, donc incomplètes et telles que la part de vérité qu'elles ont justement conscience de détenir les empêche de voir la vérité plénière qui pourrait seule justifier celle qu'elles détiennent et, en même temps, leur ouvrir l'accès de celles qu'elles ne voient pas encore.

Il s'agit donc, pour l'intellect, d'exercer une sorte de discernement à l'intérieur du principe, en se laissant conduire par l'intention d'atteindre ce dont l'intelligibilité propre y conditionne celle du reste. Nous retrouvons ici une aire souvent explorée par les métaphysiciens. On peut même dire qu'ils l'ont parcourue en tous sens, puisque c'est celle du traité dit des « transcendantaux », dont le plus ancien semble remonter au début du XIIIᵉ siècle. Ce n'est pas ici le lieu de le refaire une fois de plus, mais nous devons du moins noter que, de quelque manière qu'il procède, le métaphysicien s'y trouve aux prises avec une série de notions qui jouent les unes dans les autres et participent les unes des autres parce que toutes signifient l'être même sous un certain rapport. La dialectique de l'être et de l'Un remonte à Platon, celle de l'être et du vrai atteint son plein développement chez Aristote, celle de l'être et du bien est un des éléments majeurs du néo-platonisme, mais le platonisme incluait déjà les trois dialectiques, sinon sous leur forme systématique, du moins quant à leurs intuitions génératrices. Ainsi se sont progressivement constituées, au sein de l'ontologie : l'hénologie, l'aléthologie, l'agathologie et même, si l'on veut y faire place à cette dernière venue, la kalologie. Chacune de ces considérations distinctes empiète à tout moment sur le terrain de ses voisines, parce que l'un est l'être lui-même ; le vrai, l'être adéquatement connu ; le bien, l'être désirable comme atteignant la plénitude de son actualité, ou, comme on dit, sa perfection. Quant au beau, c'est toujours l'être, mais cette fois comme bien de l'acte auquel il offre un objet d'appréhension bien proportionné, d'où résultent l'admiration et le plaisir qu'il cause. Il est difficile de parcourir ce champ par la pensée sans aboutir à la conclusion que la notion unique à laquelle se réduisent les autres est celle de l'être ; celle de l'un suit de près, puisque la pensée ne fait qu'y constater l'indivision de l'être avec soi-même ; l'agencement des autres notions, qui sont, dans l'ordre d'immédiateté décroissante, le vrai, le bien et le beau, s'ordonne sans difficulté.

Ce n'est pas à dire qu'il n'en reste aucune. Au contraire, la plus grave est incluse dans la notion première, qui est celle de l'être même ; nous en avons déjà signalé la présence et rien jusqu'ici nous a permis de la lever. Il faut donc lui faire face pour en reconnaître au moins la nature et, si possible, définir ce qu'on pourrait peut-être nommer une attitude compréhensive à son égard.

Pour se porter au cœur de la difficulté, il convient de s'interdire d'abord les facilités que le vrai, le bien et le beau offrent au discours. Chacune de ces notions signifiant l'être « sous un certain rapport », et « en rapport avec un sujet » qui le connaît, le désire ou l'admire, il est aisé de l'inclure dans un nombre illimité de propositions. Il est facile de parler quand on dispose de deux termes ; où il n'en reste qu'un, la simple vue est seule possible et il est malaisé de l'exprimer sans en rompre l'unité, qui est ici son objet même. En effet, dans l'étonnant fragment dont on a vu qu'il contient en germe la totalité de l'ontologie, Parménide a noté que, toute différence interne impliquant le non-être du différent par rapport à ce dont il diffère, l'être est entièrement identique à soi-même. En un sens, c'est là simplement redire qu'il est un, mais l'unité en question devient alors celle qui consiste en sa parfaite homogénéité avec soi-même. L'être n'est plus simplement posé comme identique à soi, mais comme étant soi-même une parfaite identité qui exclut toute possibilité de division.

La réflexion métaphysique n'a fait au cours des siècles que prendre de plus en plus clairement conscience des implications de cette exigence fondamentale. Conduite à sa forme pure, elle lui a donné le nom de « simplicité ». Tout défaut de simplicité, par défaut d'homogénéité et d'unité, est un défaut d'être. Il faut donc que l'être en tant qu'être soit parfaitement simple, d'une identité à soi et d'une unité avec soi-même pure de toute faille : de l'être pur sans défaut. Pour poser une telle notion dans l'absolu respect de ses exigences, il a donc fallu procéder à une sorte de préparation d'être métaphysiquement pure. L'esprit humain se serait peut-être épargné cet effort si la pensée chrétienne n'avait comme adopté l'être de Parménide pour en faire un double rationnel et philosophique du Dieu de la révélation. Le XIIIe siècle a marqué le point culminant de cet effort de la raison pour se procurer, vaille que vaille, une certaine intelligence de l'objet de sa foi religieuse. L'exploration de l'être n'eût sans doute jamais été poussée avec cette intrépidité jusqu'au cœur et comme à la racine de la notion, sans le désir qu'éprouvèrent alors les plus grands théologiens d'acquérir une intelligibilité aussi peu imparfaite que possible de la nature divine. À partir du moment où la célèbre parole de l'*Exode* était prise à la lettre (III, 13-14), déterminer le plus rigoureusement possible la simplicité de l'être en tant qu'être n'était qu'une manière métaphysique de définir une notion intelligible de la nature divine. La philosophie a ici bénéficié de l'effort de théologiens tels que saint Thomas et saint Bonaventure pour obtenir toute l'intellection de leur foi dont ils étaient capables.

L'*Itinerarium* de saint Bonaventure donne le résultat de l'enquête sous la forme d'une sorte de contemplation intellectuelle qui restitue, dans ses grandes lignes et avec les modifications requises par le christianisme, l'être de Parménide, celui, dit le théologien, « qui met en pleine déroute le non-être »[a]. Aux déterminations de l'être parménidéen, le Dieu chrétien ajoute l'infinité, déjà revendiquée pour lui par Melissos, avec les conséquences qui en résultent nécessairement dans une doctrine où l'être n'est plus quelque chose, mais quelqu'un. La métamorphose de la notion s'affirme d'ailleurs plutôt qu'elle ne se justifie dialectiquement et cette attitude était légitime de la part d'un esprit qui posait le problème près du sommet d'une contemplation religieuse. Plus articulé et plus proche du plan de la réflexion simplement métaphysique, le début de la *Summa theologiae* de saint Thomas d'Aquin procède vers sa conclusion sur ce point à partir d'une notion particulière, qui est celle de la simplicité divine, elle-même reliée aux preuves de l'existence de Dieu comme cause immobile du mouvement. En effet, une telle cause est nécessairement pure de puissance, puisqu'elle l'est de mouvement; elle est donc totalement en acte et libre de toute composition, c'est-à-dire simple. La réflexion sur l'être pur va s'exercer à partir de cette certitude, dont elle dépend.

Cette réflexion ne suit pas exactement la même voie dialectique que dans la *Summa theologiae* et dans le *Contra Gentiles*. Peu importent ces différences dans le détail de

---

a. *Itinerarium mentis*, V, art. 3 et 5. [« Volens igitur contemplari Dei invisibilia quoad essentiae unitatem primo defigat aspectum in ipsum esse et videat, ipsum esse adeo in se certissimum, quod non potest cogitari non esse, quia ipsum esse purissimum non occurrit nisi in plena fuga non-esse, sicut et nihil in plena fuga esse ».]

l'exposition, non seulement parce que notre objet n'est pas ici l'histoire doctrinale, mais encore parce que ces variations font partie des données du problème. Du moment où le raisonnement affirme l'existence d'une cause première dans tous les ordres, y compris celui de l'être, il est aux prises avec le premier principe à l'état pur : *aliquid quod est maxime ens*. Cette notion amène avec elle toute la famille des transcendantaux et de leurs dérivés y compris les prédicables, comme l'acte et la puissance qui manifestent souvent une tendance indiscrète à s'y substituer. Il est donc légitime et quasi inévitable, que la pensée suive ici des voies diverses pour atteindre son but, car plusieurs lignes dialectiques différentes, quoique non équivalentes, peuvent y conduire correctement.

Un deuxième caractère de la situation est beaucoup plus important à observer. C'est que, désormais en quête d'un objet de pensée parfaitement simple, nous sommes hors de l'ordre de la définition. En tant précisément que transcendant, l'être se situe hors du genre, à plus forte raison hors de la différence spécifique. Il ne serait pas exact de dire que l'objet de la réflexion est ineffable, car nous pouvons le penser et en parler, mais nous ne pouvons le définir. L'être pur n'a pas de *quid* à partir duquel on puisse en construire un concept quidditatif, en le déterminant, comme distinct des autres êtres, par des différences positives. De là, dans cette doctrine, l'importance capitale de la notion de voie négative en théologie. Ramenée au plan purement métaphysique, sur lequel d'ailleurs elle se définit d'abord, cette notion signifie que l'être transcende toute représentation possible, parce qu'il refuse de se laisser inclure sous aucune *quiddité*. Le métaphysicien qui s'engage dans la considération du premier principe se sait donc d'avance condamné à tourner en quelque sorte autour de son objet et pour ainsi dire à le cerner par une suite de jugements destinés à le tenir pur de ce qu'il n'est pas[a]. Ce que le théologien dit ici de la « considération de la substance divine » n'est qu'une conséquence de ce qu'en philosophie il pense de l'être, car la substance divine est justement le *maxime ens*, et si l'être pouvait se définir à partir d'un genre, la substance divine le pourrait aussi.

Les deux disciplines sont ici tellement liées que décrire la condition du théologien vaut pour celle du philosophe. Puisque, par hypothèse, le théologien s'efforce de penser Dieu au moyen de la notion d'être, sa théologie définit les conditions d'une métaphysique. Il ne saurait plus être question de déduire, car toute déduction est suspendue à quelque *quid est*, qui fait ici défaut. Le philosophe ne peut plus que méditer. Contempler serait un mot bien ambitieux pour l'effort d'une pensée incapable de fixer son regard sur un objet situé au-delà de toute imagination sensible quelle qu'elle soit. Elle sait bien à quoi elle pense, mais elle ne peut s'en faire aucune représentation positive ; l'être est pour elle comme un saint des saints de la connaissance métaphysique, au seuil duquel elle veille sans espoir d'y rentrer. Mais quelle vigilance ne doit-elle pas exercer ! Ceux qui prennent la voie de négation pour une résignation paresseuse, se trompent du tout au tout. La raison du philosophe, comme celle du théologien dont le propos est ici le même, doit inlassablement se mouvoir pour écarter de la notion première toute détermination particulière qui, altérant sa parfaite simplicité, en rendrait aussitôt l'objet définissable comme tel ou tel être. L'opération est impossible pour la raison que nous avons dite en décrivant le caractère transcendantal d'une notion nécessairement

a. Saint Thomas d'Aquin, *Contra gentiles*, *lib.* I, *c.* 14, § 1.

impliquée dans toute tentative pour la définir. On ne peut définir l'être par le genre et la différence, parce que la différence, ou bien ne serait rien, ou bien serait encore de l'être, ce qui la rend incapable de rien déterminer.

On est ramené par là au point de départ de ces remarques. Peu importe, quant à leur objet présent, le nom donné à l'acte de pensée qui prend l'être en considération. Il n'est d'ailleurs peut-être pas nécessaire que cet acte de l'intellect soit toujours et chez tous un et le même. On peut admettre encore sans inconvénient que, dans la pensée du métaphysicien qui s'y applique, la nature de l'acte se modifie à mesure qu'il dure et que de discursif, qu'il est nécessairement au début, il se rapproche peu à peu de ce que serait une simple vue pour un instant immobile ou, comme l'on dit, une intuition. L'important est que le mouvement réfléchi et ordonné par lequel la pensée s'approche alors de son objet reste conscient de sa nature vraie, c'est-à-dire qu'il ne se prenne jamais pour une déduction à partir de l'essence. D'autre part, il importe que la pensée garde conscience d'opérer au sein d'une réalité objectivement donnée, et qui est pour elle l'intelligible suprême, bien qu'elle soit incapable de le définir. Elle le connaît d'autant mieux qu'elle le sait plus totalement transcendant à l'égard de toute détermination générique et spécifique, mais elle ne le sait tel que parce que sa notion, présente en elle, exige d'elle l'inlassable « non » qu'elle oppose à toute prétention de le déterminer. En ce sens la voie négative a pour élément positif l'exigence de ce refus même ; son essence, si on veut lui en trouver une, est de s'opposer à ce qui pourrait inclure l'être sous une essence, et sa négativité même ne peut s'expliquer que parce qu'elle est la saisie intellectuelle d'un objet qu'elle voit, mais qui la transcende. À partir du moment où elle l'atteint, et tant qu'elle a conscience de le toucher, c'est à elle de déférer à ses exigences. La positivité suprême de son objet est ce qui inspire et soutient la constance obstinée de son « non ».

Jusqu'où la réflexion peut-elle pousser ce refus de toute différence intrinsèque à l'être, et peut-elle le faire sans déboucher sur le vide ? Rien ne permet ici au métaphysicien de répondre pour d'autres métaphysiciens, car en un domaine où la démonstration dialectique perd ses droits, chacun ne peut que regarder, dire ce qu'il voit et inviter les autres à tourner comme lui le regard vers la vérité. Il semble qu'à cet égard tous les esprits ne s'accordent pas sur le terme ultime de leur recherche. Résolus à pousser leur effort jusqu'au point où l'on ne peut plus dire « non » sans éliminer l'être lui-même, leur réflexion cesse de s'accorder au tout dernier moment, lorsque se pose le problème de l'essence et de l'existence. L'être est donné dans l'expérience sous la forme de l'étant (*ens, being, l'ente, das Seiende*) ; nous l'avons défini comme ce qui a « l'être » (*esse, l'essere, das Sein*), ou encore comme « ce qui est ». On peut aller jusque-là sans dépasser les limites du définissable. Grâce au *ce qui* de ce-qui-est, l'étant est susceptible d'une définition quidditative, c'est-à-dire d'un concept au sens propre du terme. Donnant au « ce qui » le nom d'essence, on peut dire que la réflexion métaphysique atteint son terme lorsqu'elle pose un étant premier dont la substance, si l'on peut dire, soit l'entité même (*ousia, essentia*) dans la plénitude de son infinie perfection. L'essence ainsi conçue est bien celle qui « met le non-être en pleine déroute » et se laisse pourtant quidditativement concevoir comme la plus positive des réalités intelligibles.

Beaucoup d'excellents métaphysiciens s'en tiennent là, et puisque nous n'avons aucun concept d'un genre sous lequel inclure l'être, on ne peut concevoir aucun moyen de les décider à faire un pas de plus vers un but dont la notion leur reste obscure. On peut seulement faire ce pas devant eux, comme pour en donner l'exemple. En se mouvant sous la pression qu'elle subit d'un objet possédé sans être compris, la pensée peut discerner qu'un terme reste possible au-delà de « ce qui est ». Pour affirmer l'être dans son absolue simplicité, il faut, en effet, nier de lui tout ce qu'il est possible d'en écarter sans le détruire. Dans les limites de l'expérience, la réduction de l'être à ses éléments simples s'arrête à l'étant, car on ne connaît aucun cas d'essence empiriquement donnée qui ne soit celle d'un étant : l'essence réelle est toujours un *habens esse*, mais, inversement, on ne connaît aucun cas d'être actuel qui ne soit celui d'une essence réelle. L'étant semble donc une limite infranchissable. Il est vrai que bien des philosophes ont tenté de la franchir, mais il est remarquable qu'ils ne l'aient jamais fait en direction de l'être ; les au-delà de l'essence auxquels ils ont pensé, tels que le bien ou l'un, cherchaient à la transcender dans le sens des transcen- dantaux, qui offrent l'avantage de se prêter au discours, plutôt que dans celui de quelque acte existentiel libre d'essence. En effet, un tel acte est irreprésentable en soi pour l'intellect, puisque la notion d'un être qui ne serait celui d'aucun être défini ne saurait entrer dans une pensée dont l'objet propre est la quiddité de l'être sensible. Il n'est donc pas surprenant que nul philosophe ne semble avoir pensé à une possibilité de ce genre ; même si l'esprit parvenait à la former, la notion d'un pur acte d'exister n'aurait aucun objet réel auquel s'appliquer dans l'expér- ience. Aristote lui-même, qui semble avoir avancé aussi loin que possible dans la vérité théologique accessible à la lumière naturelle, n'a pas dépassé la notion, déjà sublime, de la Pensée pure qui trouve dans sa propre contemplation la source d'une éternelle béatitude. Les théologiens chrétiens se sont au contraire trouvés aux prises avec la tâche de définir un Dieu qui, revendiquant pour lui-même le titre d'être, ne l'acceptait qu'une fois purifié de toute trace de non-être, fût-ce celui d'une essence qui prétendrait s'y ajouter.

La jonction de la métaphysique de l'être et de la théologie de l'*Exode* a mis des siècles à s'opérer. Elle exigeait la position d'une notion de l'être applicable au Dieu qui s'était lui-même appelé de ce nom. L'objet dont l'expérience ne fournissait aucun exemple avait, cette fois, affirmé lui-même son existence et demandait une notion faite exprès pour le représenter. Mais comment simplifier l'étant sans sortir de sa propre ligne ? On peut penser l'essence de l'étant sans son être : elle devient alors simplement une essence possible ; c'est à sa non-existence qu'elle doit sa simplicité ; ce ne peut donc être en ce sens que l'être divin jouit du privilège d'être absolument simple. Il reste seulement l'autre alternative, qui consiste à simplifier l'étant en éliminant le « ce qui » pour n'en conserver que l'*est*. Le besoin de former une notion de l'être applicable à cet objet nouveau qu'était pour la pensée Celui Qui Est, ou encore, selon la parole de saint Augustin, celui « qui est, Est », a donc exigé de la réflexion métaphysique l'approfondissement ultime du premier principe jusqu'au point où l'intellect est mis en demeure de concevoir un pur acte d'être capable de se suffire et de subsister en soi, hors d'un étant. Lorsqu'il a pris conscience de cette possibilité, le métaphysicien s'aperçoit que, déjà dans l'expérience sensible, ce n'est pas finalement l'essence, mais l'être, qui est le principe ultime de l'étant. Inconcevable sans l'essence qui le détermine et lui impose sa finitude,

l'acte d'être n'en reste pas moins dans l'étant comme un
témoin de ce qu'est l'être dans son actualité parfaitement
pure. La réflexion métaphysique sur le premier principe
se voit donc obligée de pousser elle-même jusque-là. C'est
aboutir du même coup à la conclusion que la connaissance
du principe consiste à le poser au-delà de toute représentation
possible, c'est-à-dire comme échappant non seulement à
la conceptualisation quidditative, mais à l'ordre même de
la quiddité. L'intellect reste alors aux prises avec le *Sein*
seul, sans le *Seiendes* ; sa connaissance du simple, qui est
l'être, est donc négative en vertu même de ce qu'elle est.

Rapportant une expérience de ce genre, Thomas
d'Aquin ne fait pas difficulté de reconnaître que l'intellect
s'y trouve alors dans une certaine confusion. En effet,
qu'est-ce qu'un acte d'être qui n'est celui d'aucun étant
particulier ? Ceux que leur méditation sur le principe
conduit jusque-là doivent donc accepter avec patience que
plusieurs refusent de les y accompagner, mais eux-mêmes
ne doivent pas imaginer que transcender ainsi l'ordre de
la quiddité leur confère une liberté absolue. Toutes les
nécessités de pensée qui constituent le premier principe
continuent de peser sur lui après que l'intellect s'est élevé
de l'étant à l'au-delà de l'essence. Parce que c'est l'*esse*
qui fait l'*ens*, toutes les propriétés parménidéennes de l'être
lui échoient en partage, et d'abord cette première et plus
déconcertante de toutes, qui est l'absolue impossibilité
que le non-être soit, ou inversement, la nécessité absolue
que l'être soit. Et c'est là le plus grand de tous les mystères
que l'être recèle. Il n'est pas impossible de penser que rien
ne soit. Au contraire, comme le faisait remarquer Leibniz,
la notion de néant est plus facile à penser, sinon à concevoir,
que celle d'être. Le jugement hypothétique : rien n'est, ne

fait pas difficulté, parce qu'il n'y a plus alors personne pour poser aucune question, mais dans l'hypothèse où, au contraire, il y a quelque chose, il devient non seulement nécessaire que l'être soit, mais impossible de concevoir qu'il ne soit pas. La nécessité de l'existence actuelle est donc le sens ultime du premier principe, lorsque la pensée le pose dans la pureté et la simplicité de sa notion.

Cette nécessité essentielle de l'être explique pourquoi le premier principe dans l'ordre du jugement est négatif. C'est le principe de non-contradiction. Il n'est en effet que l'envers du premier principe dans l'ordre de l'appréhension simple, qui est l'être. Tant qu'on s'en tient à son niveau, il n'y a pas de division, de distinction ni de pluralité possibles, car il ne se peut que l'être se divise d'avec l'être en tant précisément qu'il est être. Comme l'enseigne la métaphysique classique, et c'est d'ailleurs évident, rien ne se distingue de l'être que le non-être, mais justement, la nécessité d'être implique pour l'être l'impossibilité correspondante d'être ce qu'il n'est pas. Cette nécessité s'affirme dès le niveau des transcendantaux. Comme tous les termes premiers et simples, ils sont distincts par eux-mêmes, la nécessité d'être ce qu'il est implique pour chacun d'eux celle de ne pas être ce qu'il n'est pas. Cette loi s'étend des transcendantaux jusqu'aux objets concrets, car, comme le disait si bien saint Thomas, tel être particulier ne se distingue de tel autre être particulier que parce que l'un inclut la négation de l'autre. À quoi il ajoutait cette remarque profonde : « De là vient que dans les termes premiers les propositions négatives sont immédiates, parce que la négation de l'une est incluse dans l'intellection de l'autre »[a]. Ici paraît la justification de l'intuition immédiate de Parménide, la position de l'être exclut celle du non-être et inversement.

On ne peut tirer de là aucune philosophie particulière, sauf peut-être cette notion qu'être particulière n'est pas un mérite pour une philosophie. De toute façon, même l'accord une fois obtenu sur le principe, il reste à ordonner la totalité de la connaissance à sa lumière. Celle-ci ne nous donne que les conditions nécessaires de la possibilité de cette vaste opération, toujours en progrès suivant celui des connaissances qu'elle ordonne.

Du côté de son objet, on sait seulement que l'opération ne saurait être purement analytique. Si le fond de l'être n'est pas simplement un état, on s'interdit de penser la réalité comme déductible selon les lois de la logique. À partir du moment où l'on admet que la racine de l'étant est un être situé au-delà de l'essence, il devient inévitable de reconnaître que la nécessité n'est pas celle d'une proposition, ni même celle d'un objet statique, fût-il posé dans la totalité de sa perfection concevable. La nécessité de l'objet dont l'essence, si l'on peut dire, est d'être, est celle d'un acte, ou, si l'on ne craint pas le mot (puisque c'est le même) d'une énergie : celle de l'acte dont l'essence est une totale et infinie nécessité d'être.

a. « Et ideo pluralitatis vel divisionis primorum et simplicium oportet alio modo causam assignare. Sunt enim hujusmodi secundum seipsa divisa. Non potest autem hoc esse, quod ens dividatur ab ente in quantum est ens; nihil enim dividitur ab ente nisi non ens. Unde et ab hoc ente non dividitur hoc ens nisi per hoc quod in hoc ente includitur negatio illius entis. Unde in primis terminis propositiones negativae sunt immediatae, quasi negatio unius sit in intellectu alterius. Primum etiam creatum in hoc facit pluralitatem cum sua causa, quod non attingit ad eam », *In Boethium de Trinitate*, qu. IV, art. 1, *Resp.*

C'est ici le seul point où la métaphysique ait eu à dépasser Parménide, car lui-même n'a jamais nié la contingence, mais il s'est contenté de la juxtaposer au nécessaire en la lui opposant comme l'illusion et l'erreur à la réalité et à la vérité. Cette difficulté se retrouve dans toutes les philosophies où l'être est considéré comme une essence substantialisée et, en quelque sorte, comme la quiddité des quiddités. La présence des modes finis dans l'*Éthique* de Spinoza en est la marque. Elle ne se présente plus avec le même caractère d'irréductibilité foncière dans une métaphysique où, parce qu'il est acte pur d'être, le nécessaire cesse d'exclure d'avance le contingent, mais peut au contraire le fonder. La différence d'ordre entre la cause et l'effet est ici telle que sa fécondité n'introduit en elle aucune contingence. Les métaphysiques de ce genre sont celles où, nécessaire en soi et pour soi, l'être est liberté à l'égard de tout le reste. Si l'univers est, ce qui ne peut être qu'un fait et non une conséquence déductible, on ne peut alors le concevoir que comme une contingence fondée sur une liberté.

Du côté de la pensée, la connaissance du principe interdit la distinction kantienne entre l'entendement et la raison. Ce qu'il nomme raison est en réalité l'intellect, seul pouvoir de connaître, qui reçoit le nom de raison lorsqu'on le considère dans son usage discursif. La raison est l'intellect, faculté du principe, éclairant de sa lumière l'intelligibilité incluse dans l'expérience sensible. En vertu du premier principe, l'intellect pense le contingent avec la totalité des conditions qui fondent sa possibilité de principe et, une fois réalisé, sa nécessité de fait. C'est pourquoi les preuves de l'existence de Dieu qui partent de l'expérience sensible impliquent toutes, à un certain moment, le refus de la régression à l'infini dans la série des conditions du donné empirique sur lequel la preuve repose. Poser l'essence spécifique à partir d'un seul individu, affirmer un terme premier à partir d'une relation causale ou ontologique particulière, sont des opérations légitimes et qui consistent pareillement à opérer un passage à la limite à partir du particulier contingent pour affirmer sa condition nécessaire. La nécessité intrinsèque de l'être justifie seule cette opération, ou, plutôt, elle la fonde.

La distinction introduite par Kant entre les catégories de l'entendement et les Idées de la raison ne paraît donc pas justifiée. Les catégories sont des idées. Elles en ont le caractère de totalité, d'absolu et de nécessité. Chacune d'elles, celle de substance ou celle de cause, par exemple, fonctionne comme une nécessité totalisante qui inclut sous un seul terme le divers de l'intuition sensible, sans qu'on puisse lui trouver de justification d'aucune sorte que celles que les métaphysiciens ont invoquées pour les idées de la raison telles que Kant les conçoit. Il semble qu'à cet égard l'invention du calcul infinitésimal leur ait ouvert les yeux. S'il fallait faire l'histoire du problème, le cas de Malebranche y jouerait un rôle important. Indépendamment de la construction métaphysique inutilement compliquée à laquelle il s'est industrieusement employé, on trouve chez lui, à l'état presque pur, le juste sentiment du rôle nécessaire que joue la notion d'être, avec l'infinité qu'elle implique, dans la formation de la plus simple des idées dites générales. Tout concept quidditatif résulte d'une intégration. L'un de ceux que la nature de l'opération a surpris le plus profondément fut Auguste Comte lorsque, s'engageant dans l'entreprise de purifier la science de tout élément qui ne fût strictement positif, il s'aperçut, à propos précisément du calcul de l'infini, que la métaphysique était *dans* la science et que, des deux méthodes employées par les mathématiciens, la moins pure d'éléments métaphysiques était aussi la moins féconde, si bien que tout en approuvant l'une, lui-même employait l'autre. Les catégories de Kant ne sont pas d'autre nature. La substance pose comme données dans l'unité d'un être toutes les conditions requises pour sa possibilité ; la cause affirme la présence des conditions requises pour que la consécution de deux phénomènes soit nécessaire ; en aucun cas, l'inférence de ce genre ne se fonde sur la connaissance analytique exhaustive de ces conditions, c'est l'intellect qui la pose d'autorité parce qu'il la voit nécessaire en vertu du principe auquel, comme lui-même s'y soumet, il soumet tout le reste.

Pour l'esprit qui s'y est accoutumé, la familiarité avec le principe est une grande consolation spéculative. Le champ apparemment désordonné des controverses philosophiques laisse alors apparaître un accord profond qui, pour être inconscient de soi-même, n'en est pas moins réel. Quand on l'a une fois touché dans le jugement qui connaît l'être au-delà de l'essence, il devient possible de comprendre les raisons que ceux qui se trompent peuvent avoir de lui rester aveugles, ou de l'estimer stérile et de peu de prix. C'est que, s'arrêtant si peu que ce soit en deçà du principe, ils lui en substituent involontairement un autre, ou, plutôt, lui-même sous une forme moins pure qui en obscurcit l'évidence et en détruit la fécondité.

Il convient de reconnaître d'ailleurs que cette manière d'entendre la connaissance du principe rend possible les réductions de la métaphysique en systèmes conceptuels analytiquement définis. Les doctrines de ce genre font les délices des professeurs d'histoire de la philosophie, parce qu'elles « s'enseignent bien ». Ce sont aussi celles auxquelles les noms de leurs auteurs restent attachés, comme si ceux qui les ont constituées et quasi créées étaient des poètes, des peintres ou des musiciens. La musique de Beethoven est vraiment la sienne, et c'est pourquoi elle nous intéresse, mais ce qui doit nous intéresser n'est pas de savoir si le monde est celui de Descartes, c'est de savoir si le *Monde* de Descartes est aussi le vrai. On se résignera donc à ne pas philosopher en artiste, à la manière de l'idéaliste, et l'on admettra peut-être même que, le progrès dans l'intuition métaphysique étant rare, philosopher consiste, pour chaque homme qui s'y emploie, à remettre modestement ses pas dans ceux des philosophes qui l'ont précédé, ou plutôt à redécouvrir lui-même la voie qu'ils ont suivie avant lui, refaisant ainsi pour son propre compte l'apprentissage de la même vérité.

Persuadé qu'il en est ainsi, c'est moins dans la discussion dialectique que dans la méditation solitaire de l'intelligible que le philosophe met sa confiance. C'est dans l'épaisseur native du principe que la pensée du métaphysicien fait demeure. Il s'y trouve en contact avec le plus intime de l'être, qui est l'objet propre de la métaphysique. L'abord en est difficile, et, une fois qu'on y est parvenu, il est au moins aussi difficile de s'y tenir. Les Grecs, nos maîtres en sagesse, déconseillaient l'enseignement de la métaphysique aux jeunes gens, dont l'esprit encombré d'images joue avec les idées plutôt qu'il ne les assimile. Platon assurait même que la leur enseigner trop tôt les en rendait à jamais incapables. Peut-être vaut-il donc mieux, à tout prendre, que la métaphysique occupe aujourd'hui si peu de place dans les études de philosophie ; ce serait tout bénéfice si l'océan de dialectique qui la remplace dans la plupart des livres et des cours ne répandait l'illusion de la posséder chez ceux qu'elle détourne de l'effort requis pour l'acquérir. Et cela même en fin de compte n'est peut-être pas inintelligible, car bien peu usent de la pensée en vue de sa fin véritable, qui est de connaître ; elle n'a pour la plupart qu'une fonction instrumentale et il est naturel que le nombre soit petit de ceux à qui la faveur de la vie permet la longue patience désintéressée requise pour obtenir de l'esprit qu'il se soumette à la vérité.

CHAPITRE II

LES PRINCIPES ET LES CAUSES

Les philosophes ne s'accordent pas toujours sur la définition des principes, ni sur leur nombre, ni sur leur ordre, mais un désaccord plus profond les divise sur leur nature même. Lorsqu'ils admettent encore qu'il y ait des principes, les philosophes modernes pensent généralement que ce mot désigne proprement les principes de la connaissance et que, puisqu'ils en sont les principes, ils en sont la cause. On se représente donc les principes comme une table de propositions immédiatement évidentes, qui contiennent en germe la totalité du savoir, soit que, dans un idéalisme absolu, on puisse l'en déduire analytiquement, soit que, cédant à la pente naturelle du rationalisme, on se contente d'y voir des cadres préétablis, dans lesquels viennent spontanément s'ordonner et se lier les données de l'expérience sensible.

Cette tendance date de loin, car elle est inhérente à l'intellect, qui, soumis aux nécessités de la connaissance sensible, aspire à s'en libérer. Certains scolastiques de jadis doivent y avoir partiellement cédé, car il est remarquable qu'à tort ou à raison Descartes ait précisément critiqué sur ce point la philosophie de l'École. Il n'a jamais nié le principe d'identité ni le principe de contradiction, mais il a fortement souligné le fait que leur évidence ne les empêche pas d'être stériles, alors que le premier « principe » de la philosophie doit être son vrai point de départ, c'est-à-dire la vérité première à partir de laquelle on peut conquérir progressivement les autres[a]. Bref, les principes sont des « commencements ».

En lisant de telles déclarations, on éprouve une double surprise. D'abord, ce que Descartes reproche à la notion scolastique de principe est, nous le verrons, de ne pas être ce que saint Thomas a toujours dit qu'elle était ; ensuite, il ne manque pourtant pas de scolastiques modernes pour réfuter Descartes en soulignant que, pour cette raison même, son premier principe ne devrait pas être : « Je pense, donc je suis », mais bien : « Une même chose ne peut être, à la fois et sous le même rapport, elle-même et son contraire. ». En effet, sans le principe de contradiction, comment être certain que, pour penser, il faille être ? L'objection est à la fois spécieuse et pleine d'enseignements, car Descartes n'a jamais nié que, pour penser, il faille d'abord être ; il a seulement affirmé le *cogito* comme le premier des jugements réels qui ne fût pas contradictoire. L'illusion commune à Descartes et à ses critiques est de croire que le principe de contradiction soit un principe purement formel de la connaissance, alors qu'en tant qu'il se fonde sur l'être, il est connaissance réelle de ce que l'être est. La vraie réponse à faire à Descartes est que, poser la pensée est du même coup poser l'être, si bien que le *cogito* implique une connaissance réelle de l'être, antérieure par nature à celle de ses déterminations. On peut lui reprocher, et c'est assez grave, de s'être trompé sur l'objet du premier jugement d'existence, mais, quand tout

a. Voir en particulier, Descartes, *Recherche de la vérité*, éd. AT X, p. 522-524.

est dit, il reste qu'on peut concevoir immédiatement le principe de contradiction à propos de l'affirmation de n'importe quel être, au lieu qu'on ne peut inférer, immédiatement ou non, aucun être, à partir du seul principe de contradiction.

Ces difficultés tiennent à l'ambiguïté du mot « principe », sinon en lui-même, du moins dans l'usage qu'en font les philosophes. Ses rapports à la notion de cause sont si étroits que les deux notions chevauchent parfois et risquent de se confondre. Il est impossible de les séparer, mais il importe de les distinguer.

Les Grecs n'avaient pas coutume de faire cette distinction, et ne l'eussent pas acceptée sans discussion. Toute leur habitude de pensée les en eût détournés, car identifier les causes aux principes était pour eux le seul moyen de rendre l'univers aussi intégralement intelligible que possible. Pour que tout soit rationalisé, même le devenir, il faut que les causes se comportent avec la nécessité de principes, ou, tout au moins, que leur efficace s'exerce toujours et partout conformément à cette nécessité. C'est pourquoi, dans sa *Métaphysique*, IV, au début du chapitre premier, assignant pour objet à cette science la recherche des principes et des causes suprêmes, Aristote use de ces deux termes comme équivalents. Saint Thomas lui-même interprète ce texte comme signifiant que, dans la pensée d'Aristote, ils désignent même chose : *Principium enim et causa idem sunt, secundum Philosophum, ex lib. IV Metaph.*, text. 3[a]. En fait, dans le

a. *Summa theologiae*, I, qu. 33, art. 1, *obj.* 1. Remarque faite dans une objection mais qui ne sera pas niée. Il est en tout cas certain que, chez Aristote lui-même, « les deux s'accompagnent toujours l'un l'autre, qu'on les explique ou non par la même notion », J. Owens, *The Doctrine of Being in the Aristotelian Metaphysics*, Toronto, Pontifical Institute of Mediaeval Studies, 1951, p. 347, note 19 [1978[3]].

chapitre I du livre V de la *Métaphysique*, tous les principes étudiés par Aristote sont des causes. Les deux notions sont chez lui pratiquement interchangeables.

Elles le restent dans une large mesure chez saint Thomas d'Aquin, sauf sur un point important. Pour un maître chrétien, qui croit en un seul Dieu créateur du ciel et de la terre, la notion de cause efficiente jouit d'une importance exceptionnelle et tend à revêtir un autre aspect que celui qu'elle offrait aux yeux des Grecs. Créer, c'est produire de l'être *ex nihilo*, ce qui constitue le point culminant de l'efficience. C'est pourquoi, alors que chez Aristote, la fonction type de la cause efficiente est celle de cause motrice, elle devient plutôt celle de cause productrice chez saint Thomas d'Aquin. La cause efficiente y est, à sa manière, un don de l'être par l'être, analogue à la causalité de l'acte créateur. Dans la causalité ainsi entendue, il y a toujours deux êtres et leur relation. Il faut aussi toujours que l'être de l'effet soit de même nature que celui de la cause, sans quoi il ne lui devrait rien ; mais, d'autre part, il faut que l'être de l'effet soit un autre être que celui de la cause, sans quoi la cause ne produirait rien. Aristote ne l'ignorait pas ; seulement, attentif à réduire l'efficience à un passage du même au même, pour assurer autant que possible l'intelligibilité analytique du monde, il ramenait la causalité efficiente à la causalité formelle. Chez saint Thomas, au contraire, où la forme n'est plus l'acte suprême de l'être, fonder l'efficience n'est plus la relier à la forme seule, mais à la forme actuée par l'*esse*. Cette notion nouvelle de l'être, saint Thomas peut bien l'introduire subrepticement dans son commentaire de la *Métaphysique*, elle ne se trouve pas dans le texte. À partir du moment où l'être se définit, *id cujus actus est esse*[a], la causalité

a. *De ente et essentia*, Prooemium.

efficiente doit être conçue comme une transmission de l'être de substance à substance. Ainsi entendue, la cause efficiente doit être encore tenue pour un principe, mais elle devient le principe extrinsèque dont le premier effet est l'existence même, à partir d'un existant, d'un autre existant.

Ceci dit, la convertibilité des notions de principe et de cause reste intacte, et elle continue de s'étendre à la totalité du réel, soit donné dans l'expérience, soit que l'on peut inférer à partir de lui. Prenons garde pourtant que cette proposition est vraie du point de vue de la cause plus évidemment que de celui du principe. Une cause est toujours principe : nous l'avons dit et l'on va voir en quel sens absolu cela doit s'entendre ; quant à savoir si un principe est toujours cause, c'est une autre question, qu'il convient d'examiner à part.

Qu'une cause soit toujours principe, c'est évident, car la relation causale implique un ordre de principe à conséquence entre la cause et l'effet. C'est même pourquoi, parlant précisément de la cause, saint Thomas dit qu'elle est réellement identique au principe, dont elle ne se distingue que d'une distinction de raison. Un seul et même être est à la fois cause et principe : cause, en tant qu'il apporte contribution à l'être de l'effet ; principe, en tant qu'il est le fondement d'un ordre de priorité et de postériorité. Dire cause et effet, c'est dire principe et conséquence : *principium et causa, licet sint idem subjecto, differunt tamen ratione. Nam hoc nomen, principium, ordinem quemdam importat ; hoc nomen vero, causa, importat influxum quemdam ad esse causati*[a]. Bien qu'elle s'applique aux quatre genres de cause, la formule décisive dont use

a. *In Metaphysicam Aristotelis*, L. V, lect. I, ed. Cathala [Spiazzi], n. 751 [Turin – Rome, Marietti, 1964].

ici saint Thomas, *influxum quemdam*, évoque d'abord à la pensée le cas de la cause efficiente. C'est, peut-on dire, un cas privilégié, parce que, la causalité s'y exerçant d'un être à un autre, la contribution à l'être, qui est essentielle à la notion de cause, y apparaît manifestement. La cause efficiente est donc évidemment principe : *Tertio modo dicitur causa unde primum est principium permutationis et quietis, et haec est causa movens vel efficiens*[a]. Il s'agit là d'une cause extrinsèque de l'être, mais ses causes intrinsèques en sont aussi les principes, ou, si l'on préfère, ses principes intrinsèques en sont aussi les causes. La fin prochaine d'un être, sa matière et sa forme sont autant de contributions nécessaires à ce qu'il est. Ce sont donc là de véritables *principia rerum*[b]. Justement parce qu'ils sont les causes des choses. La convertibilité des deux notions, du point de vue de la cause, s'étend à l'ordre entier de la causalité.

Comment saint Thomas parle-t-il de ces causes, qui sont aussi principes ? Il distingue deux sortes de principes, ceux qui sont premiers et ceux qui ne le sont pas[c], mais on peut ajouter que, même premier en son ordre, un principe n'est pas nécessairement pour cela absolument premier. Remarquons en outre que saint Thomas parle souvent, au pluriel, des *principia*, sans toujours préciser s'il s'agit de principes premiers au sens absolu, ou relativement et dans leur ordre. Notons enfin que, même si on l'entend au sens

a. *Loc. cit.*, n. 765.

b. Sur les *principia rerum*, voir *In Metaph.*, L. III, lect. 3, n. 364 ; L. III, lect. 15, nn. 523-528.

c. *Summa theologiae*, I[a]-II[ae], qu. 6, art. 1, *ad* 1[m] ; et I[a]-IIae, qu. 9, art. 4, *ad* 1[m]. Il s'agit de savoir si la volonté, qui est assurément « principium intrinsecum », est pour autant « primum principium », dans son ordre de causalité, bien entendu.

absolu, il y a au moins un point de vue d'où l'on peut dire qu'il existe deux principes premiers de la connaissance, en raison de la double nature des opérations de l'intellect.

Le texte est des plus connus. Il y a deux sortes d'opérations de l'intellect. L'une, par laquelle il connaît ce qu'une chose est (*quod quid est*), se nomme l'intellection des indivisibles; l'autre est celle par laquelle il unit et sépare (*componit et dividit*). Or quelque chose est premier dans chacune de ces deux sortes d'opérations. Ce qui est premier dans la première opération est ce qui tombe en premier dans la conception de l'intellect, c'est-à-dire ce que nous nommons un étant (*ens*). Rien ne peut être conçu par une opération de cette sorte, sans que l'être ne soit conçu. Passant au deuxième ordre d'opérations intellectuelles, saint Thomas ajoute : « Et puisque ce principe, il est impossible d'être et de ne pas être à la fois, dépend de l'intellection de l'être, comme cet autre principe, le tout est plus grand que sa partie, dépend de l'intellection de *tout* et de *partie*, ce principe est lui aussi premier dans la deuxième opération de l'intellect, par laquelle il unit et sépare. En effet, nul ne peut rien connaître, selon cette opération de l'intellect, à moins de connaître ce principe. De même en effet qu'on ne peut connaître *tout, partie*, si l'on ne connaît pas *être*, de même aussi on ne peut connaître ce principe, le tout est plus grand que la partie, sans connaître le principe inébranlable dont il vient d'être parlé[a]. »

Tout connu qu'il est, ce texte reste utile à méditer. Notons d'abord combien la langue de saint Thomas diffère de la nôtre, même lorsque, parlant du même problème, nous visons à reproduire sa propre pensée. Rien ne nous

a. *In Metaph. Arist.*, L. IV, lect. 6, n. 605.

semble plus naturel que de parler à ce sujet de deux principes, le principe d'identité et le principe de contradiction. La première règle de la pensée, disons-nous, est que A est A, d'où résulte la seconde : A n'est pas non-A. Autant que nous le sachions, saint Thomas lui-même n'a pas employé ces formules ; on n'a pas l'impression qu'elles lui aient fait défaut, et, si l'on voulait s'astreindre à n'exprimer sa pensée que dans sa propre langue, on pourrait, comme lui-même l'a fait, exposer sa doctrine sans en user.

Certains objecteront à cela que, sans en avoir usé, il les avait dans l'esprit. Ce serait aussi difficile à prouver que le contraire, mais nous n'avons heureusement pas à nous soucier de ce problème. Il est bien certain que, nous du moins, lorsque nous essayons de redire en d'autres termes ce qu'a pensé saint Thomas, nous avons la ferme intention de n'avoir dans l'esprit que ce qui fut sa propre pensée ; pourtant, même quand nous y réussissons, le problème se pose de savoir pourquoi lui-même usait d'un langage différent du nôtre, pourquoi nous préférons souvent user d'un langage différent du sien. Il resterait en outre à se demander, et ce n'est pas le moins intéressant, en quel sens nous devons concevoir nos propres formules afin de ne pas déformer sa pensée et de ne pas la trahir.

Voyons d'abord, par un exemple pris au hasard entre tant d'autres, comment certains scolastiques modernes conçoivent le problème ; leur position sera comparée ensuite à celle de saint Thomas, dont ils se réclament. Dès qu'elle est en possession des notions d'être et de non-être, la pensée humaine forme ce jugement : *non est possibile ens esse simul et non esse.* C'est ce que l'on nomme le *principium contradictionis.* En effet, c'est un jugement (*judicium*), dont les termes, *esse* et *non esse*, sont contradictoires, d'où son nom. Ce principe est le premier de tous, parce que les termes dont il se compose, *ens* et *non-ens*, sont les premiers qui tombent dans l'intellect[a]. À titre de premier, il confère leur certitude à tous les principes communs des autres sciences. En effet, si l'on se demande pourquoi ces principes sont indubitables, on en trouvera la raison dans le fait que les mettre en doute serait nier le principe de contradiction. « C'est pourquoi les autres principes peuvent être *indirectement* démontrés par le principe de contradiction contre ceux qui les attaquent; en effet, qui que ce soit, qui attaque l'un de ces principes, peut être finalement mis dans l'obligation d'affirmer que quelque chose est et n'est pas à la fois[b]. »

Ici se produit une péripétie due aux hasards de l'histoire. Un philosophe que saint Thomas ne pouvait prévoir, Leibniz, a soutenu depuis qu'il y a deux premiers principes, l'un pour les vérités nécessaires, qui est le principe de contradiction; l'autre pour les vérités contingentes, qui est le principe de raison suffisante. Pour des thomistes, que faire de ce deuxième premier principe? L'un d'eux propose d'abord de le formuler ainsi : *Nihil est sine ratione sufficienti*. Il signifie alors ceci : pour qu'une chose existe dans le monde plutôt que de ne pas exister, et pour qu'elle existe de telle manière plutôt que de telle autre, il faut qu'une cause la détermine à être plutôt que ne pas être, et à être ainsi plutôt qu'autrement. Deux remarques s'imposent à ce sujet. Premièrement, ce principe ne peut être tenu pour

a. G. Sanseverino, *Philosophiae christianae cum antiqua et nova comparatae* [...] *compendium*, Naples, 1900 [Apud Officinam Bibliothecae Catholicae Scriptorum]; 10ᵉ éd., t. II, p. 10. – Sur le caractère premier des notions d'*ens* et *non-ens*, voir Thomas d'Aquin, *In Metaph.*, L. XI, lect. 5, n. 2211.

b. G. Sanseverino, [*Philosophiae christianae cum antiqua et nova comparatae... compendium*] *op. cit.*, t. II, p. 11.

absolument premier. En effet, si rien ne détermine une chose à être plutôt que ne pas être, ni à être ainsi plutôt qu'autrement, elle peut à la fois être et ne pas être, ou être ce qu'elle est et être en même temps autre chose. Puisque ceci serait contradictoire, on peut dire que la formule du principe de raison suffisante se ramène au principe de contradiction. Deuxièmement, et pour la même raison, ce principe vaut pour les vérités nécessaires non moins que pour les vérités contingentes. En effet, il n'est pas nécessaire que l'homme existe, mais, s'il existe, on tient pour nécessaire qu'il soit doué de raison, et à bon droit, car Dieu est infiniment sage, tout a été ordonné par sa pensée, et partout où il y a ordre, il y a raison. C'est dire qu'il y a des raisons suffisantes des nécessaires comme il y en a des contingents. D'où cette conclusion : « Le principe de raison suffisante est vrai, et il vaut non seulement pour les vérités contingentes, mais aussi pour les vérités nécessaires, si bien qu'il doit être tenu pour leur principe, mais non pour leur premier principe[a]. »

Visiblement, notre thomiste se trouve dans la position, qui nous est commune à tous depuis saint Thomas, où celui qui expose sa pensée doit le faire en un langage qui ne fut jamais le sien. Notons d'abord que Sanseverino a profondément compris saint Thomas, dont la pensée vit en lui d'une vie réelle et jaillie de l'intellection authentique de son principe, qui est une certaine notion de l'être. S'il s'agissait d'un simple compilateur, son texte ne mériterait pas l'attention. Pourtant, il est manifeste qu'en lisant Sanseverino, Thomas lui-même n'y reconnaîtrait pas immédiatement sa propre pensée. Le premier principe dans l'ordre de l'appréhension simple, sur quoi tout repose dans

a. G. Sanseverino, [*Philosophiae christianae cum antiqua et nova comparatae… compendium*] op. cit., t. II, p. 11-12.

sa doctrine, s'efface ici devant le premier principe dans l'ordre de la composition et de la division, qui est celui du jugement. Ce premier principe se trouve donc naturellement explicité lui-même sous la forme d'un jugement : *idem non potest simul esse et non esse*, dont les deux notions, *ens* et *non-ens*, fournissent les termes. Cette proposition, dont la nécessité est infrangible, prend le nom de principe de contradiction, précisément parce que ses termes, être et non-être, sont contradictoires entre eux. Enfin, son évidence garantit immédiatement celle d'un deuxième principe, nommé désormais principe de raison suffisante, parce qu'il est contradictoire qu'aucun être puisse exister sans qu'il y ait une raison pour qu'il soit, et pour qu'il soit ce qu'il est. On ne saurait, sans arbitraire, juger *a priori* que ces différences de langage reposent sur une différence de pensée, mais elles invitent à s'assurer qu'il n'y en a pas.

Chez saint Thomas lui-même, nous l'avons vu, le principe absolument premier est une appréhension simple, non un jugement. Parce que ce n'est pas un jugement, il ne l'exprime pas sous forme de proposition, fût-ce celle que nous nommons aujourd'hui « principe d'identité ». Cet absolument premier principe est *ens* (l'étant). Il ne s'agit pas ici d'un principe formel de la connaissance, comme s'il y avait, pour notre intellect, quelque nécessité intrinsèque *a priori* de tout concevoir comme étant. *Ens* signifie *habens esse*. Dire que l'étant est le premier principe signifie donc d'abord que toute connaissance est celle d'un *habens esse*, et que, sans un tel objet, aucune connaissance n'est possible. L'étant est donc à ranger, au premier chef, entre les *principia rerum*. Nous disons, au premier chef, parce que tous les autres principes réels, s'il y en a, seront nécessairement de l'être. Les principes réels sont inhérents à des choses, dont chacune est un *habens esse*. Le philosophe se trouve conduit par là au point unique, et au-delà duquel il est impossible de remonter, où l'évidence intellectuelle première est connaissance de ce qui est absolument premier dans la réalité. Si nous voulions donner à cette première connaissance un nom aussi proche que possible du langage de saint Thomas, nous pourrions le nommer « principe d'être », mais cela même n'est pas nécessaire et l'on y trouverait peut-être moins à gagner qu'à perdre, car saint Thomas lui-même ne va pas ordinairement de la notion de principe à celle d'être, mais inversement. Et à bon droit, car la vérité est que l'étant est principe premier, et l'on ne saurait concevoir principe plus « réel » que celui-là.

Ce que l'on nomme aujourd'hui « principe de contradiction » n'est autre chose que la nécessité, intrinsèque à l'être même, que sa nature impose à la seconde opération de l'intellect. Il n'y a rien à lui ajouter pour obtenir la deuxième formule du premier principe ; au contraire, il suffit pour cela de prendre l'étant tel qu'il est. Si toute appréhension simple est celle de l'être, aucune ne peut être celle d'un non-être. Un intellect tel que le nôtre, mais en état d'infaillibilité pratique, saurait se mouvoir d'étant en étant, ou, en chacun d'eux, de l'être à l'être, sans concevoir d'autre règle de la connaissance que celle qui lui serait imposée par la nature même de l'*id cujus actus est esse*. En fait l'erreur n'est pour nous que trop possible, et elle consiste toujours, directement ou non, en ceci, que nous parlons d'un étant comme s'il n'était pas, ou, ce qui revient au même, comme s'il était autre chose que ce qu'il est. Or, justement, la nature de l'être s'y oppose. C'est ce que dit avec précision saint Thomas, lorsqu'il affirme que, pour qui conçoit l'être, il est manifeste que son non-être est impossible : *impossibile est esse et non esse simul*. Dans une telle formule, l'accent porte sur l'être même ; c'est son impossibilité intrinsèque d'être non-être qui se trouve directement visée, et c'est probablement pour cela que saint Thomas n'a pas éprouvé le besoin de nommer ce principe du nom dont nous usons aujourd'hui, qui déplace l'accent de la chose sur la connaissance, et traduit une exigence fondamentale de l'être en termes de non-contradiction dans le jugement. Le principe de contradiction est une interdiction formelle de concevoir l'être comme n'étant pas ; tel que saint Thomas lui-même en parle, le premier principe dans l'ordre du jugement, donc de la connaissance vraie, est que l'être lui-même ne peut à la fois être et ne pas être. En fait, d'ailleurs, cela n'arrive pas, parce qu'étant donné ce qu'est l'être, cela ne peut pas arriver : *non contingit idem simul esse et non esse*[a].

Ce déplacement de perspective était à peine perceptible, mais les conséquences en sont devenues importantes ; ou plutôt il résulte, dans le thomisme moderne, de différences extrêmement sérieuses dont il a subi l'influence sans d'ailleurs jamais consentir à les approuver.

Ainsi qu'il a été dit, saint Thomas lui-même distingue deux ordres de principes, ceux de l'être et ceux de la démonstration. Comme on vient de le rappeler, chacun de ces deux ordres requiert un premier principe, mais ne cédons pas à la tentation de faire de cette distinction une distinction des principes de l'être et des principes de la connaissance. Celle-ci commence avant le jugement. L'intellect est déjà dans l'ordre de la connaissance avant d'être dans celui de la démonstration. Le premier principe qui est l'être, est donc à la fois premier dans l'ordre de l'être et dans celui de la connaissance, bien qu'il n'appartienne pas à l'ordre de la démonstration, mais à

a. *In Metaph. Arist.*, L. XI, lect. 5, n. 2211.

celui de la simple vue ou, comme on a pris l'habitude de dire, de l'intuition. Ce n'est donc pas une décision sans importance, surtout dans une « Ontologie » comme celle de Sanseverino, de faire du premier principe de la démonstration le premier principe de la connaissance. C'est détourner l'attention du fait que, s'il n'y avait pas connaissance, il n'y aurait pas matière à démonstrations. On peut dire ce que pense saint Thomas autrement que lui-même ne le dit, et il n'y a que trop de cas, parlant au xxe siècle, où cela est pratiquement inévitable, mais il est toujours difficile de le faire en suivant la ligne de pensée qui fut la sienne. Il est surtout difficile de le faire sans une décision préalable sur ce que fut sa ligne de pensée. On estime généralement que ce fut celle d'Aristote, mais ce fut plutôt la sienne propre, au-delà de celle d'Avicenne qui était elle-même au-delà de celle d'Aristote. *Illud quod primo intellectus concipit quasi notissimum, et in quo omnes conceptiones resolvit, est ens*[a]. Avicenne l'a dit, et c'est vrai. Il faudrait donc avoir des raisons bien fortes pour substituer à l'étant, comme premier principe de la connaissance, le principe de contradiction.

En fait, il ne semble pas que personne en ait trouvé ni même cherché. La substitution s'est faite d'elle-même, à l'occasion de certains textes de saint Thomas, mais sous l'influence de pensées étrangères et parfois même contraires à la sienne. Le réalisme de sa noétique est solidement établi sur sa doctrine des transcendantaux, qu'il tient pour strictement convertibles avec l'être, parce que lui ne peut être sans eux ni eux sans lui. Dire que l'être est vrai, c'est autant dire que le vrai est être. Sans doute il n'y a vérité qu'où il y a connaissance, mais la vérité de la

---

a. *Quaest. disp. de Veritate*, qu. I, art. 1, *Resp.*

connaissance est son assimilation à l'étant, qui est la chose connue. Il y a donc d'abord l'être de la chose ; ensuite l'adéquation de l'intellect à la chose, laquelle adéquation est la vérité même ; enfin la connaissance, qui est un certain effet de la vérité. On est donc ici aux antipodes d'un univers métaphysique où la connaissance fonderait la vérité, qui fonderait l'être. Au contraire, *cognitio est quidam veritatis effectus*. La connaissance vient troisième, suivant la vérité, qui à son tour suit l'être : *entitas rei praecedit rationem veritatis*[a].

Si, dans l'ordre d'exposition de la doctrine, on fait coïncider l'ordre de la démonstration avec celui de la connaissance, qu'arrivera-t-il ? L'ordre de la démonstration est celui de la composition et de la division, bref, comme on dit, celui de la prédication. Dire que l'entité de l'être est requise pour qu'il y ait vérité, puis connaissance, n'exclut pas que la vérité réside principalement dans l'intellect et dans son assimilation au réel. Si, par impossible, il y avait des êtres sans qu'il y eût aucun intellect, il n'y aurait pas de vérité. Bien plus, dans l'intellect lui-même, la vérité réside principalement dans le jugement. La raison qu'en donne saint Thomas est remarquable. C'est que, dans la simple appréhension, l'intellect n'apporte aucune contribution à ce qui est. Il y a l'étant, il y a l'assimilation de l'intellect à l'étant, dont il y a vérité et connaissance, mais, qu'il soit vrai et qu'il connaisse (nous ne disons pas, qu'il pense), l'intellect lui-même n'en sait rien. Pour passer de l'ordre de la connaissance brute à celui de la démonstration, qui est celui de la vérité comme telle, il faut que l'intellect prenne conscience de son adéquation à l'étant en l'exprimant par une affirmation explicite. Ce

a. *Ibid.*

faisant, il commence d'ajouter à la réalité quelque chose qui n'y est pas, mais qui lui correspond. En ce sens, c'est-à-dire si on réserve le nom de connaissance à l'ordre des jugements, il est correct de dire, et de le faire dire à saint Thomas, que le premier principe de la connaissance est le principe de contradiction. Il n'y a même aucun inconvénient à le faire, tant qu'on n'oublie pas que la première conception de l'intellect est, elle aussi, connaissance en son ordre ; que son objet est l'être ; qu'en l'être l'intellect résout finalement toutes ses connaissances, même celle du principe de contradiction, à tel point que, sans cette conception absolument première, l'investigation des essences n'aurait plus aucun terme, *et sic periret omnino scientia et cognitio rerum*[a].

Prenons un peu de champ et résignons-nous par là même à courir quelques risques. Ce n'est pas sans raisons que les thomistes, même modernes, insistent si souvent pour maintenir le primat absolu du principe de contradiction. Ce sont en réalité des aristotéliciens fidèles à la tradition séculaire de leur école qui veut que le thomiste soit essentiellement un aristotélisme coiffé par une théologie chrétienne. Comme le thomisme a en effet absorbé l'aristotélisme et l'inclut, on peut toujours retrouver dans saint Thomas, ne serait-ce que dans ses commentaires d'Aristote, de quoi en faire un aristotélicien. Le thomisme devient alors une épistémologie, où la dialectique du logicien s'exerce sur des concepts abstraits pour constituer, sous forme de logique des transcendantaux, une pseudo-métaphysique.

---

a. *Quaest. disp. de Veritate*, qu. I, art. I, *Resp.* – Pour ce qui précède, *ibid.* qu. I, art. 3, *Resp.*

Aristote lui-même a laissé à ses successeurs la possibilité de ce choix. Il savait fort bien que le sophiste, le logicien et le philosophe ont en commun le même objet, qui est l'être : *nam circa idem genus versatur et sophistica et dialectica cum philosophia*[a]. Tous ont l'être en commun : *omnibus autem commune ens est.* C'est ce qui permet de parler en dialecticien et en logicien de tout ce dont parle la métaphysique ; au lieu de parler de l'être en tant qu'être, objet propre du métaphysicien, on parlera alors de l'être en général, qui n'est aucun étant défini mais l'*ens commune*, et de ses propriétés générales en tant qu'elles sont prédicables de tous les étants réels ou possibles. Tel est le thomisme de beaucoup d'esprits a-métaphysiciens, mais férus de logique et soucieux d'avoir de quoi disputer de théologie. On ne les éliminera jamais du thomisme et de ses écoles, d'autant plus qu'ils y sont chez eux et ont entièrement le droit d'y demeurer. Il est même vain de disputer avec eux, car ils peuvent irréfutablement démontrer que leur interprétation du thomisme est bien fondée : elle l'est surtout le thomisme en tant que celui-ci est celui du disciple d'Aristote (qu'il fut en effet), compte non tenu du métaphysicien personnel qu'il fut et qui créa le thomisme de Thomas d'Aquin.

On objectera naturellement que la métaphysique de saint Thomas fut celle d'Aristote. En effet, tout le commentaire de saint Thomas *In Metaphysicam Aristotelis* témoigne en ce sens, mais aucun commentaire ne peut trouver dans le traité d'Aristote plus de métaphysique qu'il n'en contient. Il en contient assurément, mais d'une certaine sorte, et même d'une double sorte, que saint

a. *In Metaph.*, L. IV, lect. 4, 311. [Nous corrigeons la référence erronée.]

Thomas a fort bien définies dans sa propre préface *In de Generatione et Corruptione* (2, 2) : *Philosophus in Metaphysica simul determinat de ente in communi et de ente primo quod est a materia separatum.* C'est exact, mais l'être commun est une abstraction sans plus de réalité qu'un être de seconde intention, objet de la logique. C'est celui qui permet au logicien et au dialecticien de mimer le métaphysicien ; au contraire, l'être séparé de la matière, non-physique et transphysique, est, de plein droit, l'objet de la métaphysique comme science distincte dotée de son objet propre, dont aucune autre science n'est habilitée à connaître. En tant que science distincte des autres, la métaphysique d'Aristote est connaissance de cet être-là. Il faut dire : de ces êtres-là, car ils sont les dieux astronomiques, tendus vers le premier et plus haut d'entre eux, le Premier Moteur Immobile, que tous désirent. Ces êtres qui viennent « après les êtres physiques » sont les objets propres du métaphysicien.

Ils sont aussi inclus dans la métaphysique chrétienne de saint Thomas d'Aquin, mais ils n'en sont pas l'objet propre. Celui vers lequel il tend est l'Être Premier, le *Qui est* de la Première Partie de la *Summa theologiae* dont on a fait depuis le sujet du *De Deo Uno* des cours de théologie. Il faut choisir ; en fait chacun choisit selon qu'il élimine ou non le premier principe de l'intellect au profit du deuxième. La dialectique formelle de l'être commun a remplacé la métaphysique dans les esprits d'autant plus facilement qu'elle offrait toutes les apparences d'une philosophie première. Théologien, saint Thomas ne pouvait se contenter du dieu astronomique d'Aristote, et c'est bien pourquoi tant de ses interprètes travaillent à purifier la philosophie thomiste de toute contamination théologique ; ils en éliminent du même coup la métaphysique comme méditation de l'être en tant qu'être ; le premier principe de la connaissance s'efface devant la règle première du jugement.

L'équilibre doctrinal du thomisme, si intelligemment ajusté, se trouva compromis dès que, sous des influences diverses dont l'histoire reste imparfaitement connue, le premier principe de la démonstration et de la science a tenu à s'ériger en premier principe de la connaissance, purement et simplement, donc à devenir le principe premier et unique de la philosophie. L'ordre de la connaissance qui, chez saint Thomas, s'enracinait si profondément dans l'être, a dès lors commencé à vivre de sa vie propre, à se nourrir de sa propre substance et, par là même, à foisonner. Il n'y a rien là de surprenant. Tant que la connaissance est ordonnée à l'être, c'est en lui qu'elle trouve la réalité dont ses jugements explicitent formellement la vérité ; lorsqu'elle se prend elle-même pour objet, elle invente progressivement autant de principes de l'être qu'il lui en faut pour justifier analytiquement ses opérations[a].

Bien qu'il ne soit pas à l'origine de cette histoire, Suárez offre sur elle un bon point d'observation, à mi-chemin entre la métaphysique de saint Thomas et celle du XVIIIe siècle wolffien. Il serait déjà remarquable que toutes ces questions touchant les principes de la connaissance qui, chez Aristote et saint Thomas, se discutent si simplement et naturellement en fonction de l'être, s'offrent

a. Saint Thomas distingue entre les principes de l'être (qui sont toujours principes de la connaissance) et les principes de connaissance, qui ne sont pas toujours principes d'être. Cf. *Summa theologiae*, Iª, qu. 85, art. 3, ad 4ᵐ, où il note que faire des universaux autant de substances est verser dans le platonisme. Voir aussi *de Veritate*, qu. 2, art. 3, ad 6ᵐ. Sur la distinction générale des deux ordres de principes, voir in *Metaph.*, L. VII, lect. 13, nn. 1570-1574.

à l'esprit de Suárez comme chargées de difficultés.
Précisément parce qu'elle est science, et qu'elle l'est dans
toutes ses parties, comment la métaphysique pourrait-elle
confirmer les principes, qui ne sont pas objets de
démonstration ? C'est que la métaphysique a changé
d'aspect depuis Aristote et Thomas d'Aquin. Intégralement
science, elle ne peut plus rien inclure qui ne soit démontré
ou, au moins, démontrable. Désormais l'*habitus principio-
rum* ne fait plus partie de la métaphysique ; celle-ci ne s'en
occupe plus formellement en tant qu'ils sont des principes,
sed ut sunt aliquo modo conclusiones. Elle n'ajoute aux
premiers principes aucune évidence ni certitude, elle
facilite l'assentiment à leur certitude et à leur évidence. Si
elle leur en confère une accrue, ce n'est pas en renforçant
la leur, mais en leur en ajoutant une autre (non *intensive*
mais *extensive*) si bien que la certitude formelle des
principes se double ici d'une certitude proprement métaphysique, celle qu'au lieu de tenir de leur évidence propre,
ils reçoivent de la science du métaphysicien[a].

Qu'arrive-t-il donc aux principes du fait qu'ils reçoivent
ce traitement métaphysique ? Celle-ci n'a pas pour objet
d'obtenir de nous notre assentiment à leur évidence ; elle
les prend pour ce qu'ils sont, mais au lieu de s'en tenir à
leur simple vue, elle en élabore une science à l'aide du
discours. Dans la métaphysique comme science, tout est
discursif malgré les données simples qu'elle présuppose.
C'est pourquoi Suárez conçoit ces données simples de telle
manière qu'elles se prêtent à devenir objet de discours.

Avant tout, l'étant, l'*ens.* Pris comme substantif, ce
mot signifie l'essence réelle, c'est-à-dire l'entité conçue

---

a. Suárez, *Metaphysicarum disputationum*, lib. I, dist. 1, sect. 4,
n. 19.

comme « vraie et apte à l'existence possible ». Pris comme participe présent d'un verbe, le même mot signifie *aliquod actu existens, seu habens realem actum essendi*. Cet *actus essendi* pourrait aussi bien être de saint Thomas (*ens est cujus actus est esse*), n'était la différence profonde dans la manière dont les deux théologiens-philosophes conçoivent l'acte d'être. Chez saint Thomas, il s'agit d'un *esse* qui est, au sein de l'étant, l'acte de l'essence et de la forme même ; chez Suárez, il s'agit de l'essence possible posée dans l'état d'être actuel par l'efficace de sa cause. Plus simplement, il s'agit de l'essence passée de l'état d'être possible à celui d'être réel, ou actuel. La formule par laquelle Suárez se commente lui-même le fait assez bien voir ; par quelque chose d'actuellement existant, il entend quelque chose doué d'une existence actuelle, distincte de l'existence en puissance seulement, qui n'est actuellement rien du tout : *seu habens realitatem actualem, quae a potentiali distinguitur, quod est actu nihil*[a]. Un être de ce genre, dont la structure est la même, qu'il soit réel ou possible, offre à la raison une prise directe et un champ tout uni au discours du métaphysicien, seulement, de Thomas à Suárez, l'objet de la métaphysique change subrepticement de nature. Au moment où, avec Suárez, elle atteint une perfection formelle qu'elle n'avait pas eue chez Aristote mais qu'elle devait conserver chez Wolff, ce parangon des professeurs de philosophie, elle ne retient plus des principes que les conditions de leur prédicabilité abstraite dans l'ordre de l'être possible, étant bien assuré que ce qui vaut pour le possible vaut aussi pour le réel, partout où il y en a.

---

a. Suárez, *Met. disp.*, lib. I, dist. 2, sect. 4, n. 4.

Cette tendance à mettre en forme la métaphysique, sensible chez tous les aristotéliciens et qui avait pris les proportions d'un incendie dévastateur dans ce que nous nommons la Scolastique, demeurait chez Suárez une réinterprétation et comme un *aggiornamento* de la métaphysique thomiste[a]. Les choses changèrent avec Descartes lorsque le prototype de la connaissance scientifique, au lieu de rester la nécessité logique, comme c'était le cas dans la doctrine d'Aristote, fut remplacée par la certitude du raisonnement mathématique, ou d'un raisonnement inspiré du même esprit. Par une révolution dont Descartes, qui en était l'auteur, eût été lui-même surpris s'il en avait compris la nature, la métaphysique se trouva replacée dans la situation d'où la scolastique l'avait tirée ; elle s'accrocha à une physique, la seule différence étant qu'au lieu de traiter ce qui venait après la physique d'Aristote, elle s'organisa en vue de traiter de ce qui venait avant la physique de Descartes. Conçue comme venant avant, mais en vue de, elle en subissait l'attraction et en portait la marque. Suárez pensait encore que la métaphysique, et même la physique, devaient travailler pour la

a. Suárez n'a pas multiplié les principes sans nécessité. Il estime vaine l'introduction, tentée par Antonius Andreas (*Qu. in Metaph.*, L. IV, qu. 5) d'un principe antérieur au principe de contradiction, et dont la formule serait *ens est ens* ; *cf.* Suárez, *Met. disp.*, l. 1, dist. 3, sect. 3, n. 4. Lui-même a d'excellentes formules de son premier principe : *Impossibile est idem esse et non esse*, ou, mieux encore : *nullum est ens, et non est*. Chose plus importante encore, Suárez maintient énergiquement que la métaphysique « est realis et vera scientia », (*Met. disp.*, l. 1, dist. 3, sect. 1, n. 10). Qu'il ait voulu la constituer en science strictement démonstrative ne lui a jamais fait oublier qu'elle porte sur l'être réel et sur ses non moins réelles propriétés transcendantales.

théologie[a]; puisque cette théologie était chrétienne, la métaphysique ne pouvait rester aristotélicienne; le Premier Moteur immobile n'a pas engendré de Verbe fait homme pour nous sauver. Plus les scolastiques se voulaient philosophes, plus ils se devaient de déthéologiser et déchristianiser leur enseignement. Mais ils ne pouvaient publiquement reconnaître ce dessein; ils se trouvaient donc engagés dans cette impasse : philosopher en vue de la théologie chrétienne comme si leur philosophie était sans rapport essentiel avec la foi. Descartes trancha le nœud en déclarant que sa philosophie serait sans rapport avec aucune théologie. Assurément, sa doctrine reste encore engagée dans celle de théologiens qui, eux, étant clercs, prêtres ou moines, n'ont jamais sérieusement tenté de philosopher hors de toute influence religieuse, mais il a conçu l'idée de le faire. À cet égard, Descartes prend donc la suite d'Averroès, mais d'un Averroès qui serait devenu physico-mathématicien et qui d'ailleurs professerait expressément l'accord de sa philosophie avec la théologie des autres chrétiens.

La notion de principe devait donc subir dans sa pensée une modification profonde afin de rapprocher la notion logique et dialectique de principe de sa notion scientifique et mathématique. Invité par un de ses critiques à présenter ses preuves de l'existence de Dieu et de la distinction de l'âme et du corps *more geometrico*, Descartes dut recourir à un système de « définitions », de « postulats » et d'axiomes ou « notions communes », constitué avant ses démonstrations métaphysiques, celles-ci devant d'ailleurs être exactement de même nature que celles de la physique

a. « Quia tamen nostra Physica et Metaphysica deservire debent Theologiae... », Suárez *Met. disp.*, l. 1, dist. 12, sect. 2, n. 5. Tout le prologue de l'ouvrage manifeste d'ailleurs cette intention.

ou de la mathématique, puisque la métaphysique est chez lui ce qui vient avant tout le reste dans l'ordre des raisons. Entre les « postulats », le troisième demandait que l'on examinât d'abord, afin de s'en éclaircir la vue, les propositions connues par soi, notamment : *quod idem non possit simul esse et non esse*, ou encore : *quod nihil nequeat esse causa efficiens ullius rei*[a]. Ce deuxième axiome est, on le voit, l'une des formes de ce qui se nomme aujourd'hui « principe de causalité ». Ajoutons que sa forme explicite en égale immédiatement la portée à celle du principe de raison suffisante dont parle Sanseverino, et que Descartes le conçoit avec une universalité telle qu'il en étend la portée jusqu'à inclure Dieu lui-même. En effet, si on prend sa formule dans toute sa généralité possible, on peut dire qu'« aucune chose n'existe dont on ne puisse demander pour quelle cause elle existe. On peut se le demander de Dieu même, non qu'il ait besoin d'aucune cause pour exister, mais parce que l'immensité même de sa nature est la cause, ou la raison (*ratio*) en vertu de laquelle il n'a besoin d'aucune cause pour exister ». Sous ce principe universel inscrivons cet autre : « Aucune chose, ni aucune perfection actuellement existante d'une chose, ne peut avoir le néant, c'est-à-dire une chose non-existante, comme cause de son existence[b]. » On ne saurait être plus proche

a. Descartes, *Secundae responsiones*, AT VII, p. 162-163.
b. *Ibid*, t. VII, p. 164-165. Concernant Dieu, Descartes n'exprime pas ici toute sa pensée. En fait, il estime que sans aller jusqu'à dire que Dieu est cause efficiente de soi-même, « afin d'éviter une discussion verbale », il faut maintenir que Dieu « se conserve réellement lui-même » (*Primae responsiones*, t. VII, p. 109) à tel point qu'on peut le nommer, sans trop d'impropriété, *sui causa*. Il est *a se*, non plus seulement au sens négatif accepté par les scolastiques, mais positivement, et même *quammaxime positive* (p. 110-111). Dieu se conserve par sa propre puissance. *Cf.* lettre à Mersenne, 31 décembre 1640 ; t. III, p. 273, l. 16-23.

des principes de causalité et de raison suffisante sans les nommer.

Avec Leibniz, aucune invitation n'est requise pour obtenir de lui un exposé de sa doctrine en ordre mathématique, au sens cartésien de la formule. Sa caractéristique universelle devait être un vieux rêve enfin réalisé, celui de Lulle repris au logicien pour être confié au mathématicien. À défaut d'y avoir réussi il a du moins laissé, avec nombre d'autres essais du même genre, une *Demonstratio existentiae Dei ad mathematicam certitudinem reducta*[a], qui suit de cette définition liminaire : Dieu est la substance incorporelle douée d'une vertu infinie. D'autre part, le classique *Discours de métaphysique* se fonde sur cette seule notion, que « Dieu est un être absolument parfait »[b]. Sur quelque fondement qu'on bâtisse, il faut poser des principes pour en faire sortir des conséquences. En fait tous nos raisonnements se fondent sur deux principes majeurs : celui de contradiction, en vertu duquel nous jugeons vrai ce qui n'implique pas contradiction et faux ce qui en implique une, deuxièmement le principe de raison suffisante, en vertu duquel nous tenons que rien n'existe, qu'aucune proposition n'est vraie, sans qu'il y ait une raison pour qu'il en soit ainsi plutôt qu'autrement, bien que, d'ordinaire, les raisons de ce genre nous échappent[c].

a. J. Iwanicki, *Leibniz et les démonstrations mathématiques de l'existence de Dieu*, Strasbourg, [Librairie Universitaire d'Alsace] 1933, p. 238-264.

b. *Discours de métaphysique*, 1 ; éd. H. Lestienne, Paris, Vrin, 1929, p. 25.

c. Leibniz, *Monadologie*, § 31, 32. – Sanseverino, *Compendium philosophiae christianae*, p. ii, note 3, renvoie à ce texte, ainsi qu'aux *Principes de la nature et de la grâce*, § 7 et 8. Là, Leibniz en fait le principe « métaphysique » par excellence, le « grand principe », d'ailleurs ordinairement peu employé, selon lequel rien n'arrive sans raison

Ce principe est donc chez Leibniz la formule la plus générale du principe de causalité.

Cette dualité des principes était significative. On n'a pas à lire Leibniz longtemps pour s'apercevoir que le Bien de Platon reste chez lui le principe des existences. De quelque manière qu'on s'y prenne, on ne peut aisément expliquer pourquoi, s'il existe un être infiniment parfait, il en existe encore d'autres, sans faire appel à un principe dont la réduction à une relation analytique soit impossible. Spinoza eût réussi l'opération sans la difficulté, bien connue de ses historiens, que cause dans sa doctrine la présence des modes finis. Leibniz ne l'a pas tentée, mais en réduisant la notion de « cause » à celle de « raison », il poussait la réduction de la causalité à l'identité analytique aussi loin qu'on pouvait le faire sans la supprimer. Tout se passe chez lui comme si savoir que la cause fait quelque chose importait moins que savoir pour quelle raison elle le fait.

Wolff n'a donc pas trahi son maître. En réduisant tous les principes au principe de contradiction, il ne faisait que céder à ce qui avait été pour Leibniz au moins une tentation[a]. Cette réduction nous a valu l'admirable

suffisante. D'où la première de toutes les questions : pourquoi y a-t-il quelque chose plutôt que rien ? La raison suffisante ultime est Dieu. Le principe de contradiction domine l'ordre des essences ; le principe de raison suffisante est premier dans l'ordre des existences.

a. Chr. Wolff, *Ontologia*, P. I., sect. 1, C. 1. Sanseverino connaît fort bien ce texte, auquel il s'oppose au nom de saint Thomas, pour l'excellente raison que, principe suprême *en logique*, le principe de contradiction n'est pas tel qu'on en puisse déduire des connaissances réelles : Sanseverino, *Compendium philosophiae christianae*, t. I, p. 93, note 2, et t. II, p. 10, note 3. On trouverait difficilement meilleur exemple d'un philosophe acceptant le résultat d'une opération métaphysique en niant le principe qui la légitime. – Sur la démonstration wolffienne de la notion de raison suffisante, voir J. Geyser, *Das Prinzip vom zureichenden Grunde*, Regensburg, s. d. (préface datée de 1929) p. 50-52. Geyser fait structure de son *Ontologie*, si bien faite pour séduire par sa rigueur logique les disciples modernes de la scolastique médiévale. Son influence sur la néo-scolastique explique pourquoi celle-ci s'est dès lors ouverte au principe de raison suffisante et même pourquoi, chez certains de ses représentants du moins, elle a tendu, grâce à ce principe, à rendre le principe de causalité aussi analytique qu'il se pouvait faire sans que la causalité même fût supprimée.

La difficulté qui arrête les néo-scolastiques dans l'usage du principe de raison suffisante, est de lui trouver un sens précis. L'embarras que nous avons noté chez Sanseverino leur est commun. Ainsi après avoir posé ce principe comme le fondement de la métaphysique et affirmé que même « le principe de causalité tient ou tombe avec lui », F. Stawicki trouve le fondement de ce fondement de toute certitude dans « la confiance de la raison elle-même quand elle connaît la vérité ». Et sans doute, puisqu'elle est un *Vernunftgebot*, cette confiance est le plus rationnel des irrationnels, mais enfin, s'il est vrai, comme on le concède, qu'il y a quelque chose d'irrationnel (*etwas Irrationales*)

bien voir que l'argumentation de Wolff repose sur une pétition de principe. Si on admet que tout a une raison suffisante, il devient contradictoire qu'un être n'en ait pas ou, ce qui revient au même, qu'il ait le néant pour raison suffisante. Mais admettre le néant comme raison suffisante d'un être n'est pas admettre qu'un être sans aucune raison suffisante soit possible. Pour que nier le principe fût chose contradictoire, il faudrait, précisément, que la notion d'un être sans aucune raison suffisante impliquât contradiction. En d'autres termes, Wolff tient pour contradictoire la formule suivante : « A est parce que rien n'est », ce qui est en effet absurde, car « rien » ne saurait être le « parce que » de quoi que ce soit. Mais si je dis : « un être à propos de quoi la question pourquoi ne se pose pas, est possible », est-ce contradictoire ? C'est la vraie question. Or Dieu est un tel être ; si l'exigence d'une raison suffisante n'est pas universelle, elle n'est pas un principe.

à l'origine de ses certitudes, la métaphysique ne s'en portera pas mieux pour se réclamer de ce principe[a].

Ce n'est pas le plus remarquable. La décision de renoncer à fonder rationnellement ce principe a été expliquée, non sans vraisemblance, par l'échec de plusieurs tentatives antérieures pour lui trouver un fondement rationnel[b], mais lorsque Joseph Geyser, qui fait cette remarque, en vient à chercher une formule plus correcte du même principe, que trouve-t-il? Simplement ceci, que toute chose a un pourquoi et que l'esprit doit se poser la question du pourquoi à propos de tout objet possible. En somme : « Si on doit l'entendre au sens le plus universel qui soit concevable, le principe de raison suffisante doit signifier que, pour tout objet, où, comment et quel qu'il soit, il doit y avoir quelque chose à l'égard de quoi il se comporte comme une conséquence, et dont la connaissance permette de donner une réponse satisfaisante à la question de son pourquoi[c]. » Soit, mais si l'on admet déjà un principe

a. F[ranz] Sawicki, « Der Letzte Grund der Gewissheit », in *Philosophisches Jahrbuch*, t. XXXIX (1926) p. 7. Du même auteur : « Der Satz von zureichenden Grunde », in *Philosophisches Jahrbuch*, t. XXXVIII (1925), p. 1. [Nous corrigeons les tomaisons erronées du *Philosophisches Jahrbuch.*]

b. J. Geyser, *Das Prinzip vom zureichenden Grunde*, p. 80. Geyser discute ses prédécesseurs. Les principales positions qu'il prend en considération sont celles de – Pedro Descoqs, principe d'intelligibilité universelle et de cognoscibilité universelle (p. 46) garanti par l'intuition intellectuelle de l'évidence : *omne ens est verum* (p. 74) ; – Joseph Gredt : le principe de causalité ne s'applique qu'au devenir, le principe de raison suffisante s'étend à tout ce qui est ; l'un et l'autre peuvent être indirectement prouvés par réduction à l'absurde (p. 53) ; – Réginald Garrigou-Lagrange : nous avons une intuition abstractive de l'intelligible en général et, en particulier, de la vérité de ce principe (p. 78-79) ; – Les positions de [C.] Nink, de [F. M.] Sladeczek et de B. Jansen sont aussi prises en considération.

c. J. Geyser, *Das Prinzip vom zureichenden Grunde*, op. cit., p. 90.

de causalité, il n'est peut-être pas nécessaire de lui en ajouter un autre pour dire qu'il est valable. Où il n'y a plus de cause, il n'y a plus de pourquoi. Bref le principe de raison suffisante n'est qu'une autre forme du principe de causalité.

On comprend d'abord par-là pourquoi saint Thomas lui-même n'en a pas parlé et pourquoi on peut exposer toute sa doctrine sans y faire appel. Quel que soit le sens qu'on lui attribue, sa fonction est déjà remplie par autre chose dans la doctrine thomiste. Nulle part on n'y trouve quoi que ce soit qui s'oppose à l'affirmation de ce principe ; bien au contraire, c'est précisément parce que tout ce qu'on peut vouloir lui faire dire y est déjà dit autrement, que le thomisme n'a pas besoin du principe de raison suffisante. Celui-ci ne peut y faire figure que de doublet.

Veut-on le concevoir comme l'affirmation que tout ce qui est, est intelligible ? Assurément, *omne ens est verum*. Rien ne s'oppose à ce qu'on tienne cette proposition pour un principe. On en trouvera autant d'autres qu'il y a de transcendantaux : *omne ens est unum ; omne ens est bonum ; omne ens est pulchrum*, qui ne sont ni moins certains ni moins évidents. Seulement, convertibles avec l'être, ces transcendantaux ne lui ajoutent rien ; il les est de plein droit, de sorte qu'en tant que principes, ils se confondent avec la principauté de l'être lui-même. Pourquoi, dira-t-on, ne pas les exposer explicitement ? S'il va sans dire que l'être est intelligible, n'ira-ce-pas mieux encore en le disant ? La réponse dépend de la métaphysique dont on fait profession. Chez Duns Scot, par exemple, il est vrai que l'intelligibilité accompagne toujours l'être : *intelligibilitas semper consequitur entitatem*, et il est utile de le rappeler parce que, selon lui, le vrai en tant que vrai n'est pas l'être en tant qu'être. On conçoit donc aisément

qu'à titre d'affirmation de l'intelligibilité de l'être, le
principe de raison suffisante puisse exercer une fonction
propre, distincte, dans une métaphysique d'inspiration
scotiste, où le vrai en tant que tel n'est pas l'être en tant
que tel. Mais ceci n'est pas notre question. Nous demandons,
au contraire, si l'intelligibilité de l'être doit faire l'objet
d'un principe distinct du principe d'être dans une doctrine
telle que celle de saint Thomas, où l'être est vrai précisément
en tant qu'il est être ? On excusera du moins saint Thomas
de ne pas y avoir lui-même pensé.

Veut-on concevoir le principe de raison suffisante
comme l'affirmation que tout a un pourquoi ? Saint Thomas
serait loin d'y contredire. Pour lui aussi tout changement
suppose une cause ; la seule manière de l'expliquer est
d'en « rendre raison », et on ne peut le faire qu'en assignant
son *propter quid*. Celui-ci est toujours une ou plusieurs
des quatre causes : formelle, matérielle, agente ou efficiente
et finale : *hoc quod dico propter quid, quaerit de causa ;
ad propter quid non respondetur nisi aliqua dictarum
causarum*[a]. Certaines de ces causes sont intrinsèques à
l'être, d'autres lui sont extrinsèques ; prises ensemble, les
quatre causes couvrent la totalité de l'être et de son devenir.
Il n'y a donc aucune nécessité d'ajouter un principe distinct
de raison suffisante au principe de causalité (à supposer
que celui-ci existe). Rappelons une fois de plus qu'il n'est

a. Saint Thomas d'Aquin, *In Phys.*, L. II, cap. 6, lect. 10, n. 14. Cf. *In
Metaph.*, L. V, lect. 2, n. 763-776. Le fait qu'on ne puisse répondre à la
question *propter quid* qu'en recourant à une ou plusieurs de ces quatre
causes implique qu'il n'en existe pas d'autres que celles-là. Rappelons
pourtant à ce propos que le rapport des causes à l'être n'est pas le même
dans les quatre cas : « forma est causa essendi absolute, aliae vero tres
sunt causa essendi secundum quod aliquid accipit esse », (*In Phys.*,
loc. cit., n. 15). C'est à l'acte de la forme, elle-même actuée par l'*esse*,
que toute inférence causale finit par ramener.

aucunement question de nier la vérité de ce qu'affirme le principe de raison suffisante, pourvu qu'on n'en use pas, comme Leibniz, pour prouver que notre monde est le meilleur des mondes possibles ! Il est vrai qu'avec cette réserve, il ne signifie plus grand chose. Nous cherchons la « raison suffisante » de cet autre fait : pourquoi saint Thomas n'a-t-il jamais pensé à invoquer un tel principe ? Si, comme certains l'affirment, ce principe est le fondement même de la connaissance métaphysique, l'oubli peut sembler surprenant. À cette deuxième question, notre réponse est que le principe de raison suffisante ainsi entendu, nécessaire chez Leibniz et Wolff, est superflu dans le thomisme où il n'a aucun rôle distinct à jouer[a].

Nous voici donc ramenés encore une fois à la notion de cause, et à la question qu'elle suggère : pourquoi saint Thomas n'a-t-il jamais explicité ce « principe de causalité » dont ses disciples font aujourd'hui tant de cas ?

Saint Thomas enseigne que l'étant (*ens*) donné dans les catégories a des causes ; il enseigne non moins constamment que les causes (intrinsèques ou extrinsèques) de l'étant sont ses principes. Elles sont donc à la fois principes de l'étant et de la connaissance que nous en avons. Saint Thomas enseigne donc, comme il vient d'être rappelé, que rendre raison d'un étant, dans son essence

---

a. Pour ne pas accumuler les difficultés, on argumente ici dans l'hypothèse, quasi universellement reçue, où saint Thomas admet un *principium causalitatis* (dont il n'a jamais parlé) au nombre des premiers principes de l'entendement. Plusieurs croient régler la question en montrant, comme il est facile de faire, que saint Thomas admet tout ce qu'affirmerait un tel principe. Ils ont raison, mais il leur faudrait en outre établir que, dans la doctrine de saint Thomas, la certitude de la causalité tient à la présence dans l'esprit d'un principe premier de causalité qui rattacherait directement celle-ci à la nécessité de l'être. Descartes avait vu plus loin qu'eux sur ce point.

comme dans son existence, c'est toujours en assigner la cause ou les causes. La force de la doctrine réside en ce que la nature même de l'être, tel qu'il est donné, requiert le recours à la notion de cause si l'intellect veut en rendre raison, mais il est contingent qu'il y ait des êtres finis soumis au changement et relevant de la causalité. Si l'Être n'avait pas librement créé des êtres, il n'y aurait pas de causalité. Assurément, l'usage de la notion de cause dans chaque cas particulier de devenir, est garanti par le premier principe dans l'ordre du jugement. Une fois reconnu que l'être fini est dans le devenir, et que le devenir est inintel-ligible sans une cause, il devient contradictoire de la lui refuser, mais la nécessité de lui en assigner une est une induction à partir de l'expérience, comme la généralisation conceptuelle même. Le principe de contradiction garantit qu'il n'y a pas d'effet sans cause : proposition tautologique au premier chef, mais il n'implique pas que tout être soit causé et que la notion d'être incausé soit impossible : *Esse autem ab alio causatum non competit enti inquantum est ens : alias omne ens esset ab alio causatum, et sic opporteret procedere in infinitum in causis, quod est impossibile*[a]. On ne saurait donc concevoir la causalité comme liée à l'être par un rapport aussi universellement nécessaire que la non-contradiction.

De là découlent deux conséquences. D'abord que la réduction formelle du principe de causalité au principe de contradiction est impossible. La garantie nécessaire apportée à toute inférence causale par le principe de contradiction suppose que la causalité soit donnée. On ne déduit pas de la garantie ce qu'on lui demande de garantir. Ensuite, que l'érection de la causalité en principe formel

a. Thomas d'Aquin, *Contra Gentiles*, II, 52, 5.

de la connaissance : tout être a une cause, n'ajoute rien à notre connaissance des causes comme *principia rerum.* Le contenu réel et la force contraignante de l'inférence causale ne sont pas dus chez saint Thomas à la vérité d'un tel principe formel, mais à l'évidence intrinsèque du rapport de causalité en chaque cas donné. Nous n'assignons pas une cause à un être parce qu'il serait contradictoire que l'être en général n'eût pas de cause, mais parce que, tel être étant ce qu'il est, on ne saurait en rendre raison sans lui assigner une ou plusieurs causes. Ce sont son être et sa nature qui requièrent ces principes que sont les causes et non point la nature de notre intellect qui veut que nous concevions tout l'être en général comme engagé dans un rapport de cause à effet.

Est-ce à dire que le thomisme interdise qu'on parle d'un principe de causalité ? Non. Ici comme dans le cas du principe de raison suffisante, la question n'est pas de savoir si on peut nier ce qu'ils affirment, mais de savoir s'il convient de l'affirmer sous cette forme. Parlant de l'être catégorial, aucun thomiste ne soutiendra qu'il puisse exister sans une raison suffisante, ou qu'il puisse être sans avoir de cause. Tout ce qu'il y a de vrai dans les diverses formules de ces principes que l'on a proposées, est affirmé par saint Thomas. Si leur négation est une erreur, leur affirmation est une vérité, mais il reste à chercher la meilleure formule de la vérité, c'est-à-dire celle qui définit le vrai au sens précis où on le tient pour vrai. Là encore tout dépend du type de métaphysique auquel l'intellect donne son assentiment et il se peut que le principe de causalité soit utilement explicité dans l'une alors que l'autre n'aura pas besoin de le formuler à part. Il se peut même que la nécessité de la relation causale s'impose comme le terme d'une induction spontanée, ainsi que c'est le cas dans le thomisme, et ne demande pas à être déduite d'une loi de l'esprit, comme le préfèrent les formalismes, de Duns Scot à nos jours. Généralement parlant, il semblera d'autant plus utile de faire de la causalité un principe qu'une métaphysique mettra l'accent sur la nécessité formelle des preuves dialectiques, plutôt que sur la nécessité réelle qu'impose à l'intellect la nature même de l'actuellement existant.

Prenons en exemple la preuve de l'existence de Dieu par les voies de la causalité, et supposons une métaphysique d'inspiration scotiste. Le point d'appui de la preuve y est le concept univoque d'être, ou plutôt l'entité réelle de l'être univoque. Dans cet être, on considérera deux propriétés disjonctives, soit l'*effectivitas* et l'*effectibilitas*, soit la *finitivitas* et la *finibilitas*, disons, en général, la causalité et la causabilité. C'est bien ici la « causalité » elle-même, tenue pour une propriété de l'être en tant qu'être, qui sera le ressort de la preuve. Rien de plus naturel, ni qui soit mieux dans la ligne de la doctrine que de formuler explicitement un principe de causalité : la nature de l'être implique l'aptitude à causer et à être causé. Même si Duns Scot ne l'a pas fait, on est certainement dans le prolongement de sa pensée en le faisant[a]. Mais supposons une métaphysique

---

a. Chez Suárez, la *causalitas (ut aiunt)* – il se souvient ici de Duns Scot, mais causalité n'appartient pas de droit à sa langue – possède un certain degré d'être dont il y a lieu de dire ce qu'il est et comment il est ; la causalité appartient donc à l'être de plein droit : « Ipsa causalitas est veluti proprietas quaedam entis ut sic ; nullum enim est ens, quod aliquam rationem causae non participet. » À ce titre la causalité relève de la métaphysique. Suárez note pourtant à ce propos que l'on ne peut assigner une cause à tout l'être inclus dans l'objet de la métaphysique, car un au moins n'en a pas : « nam Deus causam non habet », (*Met. disp.* l. I, dist. 12, *prooem.*). Avec saint Thomas (*Summa theologiae*, I[a]. qu. 33, art. 1, ad 1[m]) Suárez rappelle à ce propos que, dans les personnes divines,

d'inspiration thomiste, où le point d'appui de la preuve
est, par exemple, un mouvement. L'intellect n'opère plus
sur l'aptitude générale de l'être étendu à mouvoir et être
mû, mais sur le fait, d'expérience sensible, que certains
êtres sont mus. Bien entendu, la preuve thomiste elle aussi
met en jeu des principes. D'abord le principe de contradiction
qui garantit la nécessité de l'inférence, ici comme partout
ailleurs, ni plus ni moins. Ensuite le principe qu'on peut
appeler de hiérarchie, selon lequel tout effet est subordonné
à la cause comme l'inférieur au supérieur (ou la puissance
à l'acte), enfin et surtout un principe qu'on pourrait nommer
d'intégration, qui veut que, dans une série quelconque, les
degrés intermédiaires se définissent par un degré suprême,
qui est le premier terme de la série. Parlant en général,

l'une est principe de l'autre, mais non cause (*Met. disp.* 1. I, dist. 12,
sect. 1, n. 2). Sa conception de la causalité est positive et claire : « Causa
est principium per se influens esse in aliud », ce qu'il affirme pareillement
de la matière et de la forme, de la cause finale comme de la cause efficiente
(*Met. disp.* I, dist. 12, sect. 2, n. 4). Notons pourtant une nuance, due à
la prise en considération de la *causalitas* en soi, ou de la *causatio* en
général. Suárez a bien vu que nous ne tenons d'Aristote aucune définition
de la cause *in communi* (*ibid.*). Ses successeurs en ont cherché une pour
mettre de l'ordre dans l'explication causale : « ut a communi ad proprias
rationes singularium causarum explicandas melius procedatur ». Ce souci
de l'explication analytique, qui est singulièrement sien, le conduit à une
définition de la cause commune aux quatre genres de causes ; c'est
principium per se influens esse in aliud. Il ne s'agit évidemment pas ici
d'un influx d'*esse* au sens thomiste d'un acte de la forme, mais simplement
d'une contribution ontologique à la constitution de l'être substantiel
global de l'objet. En ce sens, matière et forme, cause motrice et cause
finale concourent à la constitution de tout être physique. Ce concept
commun (« concept objectif unique de la cause ») ne s'explicite pas
encore en principe de causalité, mais en tant qu'il désigne une « ratio
nominis communis », il en définit un contenu possible, positif et, à sa
manière, distinct, savoir : ce qu'il y a de propre à cet *influxus* en général,
qui est « aliquid medium inter entitatem et relationem causae » (*ibid.*).
Il est ce qui, dans l'être, fonde la relation de cause à effet.

c'est un principe que toute propriété d'un être est causée par les principes de sa nature, intrinsèque ou extrinsèque[a], mais cette certitude elle-même est le résultat d'une induction, garantie comme toutes les autres par le principe de contradiction. Dans le cas présent la force de la preuve ne lui vient donc pas de l'évidence d'un principe abstrait dont notre conclusion résulterait par voie de conséquence, mais plutôt du fait qu'un mouvement actuel requiert l'existence, et même la présence d'une cause motrice actuelle, laquelle, à son tour, requiert l'existence d'une Cause Première du mouvement, qui est Dieu. L'intellect opère ici sur des causes, non sur la causalité.

En résumé, toutes les fonctions assignées aux principes de causalité et de raison suffisante sont déjà exercées dans le Thomisme par l'être, premier principe des choses et de la connaissance telles que les entend saint Thomas d'Aquin. Non seulement le thomisme peut être lui-même sans expliciter ces principes, mais il compromet sa pureté en le faisant. Il s'engage alors sur la voie qui conduit à Leibniz, à Wolff et à leurs épigones modernes. On compterait au moins un pape dans leur nombre, ce qui n'est pas pour éclaircir la situation. L'introduction tardive dans le thomisme de ces pseudo-principes s'explique par le désir d'assurer à l'ordre d'exposition de la doctrine la rigueur formelle d'une déduction quasi analytique à partir du

---

a. « Omne autem quod convenit alicui, vel est causatum ex principiis naturae suae, sicut risibile in homine, vel advenit ab aliquo principio extrinseco, sicut lumen in aere ex influentia solis » (*De ente et essentia*, IV). Le caractère de réalité qui appartient aux causes dans le thomisme, et d'ailleurs déjà chez Aristote, est bien marqué par l'expression dont use saint Thomas à propos de leur mode d'être. La cause intrinsèque, dit-il, « in-existe » dans l'être dont elle est la cause : « Est ei *inexistens*, id est intus existens » (*In Metaph.*, L. V, lect 2, n. 763).

principe de contradiction, et il n'y a aucun inconvénient majeur à le faire, si on se souvient que l'ordre d'exposition est inverse de l'ordre d'acquisition de la connaissance. Les métaphysiques idéalistes sont les seules où les deux ordres soient strictement convertibles, parce qu'au lieu de s'y modeler sur la réalité, la connaissance y modèle la réalité sur soi.

DE LA NATURE DU PRINCIPE

Le mot principe s'emploie en plusieurs sens. Il peut signifier commencement ou cause. Les deux sens ont en commun la notion d'antériorité, car il s'agit dans les deux cas d'un rapport d'ordre ; le commencement est antérieur par définition à ce qui vient après comme la cause est ontologiquement antérieure à l'effet.

L'être est d'abord principe au premier de ces deux sens. Il est commencement de la connaissance en tant que toute connaissance est d'abord celle d'un étant, c'est-à-dire de quelque chose qui a l'être. Le néant ne pouvant être connu, rien ne peut être connaissable à moins qu'il ne soit. Le signe en est que toute question sur la nature d'un être se formule en demandant ce qu'il *est*, et que la réponse commence habituellement par dire qu'il *est* telle ou telle chose dont la définition suit. L'intellect n'est pas plus conscient de l'être que le corps ne l'est de l'air qu'il respire. Pourtant la pensée périt faute d'être à connaître, comme le vivant meurt faute d'air à respirer.

La notion de commencement elle-même s'entend en deux sens au moins selon les genres de connaissances auxquels elle s'applique. On peut penser à la condition première de la possibilité de toute connaissance en tant que telle. Il s'agit alors du principe premier de la connaissance proprement dit. Mais on peut penser à une connaissance qui serait la première de toutes, en ce sens que toutes les autres la présupposeraient et qu'elle serait donc le point de départ requis pour les obtenir. Il s'agit alors du principe premier du savoir, ou de la science. La recherche ou considération du principe entendu au premier de ces deux sens relève de la métaphysique. Transcendant tout savoir particulier, elle porte sur la possibilité même de la connaissance comme telle. La recherche du principe entendu au deuxième de ces sens relève de l'épistémologie. Il s'agit alors de savoir, si l'on peut dire, par quel bout s'y prendre pour acquérir la science de tout ou partie de la réalité ou, en d'autres termes, de l'objet, ou des objets, dont la connaissance conditionne pour nous celle des autres.

Le choix de l'un de ces deux sens engage la nature de la philosophie qui suit. On le voit bien par l'exemple qu'a donné Descartes. Le *Je pense* est présenté par lui comme le premier principe de la philosophie qu'il cherchait. En effet, ce premier jugement d'existence lui permet d'en poser ensuite deux autres : Dieu existe, et : il existe hors de moi une matière qui consiste en une étendue douée de mouvement. Par cette démarche, Descartes annonce l'âge moderne où la science va tendre à remplacer partout la métaphysique. Pour justifier cette agression[1], il suffira de deux décisions. La première sera de tenir pour vaine toute vérité portant sur l'être en général sans référence définie à quelque être particulier. Ceux qui, à la suite de Descartes, prendront cette décision prépareront sans le savoir le déclin et l'élimination de la métaphysique comme science

---

1.Le tapuscrit porte bien « agression » ; faut-il corriger en « substitution », « assertion » ?

distincte. Au dix-huitième siècle en particulier, plusieurs voudront conserver le nom en supprimant la chose : Condillac prendra son analyse des opérations de l'esprit pour une métaphysique, à cause de la généralité épistémologique du problème posé. La théorie de la connaissance se substituera ainsi à la métaphysique jusqu'au jour où, dans la critique kantienne, elle l'éliminera complètement. Incidemment, rien ne montre mieux les limites de ce criticisme. Prenant la physique de Newton comme le type même de la connaissance scientifique, il définit sur son modèle les conditions *a priori* de la possibilité d'une connaissance de ce genre. Peu importe dès lors qu'il y ait ou non une connaissance métaphysique distincte de celle de la science ; la position même du problème kantien équivaut à la disqualifier. La deuxième décision confirme la première ; elle consiste à confondre le général et le formel, le métaphysique et le logique. Préparée par l'erreur de tant de métaphysiciens qui avaient confondu l'être en tant qu'être, objet de la métaphysique, avec la notion abstraite d'être commun, ou être en général, cette décision eut pour effet de transformer les objets de la réflexion métaphysique en notions abstraites et vides de tout contenu réel. Ainsi réduite à un formalisme stérile, la métaphysique était vouée à mourir d'inanition. Descartes et Bacon ne firent que constater son décès. Descartes n'a d'ailleurs jamais nié que les notions fondamentales reçues par la métaphysique fussent vraies ; il n'a jamais prétendu que le principe de contradiction fût faux ; sa seule objection visait leur stérilité, en ce sens que, n'étant pas elles-mêmes des connaissances réelles, elles ne permettaient pas d'en acquérir d'autres. Il avait raison contre la fausse notion de la métaphysique communément reçue de son temps. Si l'on veut prendre un nouveau départ sans risque d'échouer sur le même écueil, c'est à la notion authentique de la connaissance métaphysique qu'il faut d'abord revenir.

Le formalisme des Écoles n'était qu'une forme assez pauvre d'idéalisme, la plus pauvre sans doute de toutes. On ne peut en surmonter la tentation qu'en gardant présente à la pensée cette certitude immédiate, que l'homme pense l'être avant de penser qu'il pense. Quelle que soit sa valeur propre, le *Cogito* de Descartes n'est de toute façon que le fruit d'une connaissance réflexive. Avant d'être un principe, c'est une conclusion. Le sujet pensant, sa pensée et la réalité objective de ses concepts sont présupposés par la conscience qu'il prend de leur être. Descartes lui-même ne fait pas difficulté de le reconnaître : pour penser, il faut être. Qu'il estime sans importance la constatation qu'il en fait lui-même, fait simplement voir une fois de plus que l'ordre qu'il cherche n'est plus celui de la métaphysique. Retrouver cet ordre suppose d'abord qu'on restitue au premier principe toute sa densité ontologique, tout son poids de réalité.

Ainsi entendu, le premier principe retrouve son sens précis de premier jugement d'existence, présupposé par tous les autres et impliqué dans chacun d'eux. De même que, selon la tradition idéaliste née de Descartes et maintenue par Kant, le *Je pense* accompagne toutes mes représentations, de même aussi, selon la tradition réaliste née en Grèce, le jugement *l'être est*, accompagne tous mes autres jugements ; il est implicitement renouvelé par chacun d'eux et c'est lui qui confère à ces jugements leur aptitude à signifier, par-delà le concept, la réalité qu'il désigne. Ceci reste vrai même de l'étant en tant qu'il a l'être, objet de métaphysique, car au lieu de signifier, comme c'est le cas dans la pensée du logicien, la notion d'être commun, qui n'existe pas, elle signifie dans l'esprit du métaphysicien, que l'être appartient actuellement à chacun des étants donnés dans l'expérience ou dont on a des raisons d'affirmer qu'ils peuvent être les objets d'une telle expérience. La généralité métaphysique de l'étant en tant que tel consiste en ce qu'il n'est aucun d'eux dont l'être ne doive être légitimement affirmé.

La même remarque s'applique aux transcendantaux. Le fait qu'ils appartiennent tous à l'être dans sa relation à une pensée ou à une volonté ne les empêche pas de participer eux-mêmes aux propriétés métaphysiques de l'être. L'être reste tel qu'il est en soi, lorsqu'il est reçu par mode de connaissance dans un sujet dont il est l'objet propre et qui d'ailleurs est lui-même un étant. Les « valeurs » ne sont que les fantômes des transcendantaux errant dans le vide après avoir rompu leurs attaches avec l'être. Le vrai, le bien et le beau sont de l'être ou ne sont rien.

On parle presque toujours des premiers principes, au pluriel. L'expression est presque contradictoire, car s'il existe un principe vraiment premier, il ne peut y en avoir qu'un seul. Telle est d'ailleurs la vérité, car l'un, le vrai et le bien ne sont principes qu'en tant qu'ils se convertissent avec l'être. On posera donc en règle que toute notion convertible avec l'être est une forme du premier principe, et, par une conséquence nécessaire, qu'aucune autre notion ne l'est. Ceci ne veut pas dire qu'aucune autre notion ne puisse être principe, car le raisonnement part le plus souvent de notions particulières qui jouent en l'occurrence le rôle de principes, mais aucun de ces principes n'est premier, sauf l'être et ses transcendantaux.

L'essai précédent s'est efforcé de mettre en évidence les caractères dominants de notre connaissance du principe. On y a insisté sur la nécessité, pour le métaphysicien dont c'est la tâche propre, de se tourner vers lui pour le considérer sous tous ses aspects et s'accoutumer aux échanges mouvants qui ne cessent de se faire et défaire entre l'être et ses transcendantaux. Cette considération purement spéculative est la métaphysique même. C'est d'ailleurs pourquoi elle se nommait jadis à bon droit « philosophie première ». Mais la métaphysique, sans laquelle il n'est pas de vraie philosophie, n'est pas à elle seule toute la philosophie. Celle-ci, qui est l'amour de la sagesse, ne se contente pas d'une contemplation des principes. La sagesse est la connaissance de l'univers à la lumière du principe. Cette connaissance n'est pas l'œuvre de la métaphysique. L'une des erreurs les plus fréquentes commise par les métaphysiciens, autant dire, par les philosophes, est l'illusion qu'ils sont capables, étant spécialisés dans la considération des principes, d'en déduire directement, à titre de conséquences, une connaissance valide des lois de la nature, ou des règles de l'action morale, ou de celles qu'il convient de mettre en pratique pour produire le beau de l'art. De là le pullulement des systèmes de morale qui, comme on en a souvent fait la remarque, aboutissent en fait à s'opposer sur la justification théorique de règles de conduite sur lesquelles leurs auteurs sont en fait d'accord. C'est le sens de la formule apparemment paradoxale de Lucien Lévy-Bruhl : à la question : que doit-on faire ? il n'y a pas de réponse[1]. Et c'en est aussi la vérité, car il est certain qu'en fait, à chaque moment de l'histoire du monde et de la société où il vit, la question a été résolue pour chacun de ceux qui se la posent. Il n'est pas possible de déduire les règles de la morale du premier principe de la raison pratique, car nul ne doute qu'il faille poursuivre le bien et éviter le mal : la volonté est désir du

1. L. Lévy-Bruhl, *La morale et la science des mœurs*, Paris, F. Alcan, 1903 ; Presses Universitaires de France, 1971.

bien par son essence même, mais de savoir quel est le bien et quel est le mal, c'est ce que le principe ne dit pas. On ne peut même pas l'en déduire analytiquement, parce que l'action morale porte sur le particulier, qu'aucune règle universelle n'en peut prévoir les circonstances, et que la vertu de prudence, seule capable de trouver la réponse convenable aux questions de ce genre, doit en fin de compte les résoudre par une sorte de divination, rationnelle certes, mais bien différente en sa démarche de celles de la raison déductive. C'est là que triomphe le bon conseiller, qui a sa place dans tous les ordres de l'action, même la poursuite de la vérité scientifique. Généralement parlant, il y a comme une discontinuité entre l'ordre de l'universel abstrait auquel s'applique le premier principe sous toutes ses formes, et celui du singulier concret qui est le domaine des objets réels de la connaissance et de l'action. L'être est un, les êtres sont multiples ; l'être est nécessaire, ils sont contingents ; l'être est éternel, ils périssent. Inutile d'insister sur une évidence mise en lumière une fois pour toutes par le génie visionnaire de Parménide. Il y a deux mondes, celui de l'être, qui n'existe pas, et celui des existants, qui ne *sont* pas. On lui reproche souvent de les avoir laissés côte à côte, mais c'est peut-être à ce trait que se voit le mieux son génie. De nombreux philosophes se sont égarés après lui dans leurs efforts pour réduire cette dualité.

Le point de vue de l'être est celui de l'identité et de la nécessité. Toutes les relations internes qui s'y observent sont analytiques par définition. Il est donc certain d'avance que toute tentative pour proposer du réel une formule qui donne satisfaction totale aux exigences de la raison, s'oblige d'avance à négliger tout ce par quoi l'existant se distingue de l'être. Si le réel concret refuse de se laisser ignorer, la raison niera simplement son existence en le soumettant à une taille savante pour n'en laisser subsister que les caractères qu'il a en commun avec l'être. Il se trouve malheureusement qu'en procédant ainsi, on rend le réel inintelligible, ce qui est le contraire même du résultat que l'on désirait obtenir.

La source de cette erreur si fréquemment commise est l'oubli de cette vérité, pourtant déjà connue d'Aristote, que la connaissance a d'autres principes que celui de raison raisonnante. Les sensations aussi sont principes. Ce qui veut dire que la connaissance sensible nous informe de faits dont certains sont des données irréductibles. La raison peut en partir pour accroître ses connaissances, mais il lui est impossible de remonter au-delà. Le *Je pense* de Descartes est une donnée initiale de ce genre. Il en est d'autres sortes, car l'existence réelle de corps étendus n'est pas moins certaine que celle de notre pensée. Toutes constituent des points de départ absolus dans la recherche des notions abstraites qui confèrent au monde son intelligibilité.

Le plus général de ces faits est celui que nous désignons des divers noms de devenir, changement ou mouvement. En principe, l'être de l'intellect est immobile, en fait l'être de l'expérience sensible ne l'est pas. En présence de ce fait, l'entendement n'a pas d'autre choix que de renoncer à comprendre le monde de l'expérience sensible, ou de se donner des principes spéciaux, faits en quelque sorte sur mesure, qui lui permettront de l'interpréter. Peut-être serait-il plus juste de dire que l'intellect n'a pas le choix ; puisqu'il ne peut pas ne pas vouloir exercer sa fonction propre, qui est de comprendre, il lui faut nécessairement s'équiper des principes sans lesquels la connaissance intelligente du réel lui serait impossible. Peu importe qu'on tienne les principes de ce genre pour innés, ou pour acquis, ou enfin qu'on en fasse des formes *a priori* de l'entendement, le résultat est le même, on transforme alors en principes de l'entendement des principes physiques de la réalité.

Le cas exemplaire est celui du principe de causalité. L'illusion est si puissante que même les représentants actuels du réalisme grec, et particulièrement de l'empirisme aristotélicien, tiennent pour assuré qu'il existe un principe premier de la raison nommé « principe de causalité ». Aristote n'en a rien dit et il est au moins douteux que cette notion se soit jamais offerte à son esprit. Ce soi-disant principe de la raison ne paraît pas davantage dans la doctrine des grands aristotéliciens du Moyen Âge : Avicenne, Averroès et Thomas d'Aquin. La raison de ce silence est simple : la causalité n'est pas un transcendantal, sa notion n'est pas convertible avec celle d'être. En d'autres termes, alors qu'on ne peut concevoir de l'être qui ne serait ni un, ni vrai, ni bon, ni beau, on peut concevoir un être qui ne serait ni cause ni effet. Le Dieu chrétien de la théologie scolastique est précisément un tel être, car il est incausé, comme étant de soi nécessaire, et bien qu'il ait causé le monde, rien ne l'obligeait à le faire. En fait, tous les théologiens chrétiens admettaient, les uns comme une vérité démontrable, les autres comme une vérité de foi, que le monde n'a pas toujours existé. La notion d'un être qui serait purement être et pourtant ne serait pas cause ne se présente pas à la pensée comme contradictoire et impossible. Le principe de causalité, s'il y en a un, n'est donc pas un principe premier de la raison spéculative.

L'histoire de la philosophie permet de vérifier cette thèse d'une manière en quelque sorte expérimentale. Parfaitement conséquent avec lui-même, puisqu'il tenait les idées pour innées, Descartes admettait sans discussion l'existence et la validité du principe de causalité, selon lequel « tout a une cause ». Il faisait même de ce principe le ressort de sa preuve de l'existence de Dieu, conçu comme seule cause possible de la réalité objective de l'idée que nous avons de lui. En le faisant, il avait le sentiment de suivre une tradition, sinon en cherchant Dieu comme cause de son idée en nous, du moins en s'élevant de la cause à l'effet en vertu du principe de causalité. On sait quelle fut la conclusion de sa preuve : il existe un Dieu qui est par soi, non en ce sens qu'il serait absolument sans cause, mais plutôt en ce sens qu'il l'est, positivement, comme s'il était à soi-même sa propre cause. Une protestation se fit entendre du côté des philosophes et théologiens scolastiques. Plus fidèles à leur tradition, ils rappelèrent que Dieu est par soi, négativement, comme n'ayant absolument pas de cause de son existence, en quelque sens que ce soit. Ils se mettaient par là en mauvaise position, car s'ils voulaient éviter la conclusion de Descartes, ils devaient renoncer à faire usage du principe de causalité. C'est ce que Descartes fit pertinemment observer. Si l'on argumente au nom du principe de causalité, on n'a pas le droit de le congédier au moment de conclure. Ou la causalité n'est pas un principe de la connaissance, ou, si elle en est un, on n'a pas le droit de poser comme cause première un être qui serait lui-même sans cause, et puisque Dieu est par soi, il ne peut avoir d'autre cause que soi-même. L'introduction par la scolastique tardive d'un principe de causalité, conçu comme un principe de la connaissance et non plus seulement comme un principe des choses, créait une situation inextricable. Ils affirmaient en principe que tout être a une cause, sauf Dieu.

L'erreur commise ne consistait pas à affirmer la validité des jugements de causalité en général, mais à chercher leur justification dans une règle *a priori* de la pensée, comme si l'entendement ne pouvait concevoir l'être sans concevoir en même temps la cause. Dans une formule souvent citée au Moyen Âge, Avicenne avait dit que les notions d'*être*, de *chose* et de *nécessaire* sont les premières qui s'offrent à l'entendement; celle de *cause* n'est pas nommée, et en effet ce n'est pas en se consultant lui-même que l'esprit découvre la causalité, c'est en consultant les messages qui, par ses sens, lui viennent du dehors.

La causalité est un fait d'expérience sensible immédiate. Il consiste en ceci que des corps immobiles, après être entrés en contact avec quelque corps en mouvement, se meuvent à leur tour. On dit alors que le mouvement du premier corps est *cause* du mouvement du second. L'expérience est d'autant plus commune qu'outre le spectacle des chocs entre corps situés hors de lui, l'homme meut lui-même sans cesse les objets qu'il travaille ou dont il se sert comme d'outils. Sans se demander comment il meut sa main, ce qui est un tout autre problème, chacun de nous est absolument certain que le mouvement de sa main est cause de celui des objets qu'elle pousse, lance ou tire vers soi. À la question : pourquoi se meuvent-ils ? chacun répondra que le mouvement de la main en est cause. L'homme ne pourrait pas vivre, à moins d'agir comme s'il croyait qu'il existe entre lui et les choses, ainsi qu'entre les choses elles-mêmes, le genre de rapports que nous nommons causalité.

Il n'y aurait là aucun problème, si les philosophes ne s'étaient avisés d'expliquer la nature de ce rapport. Pour l'expliquer, ils ne disposent que de l'idée d'être et du principe de contradiction, qui sont la règle première de l'entendement, or, par définition, cette règle impose à tout objet de pensée qu'il soit immuable et nécessaire. Le rapport de causalité donné dans l'expérience est essentiellement un changement ; c'est pour rendre le changement intelligible qu'on le dote d'une sorte de nécessité et, en un sens, d'immutabilité. En effet, si rien n'est sans cause, tout est nécessaire par sa cause. En outre, il ne peut rien y avoir dans l'effet de plus que dans la cause puisque, s'il en était autrement, ce surplus serait sans cause. On est ainsi conduit à réduire le changement à l'identité. Le résultat de l'opération était prévisible. L'être de Parménide est la loi de la pensée ; si l'on veut en faire la loi des choses, on les soumet par là même à sa nécessité.

La difficulté est visible. Le principe de causalité ne peut se ramener au principe d'identité qu'en supprimant le changement qu'il a pour objet d'expliquer.

Ici encore l'histoire de la philosophie offre une sorte de vérification expérimentale des résultats de la réflexion abstraite. Plus une philosophie est éprise d'intelligibilité analytique et formelle – la seule pleinement satisfaisante pour l'esprit – plus aussi elle s'efforce d'éliminer de la nature tout rapport de causalité. On le voit par l'exemple de Malebranche, pour qui Dieu seul est cause. En concentrant l'efficace causale dans un seul être, qui devient ainsi la Cause, Malebranche en débarrasse l'univers. Moins métaphysicien, mais bon psychologue, Hume se contente d'observer que nous n'avons aucune notion claire de ce que pourrait être l'action exercée par la cause sur ce que nous nommons l'effet. Les occasionnalistes en avaient d'ailleurs déjà fait la remarque. La communication des substances est impossible, en ce sens du moins qu'elle est inconcevable. La notion de cause efficiente est de soi confuse ; la cause manque de réalité, comme sa notion manque d'intelligibilité.

Hume passe généralement pour un sceptique, parce qu'il a mis en doute, après bien d'autres dont on parle moins, la valeur du principe de causalité. Mais est-on sceptique pour mettre en doute la nécessité d'un principe qui n'existe pas ? C'est ici l'une des péripéties les plus surprenantes dans la longue histoire de la philosophie occidentale. Parce qu'on en avait tardivement fait un principe premier de la connaissance intellectuelle, la réflexion philosophique en arrivait un jour à lui refuser toute intelligibilité. Pour parler plus brutalement, le principe de causalité entraînait la négation de la possibilité même du rapport de causalité. En fait, Hume lui-même n'a jamais mis en doute qu'il y eût des effets et des causes, il a simplement reconnu que le rapport de causalité ne correspondait à aucune idée claire dans l'esprit, ce qui est tout autre chose. En tentant de sauver le soi-disant principe, Kant a réussi un beau doublé, car la catégorie de causalité est chez lui, en fait et quoi qu'il en dise, une connaissance qui serait à la fois *a priori* et empiriquement donnée, bref, ce monstre que serait un empirisme de l'entendement pur.

Il faut refermer la longue parenthèse qu'ouvrit au Moyen Âge l'introduction d'un principe premier de causalité dans l'empirisme aristotélicien. Les aristotéliciens constataient simplement qu'il y a quatre genres de causes, deux internes : la matière et la forme (ce dont la chose est faite, ce qu'elle est), et deux externes (le mouvement dont elle résulte et la fin en vue de laquelle elle est et opère). C'était là pour eux un fait. Dans le cas particulier du changement, il leur paraissait visible que tout changement est précédé d'un autre et conditionné par lui. Pratiquement parlant, il est très important de savoir à la suite de quel fait tel ou tel autre fait apparaît. Cette possibilité de prévision facilite l'action. La condition existentielle d'un fait, d'un événement ou d'un être se nomme sa cause. La formation des associations d'idées de ce genre est un lieu commun depuis Hume. Sa critique de la notion de cause efficiente n'aurait surpris aucun péripatéticien fidèle à l'esprit du Philosophe. Elle n'a gêné que ceux qui voulaient transformer cette connaissance empirique en un premier principe de la raison spéculative. Ils se sont aperçus, grâce à Hume, que nous n'avons aucune idée claire et distincte de la notion de cause efficiente, ni même, comme l'avait dit avant lui Malebranche, de l'efficace causale en général. Leur pseudo-principe de causalité fut ruiné du même coup : l'efficace motrice ou autre ne se laisse pas reconstruire dans les termes de la notion première d'être, même en vertu du principe de contradiction. La notion que tout changement a une cause est une généralisation obtenue par inférence spontanée, comme l'est d'ailleurs tout concept. Mais il n'est pas nécessaire que tout être ait une cause, car la notion de cause n'est pas un transcendantal.

Le bon usage du principe ne consiste donc pas à en déduire analytiquement des connaissances réelles. Dans la mesure où la métaphysique du XVIIᵉ siècle prétendait le faire, Kant a eu raison contre elle. Ce « dogmatisme » en effet condamnable était devenu inévitable lorsque la scolastique tardive avait substitué l'étant à l'être. Elle rendait par-là nécessaire un passage « ontologique » de l'essence à l'existence, bien que ce passage soit impossible. Parce qu'il a son *actus essendi*, l'*ens* opère et change. Il ne s'agit pas de déduire ces changements, mais plutôt de les observer.

On sait les dangers de l'observation macroscopique, et celle que constitue l'intuition sensible est incertaine au plus haut degré. On ne compte plus le nombre des erreurs dont elle est responsable, ni leur énormité. Saint Thomas ne fait que traduire un sentiment général en écrivant, dans son *Contra Gentiles*, I, 13 : « Patet autem sensu aliquid moveri, puta solem. » C'était jouer de malheur, car le soleil ne se meut pas du mouvement que les yeux croient voir, mais il se meut d'un autre que les yeux ne voient pas. C'est que le jugement se mêle au témoignage des sens, et que, faute de s'être d'abord critiqué, il le corrompt. Pris en soi et pour ainsi dire à l'état brut, le témoignage du sens est assez sûr pour garantir les certitudes que la philosophie attend du sens commun. Le *ce que* des phénomènes lui échappe, mais le fait que ces phénomènes se produisent tombe sous le sens. Nul ne doute qu'il n'y ait du devenir dans le monde. Peu importe qu'on le nomme mouvement, changement ou de tout autre nom, le fait est qu'il y en a. Les illusions sensorielles ne sont pas niables, mais leur notion même n'aurait pas de sens si elles étaient la règle. Le changement physique n'est pas seulement visible, il est remarquable. Dans un champ d'objets immobiles, le moindre mouvement éveille et retient l'attention de l'animal comme de l'homme. Nous sommes en effet ici dans un ordre autre que celui de la connaissance scientifique. Il ne s'agit que de la perception sommaire d'événements auxquels nous nous savons vitalement intéressés. La plus infime secousse de tremblements de terre mettra en éveil l'attention de l'idéaliste le plus méfiant envers le témoignage des sens. Enfin les principes abstraits tels que la notion d'inertie ne s'appliquent pas en cet ordre. Que les corps soient inertes ou non, ils commencent de se mouvoir, s'arrêtent, repartent, soit d'eux-mêmes s'ils sont vivants, soit sous l'action des autres. Ce qui se passe au cours d'une partie de billard, observé aussi superficiel-lement qu'on le voudra, suffit pour nourrir la réflexion du philosophe. Il peut la poursuivre en toute sécurité, car au niveau élémentaire d'observation où il se tient, même ceux qui contestent spéculativement les faits en cause, agissent comme si leur réalité ne faisait aucun doute. « Patet autem sensu aliquid moveri », celui qui dit ou écrit le contraire se meut pour le nier.

Le sens commun n'a pas qualité pour établir ou confirmer les principes de l'entendement, mais l'interprétation des données de l'expérience sensible est de son ressort. On a tort de ne croire qu'à ce qui se voit et se touche, mais on a raison d'y croire. Cette expérience s'accompagne même d'une première interprétation rationnelle, sommaire à la vérité, mais d'autant plus précieuse qu'elle est plus proche de ses données. Confondant l'expérience qu'il a de ses propres mouvements avec celle des corps qui se meuvent hors de lui, l'homme les conçoit spontanément comme des forces agissantes semblables à lui. L'animisme anthropomorphique, dénoncé par tant de critiques dont les raisons sont bonnes en leur ordre, n'en exprime pas moins une réalité profonde et hors de doute. Comme toujours lorsqu'il s'agit du sens commun, la réflexion métaphysique ne fait que le traduire en termes intelligibles. Une fois encore elle nous ramène à l'être, non plus à celui de l'entendement mais, cette fois, à celui de l'expérience sensible, et elle en exprime l'essence en disant qu'il est doué du pouvoir d'opérer. Aucune hypothèse n'est faite sur la nature de ce pouvoir, ni même sur son existence ; il suffit que l'être sensible soit considéré comme l'origine de ces opérations en quelque sens et à quelque titre que ce soit. Si on accorde qu'il l'est, la réflexion philosophique n'en demande pas plus pour se justifier.

Sa première affirmation est que, du même fond d'actualité ontologique dont ils sont, les êtres agissent; ils opèrent, ou œuvrent, et tout se passe comme si leur activité opératoire ne faisait que manifester hors d'eux l'énergie immanente en vertu de laquelle ils sont des êtres. Ce n'est pas assez dire, car si l'on en juge d'après notre expérience personnelle, qui est celle d'un être naturel exactement au même titre que les autres, mais que nous connaissons du dedans, l'être actif et opérant désire opérer. Son opération est sa fin propre, ce en vue de quoi il est et à quoi il tend comme à l'accomplissement de sa nature. C'est pourquoi tout substantif abstrait désignant un pouvoir d'agir en général appelle le verbe qui signifie l'acte correspondant : la science n'est pleinement elle-même que dans l'acte de savoir, comme l'être n'est réel que dans l'acte d'exister. L'extension de cette vue de l'homme au reste de la nature crée peut-être une illusion de perspective et il y aura toujours des critiques pour en dénoncer l'anthropomorphisme naïf. Il faut pourtant choisir entre admettre que l'homme est un cas unique dans l'ensemble de la nature, ou tenir pour justifiable l'extrapolation des connaissances acquises par l'observation de l'homme à l'ensemble des êtres naturels. Assurément, l'inférence appelle des corrections. Elle n'est même possible qu'au niveau de généralité où la nature de l'homme et celle des autres êtres sont en effet comparables, comme c'est ici le cas. Tout existant est et opère ; tout se passe comme si, à quelque degré d'être que ce soit, l'étant n'atteignait la plénitude de sa nature que dans l'acte où se manifeste ce qu'elle est.

Rien de tout cela ne peut se déduire de la notion d'être en tant qu'être. L'observation empirique peut seule révéler que tels étants sont, et ce qu'ils sont. Les données qui renseignent l'observateur sur ces faits ne sont pas complètement conceptualisables en ce sens que l'intellect ne peut se former des concepts quidditatifs abstraits des actes qui posent l'étant dans l'être. La connaissance que nous avons de leur existence actuelle est un jugement de l'entendement exprimant la rencontre d'un étant et d'un autre étant dans l'acte commun d'un sentant et d'un senti. Les essences elles-mêmes ne sont pas l'objet d'une intuition intellectuelle. Leurs définitions nominales signifient seulement pour nous la raison intelligible, inconnue de nous en elle-même, du sujet dont les opérations nous sont données dans l'expérience sensible. La connaissance réelle d'un être revient à dire ce qu'il doit être pour posséder les propriétés qu'il a et accomplir les opérations qu'il accomplit.

La métaphysique fait donc fausse route chaque fois qu'elle entreprend de décrire les êtres à partir de ce qu'elle sait de l'être. La nature du premier principe sous toutes ses formes est donc celle d'une règle universelle de la connaissance, dont aucun savoir particulier ne peut se déduire, mais auquel toute connaissance réelle doit se conformer. Son bon usage suit de sa nature. Il consiste à exercer une critique constante sur les opérations de l'homme dans ses trois ordres principaux : science, morale et art. Si rien ne peut se déduire du premier principe, rien ne peut se soustraire à son autorité. Il contrôle tout, de sorte que, ne prescrivant jamais aucune opération particulière, il leur interdit de s'égarer à la poursuite d'objets irréels, comme il arrive particulièrement lorsque, succombant sous une forme quelconque à la tentation de l'idéalisme, l'entendement prétend tirer de soi-même, outre le contenu de la connaissance, la règle de ses opérations et de ses productions.

La science est pleinement elle-même lorsqu'elle dit ce qui est, autant que l'observation permet de le connaître à chaque moment de son histoire, et que l'entendement permet de l'exprimer sous forme de lois. Même ses anticipations les plus hardies n'acquièrent nature et valeur de connaissance scientifique qu'en tant qu'elles sont susceptibles d'être empiriquement vérifiées. Tout le savoir scientifique est donc vérifiable, sauf, naturellement, ses principes. La fonction critique propre de la métaphysique, celle dont l'exercice en fait une sagesse, consiste essentiellement à ne pas laisser les principes de la science s'ériger en autant de premiers principes.

La tendance constante de la science à universaliser ses principes est ce que l'on nomme « scientisme ». L'opération consiste à ériger les principes de la méthode scientifique en principes de la réalité. L'histoire de la philosophie en offre d'illustres exemples. Parce que Descartes a universalisé la méthode mathématique à tout le connaissable, il tente de la substituer à la méthode métaphysique même. Parce qu'il prend la physique de Newton pour type de la connaissance rationnelle parfaite, Kant réduit la métaphysique à l'illusion transcendantale et la morale à la croyance. L'extrapolation scientifique la plus osée de toutes est sans doute celle qui consiste, parce que la légalité scientifique implique la prévisibilité, qui, à son tour, implique le déterminisme, à nier le libre arbitre de l'homme. C'est, on l'a dit avec raison, au nom des principes de la science, elle-même si respectueuse des faits observés, nier la réalité d'un fait vérifié par une quantité d'observations pratiquement illimitée. En substituant un pseudo-principe de la connaissance aux principes empiriques de la réalité, on refuse simplement à celle-ci le droit d'exister. La science n'y gagne absolument rien ; l'homme y perd seulement la métaphysique et la morale ; la métaphysique exerce sa fonction sapientielle à l'égard de la science, et de la connaissance en général, chaque fois qu'elle confronte aux premiers principes les théories les plus générales de la science, celles qui ne manquent jamais de naître aux frontières de l'explication scientifique et de la philosophie.

La science et sa vérité sont bien l'œuvre de l'esprit, mais non la nature ; la pensée qui connaît n'a d'autre fonction à remplir que d'inventer la réalité telle qu'elle est. La tâche est assez belle, difficile et longue, elle est assez féconde en joies les plus pures et les plus intenses pour que ceux qui s'y adonnent respectent les frontières qui séparent la science des autres activités majeures de l'esprit.

La morale est elle aussi l'œuvre de la raison, mais de la raison dans son usage pratique. L'homme qui connaît se demande à propos de chaque chose : qu'est-ce ? En tant qu'il agit, l'homme se demande : que dois-je faire ? c'est-à-dire, quel acte dois-je accomplir, pour qu'il soit bon ? L'acte comme bon est à soi-même sa propre fin. S'il n'est qu'un moyen en vue d'une fin ultérieure, sa justification morale est d'être le moyen qu'il doit être en vue d'atteindre cette fin. Il est bon en soi parce que sa perfection est d'être le moyen adéquat à la fin qu'il sert.

Comme la raison dans sa fonction spéculative dépend d'un premier principe, elle en a un dans sa fonction pratique, mais cette fois encore on voit clairement que, règle de l'action, ce principe ne permet à lui seul de déterminer aucune maxime particulière de la conduite. Sa formule est connue : il faut vouloir le bien et refuser le mal. Mais ce n'est pas un impératif, c'est la constatation d'un fait. Il est de l'essence de la volonté de vouloir ce qui est bon et de récuser ce qui est mauvais. Par nature, la volonté est volonté du bien, puisque le bien est ce que la volonté désire. Seulement, de même que savoir que l'être est, et qu'il est nécessaire, ne nous apprend pas ce qui est, de même aussi savoir que la volonté veut le bien ne nous dit pas ce qui est bon et digne d'être voulu.

Il y a donc une invention morale. La raison pratique a pour fonction d'imaginer ce qu'il convient de faire pour que l'homme puisse vouloir et obtenir tout le bien possible, soit à titre personnel, soit comme membre du corps social au sein duquel seul sa perfection personnelle est possible. Cette perfection consiste au développement plénier des possibilités de sa nature comme être vivant doué de raison. Il y a une histoire de l'invention morale comme il y en a une de l'invention scientifique. Dans les deux cas, la raison en est l'ouvrière, mais elle exerce en morale une fonction essentiellement prospective. Travaillant sur une réalité donnée, comme la science, le moraliste se demande, étant ce qu'elle est, ce qu'elle doit devenir pour réaliser pleinement l'essence de l'être humain qui l'exerce. Les grandes étapes de cette histoire, au moins la civilisation occidentale, se laissent aisément discerner : l'homme s'est lentement distingué de la brute, il a pris conscience de sa nature essentiellement « politique » et de la transcendance du bien commun, qui est celui du groupe, sur son bien particulier ; il a ensuite appris à discerner, au sein du bien commun, la zone réservée où la personne transcende à son tour le bien commun du groupe et se pose en fin dernière de son activité propre. Les *Déclarations des Droits de l'Homme et du Citoyen*, qui constituent autant de symboles de la croyance morale des hommes, à l'époque où elles sont promulguées, jalonnent désormais visiblement le chemin parcouru par l'homme en quête du bien moral. Il n'est pas vrai de dire qu'à la question : Que doit-on faire ? il n'y a pas de réponse, mais il est bien vrai, comme cette parole le laisse entendre, que la réponse doit être cherchée dans la connaissance préalable de ce que l'homme est et fait. Les mœurs sont données dans chaque société particulière ; chacun y sait donc ce qu'il doit faire, mais le moraliste s'y demande en outre si les fins de l'action ne pourraient pas être atteintes plus facilement, plus sûrement et plus complètement grâce à des modifications calculées ? La réponse aux questions de ce genre ne se trouve pas au terme de quelque déduction abstraite à partir de la notion de bien en général. La vertu de prudence a pour fonction de déterminer chaque fois ce qu'il est bon de faire pour que l'action particulière de l'homme soit conforme à sa nature et, si possible, le rapproche de la perfection de son essence. Il n'est donc ni suffisant ni nécessaire que la maxime de l'action soit universalisable. Elle l'est même rarement et bien des maux sont dus à l'indiscrétion de ceux qui, plus zélés que prudents, veulent universaliser une règle d'action bonne pour telles circonstances particulières. L'invention morale n'est pas celle de la réalité, mais elle se développe au sein de la réalité. Le *werde wer du bist* en exprime bien la nature et l'objet au plan de la morale personnelle ; à ceux de la morale sociale et politique, la même règle enjoint à l'homme de faire tout son possible pour aider les autres hommes, au moyen d'institutions appropriées, à devenir de plus en plus complètement ce qu'ils sont.

L'homme connaît et veut connaître les choses telles qu'elles sont. Il agit, et la fin de ses actes est sa propre perfection. Mais en outre il produit, et la perfection de ses œuvres est la fin de ce que l'on nomme son activité créatrice. Celle-ci peut s'exercer en vue de l'utile, qui est une fin secondaire par rapport à l'homme, ou en vue du beau, qui est une fin absolue, étant un transcendantal convertible avec l'être. Tout l'ordre de la factivité dépend donc de principes qui lui sont propres, et celui de la factivité du beau[1], ou kalopoiétique, dépend directement du principe absolument premier. Le beau est l'être comme bien propre de l'appréhension sensible chez un être intelligent.

Le bon usage du principe consiste, en chaque ordre, à mesurer l'opération à la règle de l'être. Vouloir le connaître tel qu'il est, c'est simplement vouloir le connaître, et il n'y a pas d'autre règle de la connaissance, ou, ce qui revient au même, de la vérité. Vouloir le bien, c'est vouloir que l'homme agisse selon la perfection de la nature humaine, soit pour la manifester soit pour l'acquérir. Vouloir le beau, c'est vouloir produire des objets dont l'appréhension plaise par elle-même et pour elle-même, car la fin du tableau est d'être vu, celle de la musique d'être écoutée et celle de la poésie est d'être lue ou entendue. Les mauvais usages du principe sont innombrables. Le plus fréquent est, parce que nulle opération proprement humaine n'étant possible sans lui, qui les contrôle toutes parce que toutes supposent la connaissance, de vouloir en faire autant de modalités de la spéculation. De là les problèmes insolubles auxquels se heurtent la réflexion philosophique sur les fondements ultimes des jugements moraux et des jugements esthétiques. On veut en faire des jugements universels et nécessaires comme ceux de la raison théorique, or cela est impossible, parce que ces derniers sont postérieurs à leurs objets, qu'ils présupposent et qui les règlent, au lieu que ceux de la

---

1. Pour ce néologisme, voir É. Gilson, *Peinture et réalité*, Paris, Vrin, 1958, « Spécificité des arts plastiques », p. 115 *sq.*, en particulier en référence à Thomas d'Aquin (*recta ratio factibilium*), p. 118, 123.

morale et de l'art précèdent leurs objets. Assurément, eux aussi comportent un élément objectif, et cet élément est de grande importance. La raison pratique mesure la bonté des actes aux rapports qu'ils soutiennent avec l'essence de l'homme ; la raison ouvrière mesure celle des siens à leurs rapports aux œuvres qu'elle se propose de produire et aux conditions de leur possibilité. Rien ne se fait sans savoir, c'est-à-dire sans science, mais la science elle-même ne fait rien, que de connaître et d'éclairer la route pour les disciplines de l'action.

Chapitre IV

CONNAISSANCE DES TRANSCENDANTAUX

La réflexion sur l'être s'arrête d'abord à ses propriétés les plus immédiatement évidentes, mais elle éprouve bientôt le besoin de s'interroger sur elle-même.

L'être est le premier principe, mais l'affirmer est affirmer une connaissance, non un objet. L'occasion s'offre aussitôt à la pensée de prendre un mauvais départ. Disons, à la pensée réfléchie, car l'esprit ne pense pas d'abord que le premier principe soit : je connais l'être, ou encore, que la notion d'être soit le premier principe ; l'esprit n'est pas l'objet premier de la connaissance ; le premier mouvement de celle-ci n'est pas de se prendre elle-même pour objet, mais de poser des objets dont elle est la connaissance. Ce que l'on nomme l'intentionnalité de la connaissance exprime simplement le fait que tout acte de connaître consiste à « connaître quelque chose ». Cet acte est un « tendre vers » (*in-tendere*), et il l'est essentiellement ; on ne peut définir la connaissance d'abord en soi, et ajouter qu'elle vise en outre un objet ; elle est visée d'un objet, elle en est même la saisie dans la mesure précisément où, par elle, l'esprit connaît.

Tel est le sentiment spontané de la raison connaissante. Nul ne semble avoir mis en doute le bien-fondé de cette certitude, jusqu'à la naissance de l'idéalisme moderne qui, après sa préparation cartésienne, se formula nettement avec Berkeley. L'idéalisme critique de Kant consista seulement à dire que, bien que la réalité non pensée existe en elle-même, tout se passe pour la pensée comme si elle n'existait pas. Les sceptiques grecs avaient bien refusé à la raison le pouvoir de connaître quoi que ce soit avec certitude, mais ils ne doutaient pas de l'objectivité de la réalité donnée dans l'expérience, leur critique ne visait que l'aptitude de la connaissance à saisir la réalité telle qu'elle est. La réflexion a le droit de s'interroger sur la valeur de cette certitude spontanée, mais elle la trouve devant elle et établie avant elle ; c'est même pourquoi l'idéalisme est toujours d'abord une attitude critique. C'est une position seconde qui présuppose l'existence du réalisme comme position première. Ceci est vrai même de la connaissance du principe ; nous avions donc le droit de le définir comme l'être et non simplement comme la connaissance que nous en avons.

Pourtant, du fait même que la philosophie est connaissance, il résulte immédiatement que, pour le philosophe, parler de l'être et parler de la connaissance de l'être ne font qu'un. Toute connaissance est connaissance de l'être, voilà le fondement inébranlable du réalisme ; l'être dont parle le philosophe est toujours donné dans la connaissance, voilà le point de départ de toute réflexion idéaliste et, en tant que l'idéalisme implique une critique, de toute réflexion critique. Il ne suit pas de là que l'idéalisme soit justifié. Il l'est comme réflexion sur le réalisme, il ne peut justifier ses prétentions à le remplacer.

Entendue au sens réaliste, l'intentionnalité de la connaissance est la certitude spontanée que, dans la connaissance vraie, l'objet connu possède une existence réelle en soi, indépendamment de l'acte par lequel je le connais. L'idéalisme sous toutes ses formes met en doute la valeur de cette certitude. Ses critiques reviennent à la mettre en demeure de se justifier par la démonstration rationnelle et à constater qu'elle est incapable d'y réussir.

L'idéalisme commet ici le sophisme d'ignorance du sujet. Si on met le réalisme en demeure de justifier son attitude par un exemple, il citera l'évidence mathématique comme exemple d'une certitude spéculative abstraite, qui n'est pas ici en cause, et l'évidence sensible comme exemple d'une certitude réelle touchant l'existence en soi d'un non-pensé donné dans la pensée. L'esprit le plus exigeant en matière de certitude n'éprouve aucune hésitation sur ce point. Le savant qui fait une observation ne pense pas que l'appareil s'anéantit au moment où il lui tourne le dos ni que, lorsqu'il en ferme la porte, son laboratoire cesse d'exister. C'est donc sur la foi d'une expérience sensible que le réaliste, c'est-à-dire tout homme normal, affirme la réalité en soi du monde sensible. Cette expérience est celle d'une évidence et le propre de l'évidence est de ne pouvoir se justifier. Dans le cas de l'évidence sensible, il est doublement erroné de lui demander de se justifier, puisque la justification qu'on en demande ne pourrait être l'œuvre que de la raison. Toute philosophie dite du « sens commun » passe nécessairement pour simpliste, et elle l'est souvent, mais on doit du moins lui concéder l'argument défensif dont elle a souvent fait usage : la prétention de démontrer les évidences est une des sources les plus certaines du scepticisme.

Si on admet comme recevable la position idéaliste du problème de l'être, il faut s'attendre à rencontrer des difficultés dont l'expérience métaphysique fait voir qu'elles sont inextricables. Sous des formes diverses, toutes reviennent à celle-ci : comment, partant de l'être pensé, la réflexion peut-elle rejoindre l'être réel ?

Il est naturellement possible de se désintéresser du problème, mais on ne peut nier qu'il se pose. L'idéalisme absolu de Berkeley passe à bon droit pour irréfutable, mais à moins d'être celle d'une évidence, l'irréfutabilité n'est pas une garantie de vérité. Berkeley a fort bien établi que jusqu'à lui, nul ne prétendait affirmer l'existence de la matière sur la foi d'une démonstration. Berkeley n'a donc rien apporté de nouveau, car s'il a établi que l'existence de la matière n'est pas démontrable, il n'a nullement démontré qu'elle n'existe pas. L'expérience sensible, au nom de laquelle on affirme son existence, est antérieure à l'ordre de la démonstration.

Le réalisme traditionnel était clairement conscient de sa propre position. Aristote et toute son école, y compris Thomas d'Aquin, ont enseigné que les sensations sont, elles aussi, des principes, c'est-à-dire des évidences premières dont il est contradictoire d'attendre des justifications dialectiques. La certitude d'être à cet égard dans le vrai a caché au réalisme traditionnel l'importance d'un problème qui lui est pourtant lié. À quoi s'étend la certitude de l'expérience sensible ? S'étend-elle à plusieurs des propriétés de l'être, ou à une seule, et, si à une seule, à laquelle ?

Le propre de l'expérience sensible de l'être est d'en dévoiler l'existence. L'*être est*, signifie pour le sens autre chose que pour l'intellect. La perception de l'objet sensible ne fait pas connaître que l'entendement ne peut rien penser que comme être et que le non-être de cet objet intelligible est impensable, elle manifeste, avec une force quasi explosive, qu'un être autre que le mien est doué d'existence actuelle, subsiste en soi indépendamment de ma propre subsistance et à titre de non-moi aussi pleinement constitué que moi. Une métaphysique idéaliste de l'être peut se constituer entièrement et avec une cohérence parfaite sans se soucier de savoir si son objet existe autrement qu'en idée. La sensation fait autre chose ; elle révèle l'existence actuelle de l'être. Même si elle ne révélait rien d'autre, sa prise en considération par la réflexion philosophique serait de grande importance, car la certitude qu'il y a de l'être actuel, si modeste soit-il, et ne serait-il que celui d'un caillou, confère d'un seul coup la réalité actuelle à l'être de Parménide avec toutes les propriétés essentielles que nous lui avons reconnues. La sensation ne dit rien sur ce qu'est l'être, mais elle fonde la certitude qu'il est autrement que comme simple objet de pensée. La sensation implique la certitude que l'ontologie de Parménide ne vaut pas seulement pour l'être abstrait donné dans la pensée, mais aussi pour l'être « réellement réel » ou, pour calquer le langage de Platon, pour ce qu'il y a d'*ontiquement étant* dans la réalité.

La sensation fait cela, mais elle ne fait que cela. Elle ne le fait même pas à elle seule, car elle est d'elle-même incapable de penser l'existence, elle ne peut que l'éprouver et en informer l'intellect qui, lui, la connaît et l'affirme par le jugement. Sur ce point, elle est infaillible, car il est inconcevable que même l'hallucination soit possible sans l'être de l'halluciné. Si je me trompe, l'être est. En revanche, l'information sensible sur ce que l'être est ne jouit pas de cette garantie. Il y a là une situation de fait dont toute philosophie doit tenir compte, car elle est le lieu de tous les maîtres problèmes impliqués dans le rapport de l'intellect au sens, c'est-à-dire dans la dualité au moins apparente de nos moyens de connaître. Ce n'est pas ici le lieu d'en parler. Disons seulement qu'en fait tout se passe comme si cette dualité apparente n'était pas réelle, car c'est l'entendement lui-même qui sent, comme c'est lui qui pense ; la sensation est l'acte de l'intellect comme vie d'un organe dont il est la forme substantielle et l'acte. La connaissance est donc une ; l'homme connaît, non l'intellect ou le sens ; le sens met à la disposition de l'homme l'information existentielle dont son intellect fait de l'intelligible, et il n'y a pas lieu de se demander comment cette collaboration est possible. Elle est la collaboration de l'intellect comme tel avec l'intellect comme forme et acte du corps vivant pourvu d'organes sensibles. C'est par le corps dont il est forme que l'intellect entre en contact avec l'existence actuelle, d'où ce qu'il y aura toujours de mystérieux pour lui dans l'acte d'être. Que l'étant est, demeure pour l'entendement un donné irréductible ; c'est ce qui fait, à la fois et pour la même raison, que l'idéalisme absolu est impensable et que, dans le réalisme, l'acte d'être oppose une résistance invincible aux efforts de la raison pour le déduire et s'en prétendre la source. L'existence actuelle peut être donnée dans l'expérience sensible, où elle est évidente ; elle peut être inférée causalement à partir de cette même expérience, auquel cas elle est certaine, mais non plus évidente et requiert une confirmation expérimentale ; en aucun cas, pour l'homme tel qu'il est, l'existence actuelle de l'objet ne peut se déduire *a priori* d'un principe intelligible. On entend d'ordinaire en ce sens le rejet kantien de l'ontologisme, mais on a toujours su, au moins depuis Aristote, que même le syllogisme scientifique n'est cause de science réelle qu'à une condition qui est l'existence même de la chose dont on parle[a]. La science de l'être présuppose qu'il est.

a. *Topiques*, I, 1. [Étienne Gilson suit ici la traduction Tricot ; en réalité, il ne s'agit pas dans ce passage des *Topiques* de πράγματα (et le « pragme » n'est pas une chose), mais de κείμενα (λόγος ἐν ᾧ τεθέντων τινῶν ἕτερον τι τῶν κειμένων…).]

C'est sur un autre plan que se pose le problème de la connaissance du principe, au sens où il en est ici question. Supposant que le premier principe soit l'être, et le considérant comme objet de l'intellect seul, on demande *ce que* l'être est. Ce que l'acte d'être est, ne tombe pas sous les prises de l'entendement seul ; s'il tente de le définir, il n'en donnera qu'une définition verbale et plus ou moins immédiatement tautologique, par exemple : l'acte d'être est ce qui constitue l'étant dans sa condition d'étant. Au contraire, parce que le premier principe s'offre d'abord à la réflexion sous la forme de l'étant, on le conçoit naturellement comme signifiant, en quelque sorte, l'essence de l'être. On se demande alors de quelles notes son concept se compose et c'est à ce moment que la réflexion s'engage dans l'ontologie proprement dite, qui est la science de l'étant comme étant, soit qu'il existe ou n'existe pas. Ceci revient à dire que l'ontologie est la science de l'être possible, puisque son existence actuelle n'en modifierait en rien la description.

À partir de ce point, la réflexion ne peut pas ne pas s'apercevoir que bien qu'intentionnellement elle porte sur l'être tel qu'il est en soi, cet être ne lui est pourtant donné que dans la pensée. Il n'y a rien de contradictoire dans cette situation ; puisque toute connaissance est connaissance-de, il est nécessaire à la fois qu'elle atteigne un objet tel qu'il est en soi (autrement elle n'atteindrait qu'elle-même) et pourtant que cet en-soi tombe sous ses prises comme un en-soi pour elle. L'entendement peut dès lors le considérer en-soi et comme un pur donné, ou tel qu'il est pour la réflexion et dans son rapport au sujet connaissant. L'erreur à éviter est alors de tenir la connaissance de l'être pour créatrice de son objet et, tandis qu'on entre délibérément dans l'ordre de la relation, d'oublier que toute relation entre des termes réels est elle-même réelle. Elle subsiste dans les termes qu'elle unit.

Comment se fait-il que dans l'être, dont on peut dire seulement qu'il est, la réflexion discerne une pluralité de termes ? On ne peut le comprendre qu'en examinant certains d'entre eux.

La division de l'être la plus générale est celle d'acte et de puissance. C'est un adage classique que l'acte et la puissance divisent tout l'être, ce qui signifie que, de quelque être que l'on parle, on peut être certain qu'il est soit acte, soit puissance, soit composition de puissance et d'acte. Il ne suit pas de là que l'être lui-même se compose de deux principes dont l'un serait l'actualité, l'autre la potentialité. Puissance et acte ne sont que deux « modes d'être », c'est-à-dire qu'ils ne sont que deux manières d'être ou, en d'autres termes, l'être lui-même en deux états différents.

Partant de là, on observera que, pour l'être, c'est une seule et même chose d'être et d'être en acte. Ce n'est pas l'acte qui définit l'être, c'est l'être qui définit l'acte, si bien que la notion d'acte n'ajoute rien à celle d'être. Là où tout acte fait défaut, il n'y a rien. C'est donc par un prestige de l'imagination qu'on se représente l'acte et la puissance comme se partageant au même sens et de droit égal le domaine de l'être. Il ne peut y avoir d'acte pur ; s'il y en a un, il ne peut y en avoir qu'un et c'est ce qu'on nomme Dieu. Au contraire, il ne peut pas y avoir puissance pure, car elle serait ce qui, totalement dépourvu d'acte, est par là même totalement dépourvu d'être. La puissance pure est néant. Mais il peut y avoir de l'être en puissance, c'est-à-dire de l'être dont l'actualité soit limitée. Tout être fini est de ce genre. Sa potentialité est sa finitude même. Celle-ci n'a donc de subsistance que celle de l'acte dont elle est la limite. C'est ce que l'ontologie classique exprime en disant que la matière première, c'est-à-dire la possibilité pure, ne saurait exister seule. Dieu lui-même ne peut que la concréer à l'être dont elle est la matière ; il ne peut créer de la matière qui ne serait que matière, parce qu'il est contradictoire de poser de la puissance qui ne serait celle d'aucun acte. La puissance ne subsiste que dans l'acte et par l'acte ; en tant qu'elle est, elle ne peut être qu'un mode imparfait d'actualité.

On ne peut donc définir la puissance qu'en fonction de l'acte, sa notion ne se suffit jamais au lieu que celle d'acte peut se suffire et, dans un cas au moins, se suffit. Thomas d'Aquin est un excellent témoin de la doctrine. Ainsi, dans le *Contra Gentiles*, III, 7, 8, après avoir rappelé le principe *ens per actum et potentiam dividitur*, il a soin de préciser que la puissance appartient au même genre que l'acte : *est in eodem genere cum actu*. Comme le blanc et le noir sont deux modes de lumière, le bien et le mal, le parfait et l'imparfait, l'acte et la puissance relèvent en commun de l'être : *nam ens commune est quodammodo potentiae et actui*[a].

Ainsi donc, tout objet concret se compose, non pas exactement d'acte et de puissance, mais bien d'être en acte et d'être en puissance. Tel est le cas d'une autre fameuse division de l'être fini, celle d'essence et d'être, d'*essentia* et d'*esse*. En thomisme authentique, la composition s'établit au sein de l'être fini, car l'*esse* contribue à la constitution de la substance par l'acte qui en fait un étant (*ens*) et l'essence y contribue pour sa part par la détermination formelle qui en fait *tel* étant. Or, comme le nom même l'indique, l'*essentia* relève du même ordre que l'*esse*. Tout se passe à l'intérieur de l'être, puisque, pris à

a. *De potentia*, III, 1, ad 12[m].

part, l'*esse* fini n'est pas et que, prise à part, l'essence finie n'est pas. Saint Thomas ne dit pas que matière et forme divisent tout l'être fini, puisque les substances spirituelles sont sans matière, mais il dit bien que, comme l'essence et l'être divisent tout l'étant fini, et comme la matière et la forme divisent tout l'être naturel, la puissance et l'acte divisent l'être en général : *Unde materia et forma dividunt substantiam naturalem ; potentia autem et actus dividunt ens commune*[a]. Dans un être, tout est être ; l'acte est la positivité même de l'être, ou, comme disaient les anciens, sa perfection ; quant à la puissance elle n'a de perfection qu'en tant qu'elle participe à l'acte, car c'est par là qu'elle est : *quod potentia est, ex ordine ad actum, nobilitatis est particeps ; sic enim esse dicitur*[b].

Ces remarques s'appliquent à l'être comme tel, antérieurement à sa descente dans les prédicables et les catégories. L'être est en acte en tant même qu'il est. Les transcendantaux, dont nous avons dit qu'ils s'offrent à la pensée dès qu'elle pense l'être, posent des problèmes différents. Assurément, ils sont convertibles avec l'être, mais ils ne sont pas l'être en tant que tel. Chacun d'eux signifie l'être en tant qu'un, ou vrai, ou bon, ou beau. On ne peut donc les concevoir sans l'être, mais ne peut-on concevoir l'être sans eux ? On ne peut le concevoir d'aucune manière sans mettre en cause l'un, le vrai et le reste, mais c'est qu'alors il ne s'agit plus de l'être en tant qu'être, mais de l'être en tant que connu. Le sens de notre question est donc autre. Il s'agit de savoir si, admettant avec Parménide que l'être est et qu'il est l'être, sa notion implique ou non celles d'un, de vrai, de bon et de beau.

a. *Contra Gentiles*, II, 54, 10.
b. *Contra Gentiles*, I, 70, 3.

Dès qu'on la pose en ces termes, la question évoque l'histoire de l'ontologie tout entière. À vrai dire cette histoire atteint son terme dès le dialogue, d'importance planétaire, qui met aux prises Platon et Parménide. Aucun transcendantal ne touche l'être de plus près que l'un, qui marque seulement l'indivision de l'être avec soi-même et pourtant, le *Sophiste* de Platon le fait bien voir, toute tentative dialectique pour établir l'équivalence de l'être et de l'un s'avère finalement impossible. En voulant mettre à la question son père Parménide, c'est lui-même que Platon met en déroute[a]. Sa défaite est consommée dès le moment où il pose imprudemment la question : « Vous affirmez, je pense, qu'il n'y a qu'un être ? » Oui, répond Théétète à l'Étranger. Tous deux passent ainsi subrepticement de l'unité transcendantale à l'unité numérique. Les conséquences sont celles mêmes qu'observe Platon : l'un de l'être, c'est l'être, mais un être un est une chose constituée comme telle par son unité. En tant que constituée par ce transcendantal comme tel, la chose se distingue de l'être. Ainsi on était parti d'un et voici déjà deux, sans aucune possibilité de réduire dialectiquement cette dualité à l'unité. Comment peut-on « appeler un le deux » ?[b] On le peut, car si le deux n'est pas un, il n'est rien, mais c'est l'un qui n'est pas deux. De même pour les transcendantaux en général ; nos prédications « au sujet de l'être » signifient toutes l'être, mais elles ne le signifient pas en tant qu'être et lui-même n'est pas affecté par ce qui se dit de lui.

Les transcendantaux ne sont donc pas des accidents de l'être, mais le seul fait de les prédiquer de l'être crée l'illusion qu'ils s'y ajoutent comme s'ils en étaient des

a. *Sophiste*, 242 c.
b. *Ibid.*, 244 a.

accidents. Il suit de là que tout discours sur les transcendantaux porte sur l'être comme sujet de discours et engagé dans une série de relations multiples. Leur multiplicité, qui est d'abord diversité, correspond à celle des genres de rapports entre l'être connu et le sujet qui le connaît. L'être est un pour le concept, vrai pour le jugement, bon pour le désir et beau pour la sensibilité ou l'intellect dont il satisfait les pouvoirs d'appréhension. Les transcendantaux sont des relations réelles entre ce qu'ils sont dans la simplicité de l'être et le sujet qui l'appréhende par des pouvoirs multiples où l'unité de l'être se réfracte. Le transcendantal dont il est ici question n'est pas celui de l'idéalisme critique kantien ; ce n'est pas seulement une connaissance, c'est de l'être, mais c'est de l'être connu ; fondé dans l'être, hors duquel il n'est rien, c'est seulement dans la connaissance que le transcendantal est donné.

On pourrait exprimer la même chose en disant que, pour l'être en tant que tel, les transcendantaux sont du superflu ; il les contient, donc ils ne lui ajoutent rien. Le vrai ne se distingue de l'être que pour un sujet connaissant ; le bien est l'être même en tant que désirable, mais il n'y a de désirable que pour un sujet doué de volonté ; le beau présuppose de même une appréhension de l'être, intelligible ou sensible, qui, elle-même, requiert un grand nombre de déterminations de l'être dont on ne peut dire qu'elles lui appartiennent en tant qu'être seulement. L'étude des relations de l'être avec ses transcendantaux relève de cette haute « dialectique » dont Platon interdisait l'entrée aux jeunes gens. Elle ne sert strictement à rien, sauf à dresser un ultime obstacle sur le chemin de ceux qui veulent inventer une métaphysique originale dont la substance soit tirée de leur propre esprit. Celui qui tente de régler sa démarche sur la structure transcendantale de l'être et ses moments tels qu'ils lui sont donnés, ne peut espérer aller loin ni vite ; il se trouvera dans l'embarras à chaque pas, mais toujours en compagnie des plus grands esprits.

Pour dire quelque chose de l'être, il faut que ce quelque chose soit, mais aussi qu'il ne soit pas l'être comme tel. De grands coups d'audace ont été tentés. Platon a essayé de situer le Bien au-delà de l'entité, mais ce n'était pas l'être même qu'il situait ainsi au deuxième rang, c'était plutôt son intelligibilité. Ailleurs, il a tenté la même opération sur l'être et l'un. Aristote, pour qui tout être réel était un certain être, l'a identifié avec la pensée de soi-même, donc avec la vérité. Tous ont reculé devant l'effort d'abstraction requis pour réduire le reste à l'être au lieu de le réduire lui-même à l'un de ses transcendantaux. À cet égard, Plotin peut être considéré comme le Thomas d'Aquin de la métaphysique ; ses *Ennéades* sont d'une richesse de substance infinie et comme l'insurpassable modèle d'une ontologie pure incluant à la fois ses succès et ses échecs.

Il ressort de l'œuvre de Plotin que la pensée ne peut pas partir de l'être, pour la simple raison qu'il est impossible d'en sortir. Ayant à choisir un transcendantal, Plotin s'est arrêté à l'un, qu'il a nécessairement situé au-delà de la connaissance et de l'intelligibilité discursive. Dès qu'on tente de formuler sa pensée, on se trouve aux prises avec l'ineffable, car l'Un n'est pas privé de ce que nous nommons connaissance, il est au-delà, si bien qu'on parle mal en la lui refusant comme en la lui attribuant. On le nomme encore Bien comme source des étants, mais il n'est ni ce que nous nommons d'ordinaire un bien, pas plus qu'il n'est ce que nous nommons une unité, car il est l'unité transcendantale au-delà du nombre comme il est le bien transcendantal au-delà des êtres. Il est donc impossible d'en parler. Cette première substance principielle transcende la connaissance comme elle transcende l'être. L'intelligible, l'intellection et l'être paraissent ensemble et forment la deuxième substance principielle, l'être intelligible et intelligent. La troisième, l'âme, est si évidemment liée à une particularisation de l'être que nous pouvons nous dispenser de le suivre dans ce nouvel avatar; l'ordre suivi importe d'ailleurs peu à notre propos, nous n'en retenons que la nécessité d'en adopter un quelconque, comme si tout transcendantal présupposait une rupture initiale de l'être et exigeait qu'il soit posé comme un objet en relation avec un sujet distinct. Cette nécessité cause l'échec de l'entreprise, car si elle part du seul premier principe, elle ne peut même pas débuter. De ce qui est au-delà de l'Un, il n'y a rien à penser ni à dire. Ce n'est d'ailleurs pas comme Un, mais comme Bien, qu'il est principe; il est donc deux. Plotin ne pouvait peut-être pas éviter d'hypo-stasier les moments de la dialectique de Platon, et avec eux les difficultés qu'ils impliquent. Une ontologie sans difficultés n'est d'ailleurs sans doute pas concevable, mais la nature de la difficulté est elle-même instructive. Si le premier principe est l'être, on ne voit pas comment quoi que ce soit pourrait en sortir, car tout ce qui est ou peut être est donné avec lui. Si le premier principe est autre que l'être, il n'est pas, à moins que, pour partir de quelque chose, on ne se donne alors comme principe l'un des transcendantaux qui n'est que de l'être déjà qualifié et particularisé.

Héritière, en philosophie, de cette tradition, la théologie chrétienne en a accepté l'héritage sous bénéfice d'inventaire. La lettre même de l'Évangile enseigne la foi au Fils de Dieu; il y a donc un Dieu le Père, et puisque le Fils de Dieu annonce la venue de l'Esprit, il y a donc un Esprit saint, qui lui aussi est Dieu. Les interminables controverses trinitaires illustrent la difficulté qu'il y avait à poser simultanément trois substances principielles, d'autant plus que, cette fois, les Trois sont Un, mais la discussion n'était pas sans issue, parce que son objet s'est défini dès le début comme un mystère ; si la raison renonce à comprendre comment il peut y avoir, à la fois, *in personis proprietas et in essentia unitas*, la réponse est que cette vérité ne s'adresse pas à elle, mais à la croyance. Il s'agit seulement de formuler le sens de la parole de Dieu.

Le philosophe n'a donc pas à tenir compte de ce problème, mais dès le temps d'Eusèbe de Césarée, on constate que pour les Chrétiens soucieux de concevoir intellectuellement l'objet de leur foi, il était impossible de ne pas le concevoir comme étant essentiellement l'être. Dès le début de la spéculation chrétienne, et déjà très visiblement chez saint Augustin, puisque Dieu est l'être, *il est tout ce qu'il a*. L'étude, même très simplifiée, de trois grandes théologies telles que celles d'Augustin, de Thomas d'Aquin et de Duns Scot, devrait être longue pour être intelligible, mais la conclusion serait la même dans les trois cas : puisque Dieu est l'être, et que l'être est un, on ne peut rien lui attribuer qu'il ne le soit. Dieu n'a donc pas l'intelligence, la sagesse, la bonté ni aucune autre qualité de ce genre, il les *est* ; chacune d'elle est identiquement son être même et Moïse Maïmonide résumait admirablement, sinon la doctrine du moins son esprit, en disant que, puisque l'être est simple, Dieu n'a pas d'attributs.

Revenant au plan de la pure philosophie, la question demeure : comment l'être peut-il avoir des attributs ? Si ces attributs sont des transcendantaux, comment se peut-il que l'être, en tant précisément qu'il est l'être, surtout s'il est conçu comme l'étant (*ens*), ait des transcendantaux ? En d'autres termes, la notion de « différences de l'être » a-t-elle un sens ? La maîtresse aporie de l'école platonicienne, *de eodem et diverso*, situe exactement cette difficulté des difficultés. C'est sur cet écueil qu'échouent finalement les grandes tentatives d'idéalisme métaphysique pur. Partant d'un être égal au néant parce que pur comme lui de toute détermination, il est impossible de tirer de son concept autre chose que des concepts qui réduisent l'autre au même diversement qualifié.

Absolument parlant, si on part du même, l'autre ne peut pas en être déduit. De même, si on part de l'être, les êtres ne sauraient s'en déduire. Il faut donc partir de l'être tel qu'il est donné, avec les étants auxquels et pour lesquels il est donné. La métaphysique ne peut pas faire abstraction du métaphysicien, et c'est seulement à partir de lui et de sa connaissance qu'elle est possible. En ce sens, la métaphysique est une science inductive où, bien que tout soit donné dans l'évidence première de l'être, qui inclut tout, aucune connaissance réelle ne peut être déduite, ni celle de l'être, parce qu'elle est évidente, ni celle des étants puisque même l'essence des transcendantaux doit y être inférée à partir de l'expérience sensible et du sujet qui la perçoit. C'est dire que le rapport du même à l'autre, de l'un au multiple ou de l'être aux transcendantaux n'est pas analytique. Il pourrait être sans eux, puisque, si on les définit pour lui, les transcendantaux ne sont pas des rapports, ils sont lui-même, mais eux ne pourraient être sans lui ni sans le sujet connaissant en qui son unité se diffracte. L'homme fait partie des conditions requises pour que la connaissance métaphysique soit possible ; celle-ci ne peut se permettre de l'ignorer ; il lui faut donc concevoir le premier principe de manière telle que les transcendantaux soient possibles et qu'à défaut de les en déduire, on puisse au moins les lui rapporter.

Le plus banal des rapports couvre quelque mystère dès qu'on sort de l'ordre analytique. Il n'est donc pas surprenant que se trouvant aux prises avec cette relation première et origine de toutes les autres, sans ressource pour l'expliquer ni pouvoir pour en contester l'évidence, la pensée métaphysique assez courageuse pour aller au bout d'elle-même ait presque toujours reculé le premier principe au-delà du connaissable, dans la nuée de la nescience. Mises en demeure de dire pourtant quelque chose de ce qu'il est, ne serait-ce que pour qu'on ne le prenne pour ce qu'il n'est pas, les métaphysiques les plus hautes l'ont conçu comme un acte, soit celui de la pensée chez Aristote, soit celui de l'étant chez Thomas d'Aquin. Quelque choix qu'on fasse, poser le principe comme acte est refuser de le concevoir comme une manière d'être et comme un simple état. L'être ainsi conçu est énergie, tension et pouvoir virtuel d'opérer. Il doit l'être, puisque sa notion est celle d'une suffisance parfaite, ce qu'est l'être, et qu'en fait il y a pourtant autre chose que l'être pur. La manière la plus rationnelle de relier à l'acte pur d'être les transcendantaux et les étants où son unité se diffracte est donc de le concevoir lui-même non pas seulement comme un océan infini d'entité ou une nappe illimitée de substance, mais comme une énergie infinie incluant virtuellement dans son unité tout l'étant actuel ou possible.

Poser le principe comme un tel acte implique deux présuppositions, que lui-même soit de l'être actuel et que la pureté de son actualité ne consiste pas en une simple absence de mouvement. Il n'y a de mouvement proprement dit que dans l'ordre de la quantité et de la matière étendue. C'est ce qu'Aristote éloigne de l'acte pur de penser en le posant comme le premier moteur, lui-même immobile, mais dire que le principe est en repos ne veut pas dire qu'il soit inerte et incapable d'agir. La pureté de son acte est celle d'une énergie qui peut agir et mouvoir sans se mouvoir elle-même et sans changer. C'est ce que Théophraste a bien exprimé au chapitre v de sa *Métaphysique*, où il s'interroge sur ce que peut être l'immobilité des principes :

> Si on prend le repos comme un état supérieur au mouvement, on peut l'appliquer aux principes ; si, au contraire, on le conçoit comme une inertie et comme une certaine privation de mouvement, on ne le leur appliquera pas, mais on ne pourra leur attribuer le mouvement qu'à la condition de lui substituer l'activité, comme antérieure et plus noble, le mouvement n'existant que dans les choses sensibles[a].

Une fois de plus, l'effort pour penser le principe impose au philosophe l'affirmation d'une vérité qu'il lui faut connaître sans pouvoir se la représenter. Combien de métaphysiciens, pour ne rien dire des théologiens, sont si incapables de penser un acte immobile qu'ils préfèrent se le représenter inerte plutôt qu'actif ? Même parmi ceux que leur réflexion incline devant cette nécessité, bien peu s'y résigneraient sans doute s'ils ne s'apercevaient que leur expérience personnelle ne fait qu'en recommencer une qui est collective et vieille de plus de vingt siècles. La seule manière de se soustraire à la nécessité intelligible de l'être serait de ne pas penser.

a. [Théophraste, *La Métaphysique*,] trad. J. Tricot [Paris, Vrin, 1948, p. 22, 7 b 11-14].

CHAPITRE V

SUR LES VICISSITUDES DES PRINCIPES

Les principes sont contemporains de la raison, leur étude est née avec la philosophie. En Occident, les premiers Grecs qui se soient interrogés sur ce qu'est en son fond la réalité ont répondu par le nom d'un corps qui serait la substance même de toute réalité, son *ousia*, ce qu'elle est. On essaya donc d'abord des principes physiques, tels que l'eau, l'air ou le feu. Platon proposa ensuite des principes intelligibles, tels que les Idées ; on parla aussi de l'Intellect, mais Parménide poussa d'abord l'enquête à son terme, en disant qu'il n'existe finalement d'autre réalité que l'être. Comme devait le faire observer Aristote, l'objet de toute cette recherche avait finalement été de savoir : qu'est-ce qui est ?

Le détail des réponses n'est pas ici en cause, mais leur nature nous intéresse. L'entreprise réfléchie de définir la réalité est le commencement de la science. Celle de discerner, dans la réalité physique, l'élément premier dont elle est faite et qui est la cause, est le commencement de la métaphysique. Pour effectuer ces opérations, l'entendement forme des concepts, il les définit à l'aide de mots formant des propositions, bref il procède à une sorte de décomposition abstraite de la réalité en essayant de dire de quels éléments elle se compose et selon quelle structure ils s'y ordonnent.

Il est donc impossible de penser le réel sans substituer à la réalité continue, mais confuse, donnée dans l'expérience sensible, une discontinuité intelligible. Le jugement relie ensuite ce qu'a distingué le concept, mais l'unité primitive du donné ne peut jamais être reconstituée. Nous disons simplement qu'elle l'est. En fait, l'entendement substitue à la continuité du réel un réseau de signes mentaux et verbaux, reliés ensemble par des opérations intellectuelles dont l'objet est d'imiter cette continuité du réel en créant une continuité du discours.

Le premier résultat de cette entreprise est de diviser, de morceler la réalité. La possibilité de la connaissance exige qu'il en soit ainsi, ou plutôt c'est en cela même qu'elle consiste. La science et la philosophie ont donc commencé lorsque, au lieu de passivement subir l'action des corps sur ses sens, l'homme est intervenu librement pour en constituer un équivalent intelligible. L'histoire de la métaphysique est celle des équivalents successivement proposés. Cette histoire est celle même des principes. On pourrait relever des signes d'inquiétude chez certains acteurs de cette histoire. Une nostalgie de l'unité perdue se laisse percevoir dans l'œuvre de certains philosophes, mais elle ressemble au chagrin du tailleur au moment de couper dans une belle pièce d'étoffe. Sans cette mutilation, pas de vêtements possibles. Pas de philosophie non plus sans concepts.

La philosophie est une suite d'efforts partiellement coordonnés pour approfondir le sens de ces principes, pour en substituer de nouveaux à ceux dont la vertu semble temporairement épuisée, mais aussi pour les critiquer et en définir l'usage légitime. La réforme cartésienne et la critique kantienne marquent deux moments importants de cette histoire. Certains signes invitent à penser qu'aujourd'hui la philosophie traverse une crise plus décisive encore. Son existence même est en jeu. Inquiets de la perte de substance infligée au réel par la conceptualisation que la philosophie lui impose, certains de ses chefs de file tentent aujourd'hui de remonter, au-delà des principes eux-mêmes, à l'expérience initiale dont la pensée réfléchie les a tirés. La critique bergsonienne du concept en est un exemple. Bergson aspirait à une intuition métaphysique unifiante, capable de coïncider, en deçà de son morcelage en concepts clairs et distincts, avec le devenir continu qui est la réalité même. La conclusion de la doctrine a valeur exemplaire. Pour remonter du principe à sa source, il faut sortir de l'ordre du langage et, par là même, de celui de la philosophie. L'intuition métaphysique bergsonienne est une expérience qu'on ne peut vivre sans renoncer à en parler. La raison se résigne à cette conclusion, si on lui prouve qu'elle est nécessaire, mais puisqu'on lui demande finalement de se renier, ou du moins de se renoncer, elle le fait sans plaisir, avec l'intention secrète de reprendre la parole à la première occasion. En un sens, d'ailleurs, l'opération est impossible ; il est excellent de revenir souvent à l'expérience immédiate, source de la philosophie, mais on ne saurait s'y installer comme si elle était déjà philosophie.

Les tentatives de ce genre se multiplient de nos jours, sans doute par suite d'une désillusion de l'idéalisme qui, sans renoncer à ses méthodes, prend conscience de ses limites. La contribution de l'esprit à la connaissance est d'une étendue telle qu'on peut longtemps philosopher sur elle seule, comme s'il n'y avait pas d'objet ; mais il y a un objet, et puisque connaître est connaître quelque chose, il faut bien faire place à la chose dans l'analyse de la connaissance. Deux marques permettent de reconnaître ces tentatives de retour à l'objet. Elles trouvent bon accueil, parce que leur venue s'accompagne d'un sentiment de libération et de soulagement dans les esprits qu'elle atteint. Enfin ! pense-t-on, la pensée vient de percer la croûte des formules reçues et de se dépasser pour ainsi dire elle-même afin d'atteindre la réalité ! En même temps le réformateur qui conduit le mouvement éprouve l'impression de faire une découverte, ou d'être sur le point de la faire, en mettant pour la première fois en évidence une erreur séculaire dont il invite ses lecteurs à se débarrasser. L'illusion est explicable. Pour celui qui la fait, il s'agit bien d'une découverte ; ce n'en est pas moins seulement une re-découverte, si bien que l'on ne sait jamais au juste si celui qui la fait réinvente ou ne fait que se souvenir. Lui-même n'en sait rien et on ne saura jamais ce qu'il eût pensé si on avait pu le prévenir de son erreur. On sait ce qu'il dit quand on l'en informe, mais à supposer qu'il ne garde pas simplement le silence, la situation n'est plus la même. À la question : que serait-il arrivé si… ? l'histoire n'a pas de réponse. Nous ne saurons jamais ce qu'aurait pensé Heidegger *s'il avait su* que la métaphysique avait cherché, depuis au moins cinq siècles, à atteindre le *Sein* au-delà du *Seiendes*. On sait ce qu'il en dit, et qu'on ne comprend rien à la question, et c'est bien possible, mais on ne sait pas au juste qui s'y perd.

Le philosophe ne peut en cela qu'observer les vicissitudes auxquelles la connaissance des principes semble être soumise. Martin Heidegger est un cas particulièrement intéressant à cet égard. Sa critique de l'ontologie classique s'inspire de motifs divers, dont deux au moins sont étroitement liés. Le premier est que l'ontologie souffre d'un mal invétéré qui est l'oubli de l'être. En effet, comme on ne peut en parler sans se le représenter de quelque manière, on le conçoit comme le plus général, c'est-à-dire l'étant en tant que tel, dont on ne dit rien d'autre, sinon qu'il est. C'est pour cela que, de toute antiquité, l'être (*das Sein*) est pris pour l'étant (*das Seiende*) et qu'à son tour l'étant est pris pour l'être. Les deux se trouvent ainsi emmêlés dans une confusion qui, s'il faut en croire l'essai *Über den Humanismus*, n'a pas encore été soumise à l'examen : « in einer seltsamen und noch unbedachten Verwechslung »[1]. Le deuxième motif est que, justement parce que la métaphysique s'est toujours conçue comme science de l'étant, il est devenu nécessaire de la dépasser enfin pour pénétrer jusqu'à la connaissance de l'être.

Il y a beaucoup de vérité dans ces remarques. Elles décrivent une situation qui a presque toujours existé, mais la description appelle des réserves. Dans son ensemble, la métaphysique traditionnelle fut en effet une méconnaissance constante de l'être au profit de l'étant. *Ens inquantum ens*, l'étant comme étant, c'est bien en effet la définition traditionnelle, depuis Aristote, de l'objet propre de la métaphysique ; non pas ce qui est en tant qu'il est en mouvement, comme en physique ; ni ce qui est en tant qu'il vit, comme en biologie, mais ce qui est, en tant même qu'il est. Dans la mesure où tel fut en effet le cas, la revendication heideggérienne des droits de l'être comme tel est légitime et la métaphysique traditionnelle doit être dépassée.

---

1. Heidegger, *Lettre sur l'Humanisme*, éd., trad. fr. R. Munier, Paris, Aubier-Montaigne, 1957, p. 100.

En revanche, il est faux que tous les philosophes se soient toujours mépris sur ce point, échangeant l'être pour l'étant, et inversement, sans s'en apercevoir. En tant que proposition historique et portant sur un fait, elle est fausse. Elle est vraie de la philosophie d'Aristote et de celle des innombrables disciples qui l'ont suivi sur ce point ; elle est donc vraie pour un nombre très considérable de cas, mais une exception notable doit être prise en considération. Loin de n'avoir fait l'objet d'aucune réflexion sérieuse, le rapport du *Sein* au *Seiendes* est devenu au treizième siècle une pomme de discorde entre philosophes et théologiens. Il est vrai que ces discussions sont restées sans conclusion définitive : la preuve en est qu'elles viennent d'être rouvertes par Martin Heidegger lui-même ; mais la simple existence de la controverse suffit à prouver que, si la confusion a été commise, ce ne fut pas par mégarde. Faut-il concevoir l'être comme un étant, l'*esse* comme un *ens* ? Ou ne faut-il pas plutôt concevoir l'*ens* lui-même comme ce qui a un *esse*, de sorte que l'étant soit tel en vertu de son être ? L'*ens*, disent les défenseurs de cette dernière position, est un *habens esse*. On peut soutenir que beaucoup de ceux qui prirent part à la discussion n'en comprirent jamais exactement les termes ; c'est vraisemblable ; aujourd'hui encore certains en parlent abondamment et passionnément sans mesurer la portée de leurs paroles, c'est possible, mais le fait même que d'excellents esprits se croient aujourd'hui les premiers à découvrir le sens de la notion d'être, fait assez voir que ce n'est pas le cas de tous.

Même s'il était vrai que la métaphysique se fût, en fait, toujours arrêtée à l'étude de l'étant en tant que tel, il n'en résulterait pas qu'il soit de son essence de s'en tenir là, car c'est un fait qu'elle ne s'en est pas tenue là. Lorsque

Thomas d'Aquin pose l'*esse* comme « l'acte des actes et la perfection des perfections » (car avoir toutes les perfections, moins l'être, c'est n'en avoir aucune), et lorsqu'il définit l'être « ce en vertu de quoi l'essence est un étant » (et non un simple possible), il ne confond assurément pas l'étant avec l'être. S'il est une doctrine où la pensée s'efforce d'atteindre l'être *dans* la métaphysique, c'est bien la sienne. Il faut donc récuser, ensemble et solidairement, ces trois affirmations : toutes les métaphysiques ont jusqu'ici confondu l'être avec l'étant en général, faisant ainsi de la métaphysique une logique de l'*ens commune*, qui est le suprêmement général ; toutes les métaphysiques ont pris l'être pour l'étant, et inversement ; enfin la légitimité de cet échange n'a jamais fait l'objet d'un examen réfléchi. Dans la mesure où elles se proposeraient de définir des faits historiques (et elles ne peuvent avoir d'autre sens) aucune de ces trois propositions n'est entièrement vraie : il convient de le constater dans un cas où l'importance philosophique des propositions en cause tient à l'universalité de leur validité.

Il va sans dire qu'il s'agit ici d'histoire vue dans une certaine perspective philosophique, mais il ne saurait y avoir deux histoires de la philosophie, l'une à l'usage des historiens, l'autre à l'usage des philosophes. Il n'y a d'usage philosophique de l'histoire possible que celui qu'on peut faire de l'histoire vraie. Martin Heidegger a donc le droit de faire philosophiquement appel au témoignage de l'histoire, pourvu que ce témoignage soit conforme aux faits. Celui qu'invoque Heidegger ne l'est pas. On peut se demander s'il l'a intentionnellement travesti, mais ce n'est aucunement croyable. Au contraire, telle que Thomas d'Aquin l'a conçue, la métaphysique de l'être a été si généralement méconnue, délaissée ou combattue, à l'intérieur de l'école thomiste même, qu'il est tout à fait possible aujourd'hui encore de ne pas savoir qu'elle a existé. On peut étudier la philosophie dite « scolastique » sous un maître qui s'inspire de la tradition de Suárez sans soupçonner l'existence de la notion thomiste d'acte d'être, car non seulement on n'en fait pas mention, mais on lui en attribue une autre, qui réduit précisément l'être à l'étant. D'innombrables thomistes, le pape Léon XIII lui-même, qui voulut que l'édition dite Léonine de la *Summa theologiae* fût accompagnée du commentaire de Cajetan, tant d'autres à leur suite ont pris l'ontologie de Cajetan pour une fidèle expression de la métaphysique thomiste de l'être, que nul n'est blâmable de s'y laisser tromper.

Supposant l'erreur reconnue, sa reconnaissance conduirait-elle Heidegger à modifier sa position ? J'ai dit que je ne le croyais pas, mais ce qu'il dit ou dirait désormais relèverait de l'ordre de l'autojustification plutôt que de la vérité philosophique. Ce que l'on dit pour montrer qu'on a raison même dans l'erreur n'a pas la même force que ce qu'on affirme sur la vue directe de sa vérité. Mieux vaut donc supposer que la thèse de Heidegger, historiquement insoutenable, exprime surtout le sentiment d'un désaccord philosophique irréductible entre sa position personnelle et une notion de la métaphysique jadis au moins très répandue, pour ne pas dire dominante. On dirait alors que même les quelques métaphysiques qui ont subordonné l'étant à l'être, n'ont jamais réussi à le poser en soi et à part de l'étant. Lorsque ces doctrines l'en distinguent, dira-t-on alors, c'est encore à l'être de l'étant, raffiné ou sublimé, qu'elles pensent ; il reste pour eux la *cause* de ce qui est, comme si toute sa réalité s'épuisait dans l'acte par lequel il fait de l'être un existant. Ainsi l'oubli de l'être persisterait dans cet effort même pour le rendre concevable à l'esprit.

Il y a certainement dans la pensée de Martin Heidegger une exigence ultime et comme un souci profond de rendre justice à la vérité de l'être, si profond en vérité que lui-même ne parvient pas à le satisfaire ; on ne peut donc espérer y réussir mieux que lui. Il faut pourtant observer que, si on prend la doctrine à laquelle il s'oppose au sens qu'elle-même s'attribue, l'objection en méconnaît la portée, et même la signification véritable. Ce qui empêche Heidegger de le voir est que la transcendance absolue de l'être sur l'étant n'apparaît pleinement, dans la métaphysique de l'*esse*, qu'au moment où, théologisant à fond la notion d'être, elle la transcende elle-même pour l'identifier à Dieu. La pensée se trouve alors en présence d'un *esse* pur, et même d'un *superesse*, dont on peut dire, au choix, soit, avec Avicenne, qu'il n'a pas de quiddité, soit, avec Thomas, qu'il est à lui-même sa propre quiddité, mais que, de toute façon elle doit s'efforcer de concevoir comme un pur *esse*. Un *est* libre de tout *ce qui*, c'est précisément un être qui ne se définit pas comme acte d'un étant, car bien qu'en fait il le soit chaque fois qu'il y a un étant, il resterait identiquement lui-même si nul étant n'existait. Selon cette théologie de l'*esse*, même s'il avait choisi de rester dans sa béatitude solitaire, Dieu n'en serait pas moins l'être même : *ipsum purum esse*. Il est le *Sein*, et il se suffit.

Rien ne montre mieux la misère de la recherche philosophique, car nous voici séparés de ceux même dont nous cherchions le contact, par ce qui devrait au contraire nous rapprocher. On ne veut pas laisser dire que l'être *est* de crainte qu'on ne comprenne une fois de plus cet *est* comme « quelque chose qui est ». Et on a raison de se

méfier, car on ne pense pas sans image et l'intellect ne
peut concevoir l'être de l'étant que sous l'aspect d'un
quelque chose, et même de cette chose dont l'acte d'être
fait un étant. Citons-nous le cas limite de Dieu pour
exorciser l'importun « ce qui » dont la présence offusque
dans l'étant l'actualité propre de l'« est », on refusera de
nous faire confiance : « Der Mensch hält sich zunächst
immer schon an das Seiende[a]. » C'est en vain que nous
affirmons la transcendance de l'Être, car on nous reprochera
de ne le concevoir encore que comme le transcendant de
ce qu'il transcende : c'est une sorte de super-étant, mais
toujours un étant : « Le Transcendant est l'étant suprasensible. Il est pour nous l'étant suprême, au sens de
première cause de tous les étants[b]. » Ainsi, ignorant délibérément les efforts de tant de ses prédécesseurs pour
s'élever, au-delà de toute quiddité, jusqu'à l'acte pur d'être,
Martin Heidegger ne tient aucun compte de la théologie
négative des autres, bien qu'il sache en user à l'occasion.
Sans doute se sent-il séparé d'eux au sein de leur aspiration
commune même. Mais, s'il n'ignore pas simplement leur
existence, que voudrait-il donc que ces philosophes eussent
fait, et qu'ils n'ont point fait ?

Plus nous tentons de pénétrer cette pensée si secrète,
et qui peut-être désire le rester (car un philosophe clair n'a
jamais intéressé personne), moins nous nous sentons
assurés de le comprendre, mais, soit dit en hommage plutôt
qu'en reproche, le philosophe est peut-être aussi curieux
que nous de savoir ce qu'il pense. Quand on le lit avec le
désir de comprendre ce qu'il attend de nous, on est frappé
du retour fréquent d'une formule qui lui est familière : *la*

a. [Heidegger, *Lettre sur l'Humanisme*], *op. cit.*, p. 78.
b. *Ibid.*, p. 130.

vérité de l'être, chercher la vérité de l'être. Sans doute faut-il entendre par là l'effort d'une réflexion qui cherche à atteindre l'être dans sa vérité, c'est-à-dire qui ne s'arrête pas au double abstrait qu'est l'être commun, le *genus generalissimum* si logiquement général qu'il l'est trop pour constituer même un genre réel; bref il s'agit d'éliminer une fois de plus le fameux *ens inquantum ens* dont, sous des noms divers, se repaît la métaphysique. Si c'est bien ainsi, on se demande quel malheur d'un temps oublieux de la sagesse a bien pu plonger ce métaphysicien de race dans une méconnaissance invincible de sa propre tradition? Car nul ne conteste que l'immense majorité des philosophes aient conçu la métaphysique comme une sorte de logique des essences. Du moins n'est-ce pas nous qui le nierons! Mais il est excessif de parler comme si tous les philosophes avaient commis cette erreur. Si rares soient-ils, il y a de vrais métaphysiciens et les plus modestes d'entre eux ont en commun avec les grands le souci d'approcher d'aussi près que possible l'être même et, s'il se peut, de l'atteindre, c'est-à-dire d'en penser la vérité sans lui substituer aucun autre objet. Venu si longtemps après Parménide et se croyant seul dans cette entreprise, Heidegger estime sans doute que les autres le pensent mal, mais il ne dit pas en quoi, et comment il le pense lui-même, on ne le sait pas.

Cette attitude se comprendrait mieux si notre philosophe nous révélait quelque découverte inattendue faite par l'intellect sur cette vérité de l'être, mais où est-elle? Les esprits les plus profonds qui ont tenté de scruter cet objet se sont tous finalement aveuglés à sa lumière.

L'être est, disait déjà Parménide, toute la suite du poème n'étant plus que commentaire *à partir de* l'être plutôt qu'effort pour en pénétrer la profondeur. Vingt-cinq siècles plus tard, nous osons à peine aller jusque-là. Heidegger ne se sent pas en sûreté avec la proposition *das Sein ist*, car le fantôme de l'étant est toujours là, rôdant autour de l'*est* comme de sa demeure et impatient d'y rentrer. Saint Thomas se méfiait déjà de la formule, et il rendait raison de sa méfiance[a], mais comment l'éviter ? Ainsi que le disait Parménide, ἐστι γὰρ εἶναι : car il y a de l'être, donc il est. « Es ist nämlich Sein ». À quoi Heidegger ajoute que « dans cette remarque se cache le mystère premier pour toute pensée »[b]. Puis il exprime le regret qu'aujourd'hui encore cette parole de Parménide demeure « impensée ». Il se peut, mais chacun de nous a tendance à croire que ce qui n'est pas pensé par lui ne l'est par personne, et comment savoir combien ont essayé de penser cette proposition évidente sans réussir à vaincre la résistance qu'elle oppose ? On se demande si l'être est et comment il est ? Toutes les réponses sont balbutiantes ou, s'il s'en offre de fermes, elles tournent court, comme celle de Heidegger lui-même, car à la question : « Was ist das Sein ? », il répond : « Es

---

a. « Quia non sic proprie dicitur quod esse sit, sed quod per esse aliquid sit », *In de Divinis Nominibus*, ed. C. Perà, O.P., Turin-Rome, Marietti, 1950, § 751. Dieu est la seule exception à la règle. S'il n'y a pas de Dieu, il est absolument vrai de dire que l'être n'est pas. Dans le thomisme authentique, cette dernière proposition est vraie de la totalité de l'étant. Puisqu'il est « ce qui a l'être », l'étant est quelque chose qui n'est pas de l'*esse*, savoir son essence, qui est par l'*esse* mais qui est *aliud quid*, donc du non *esse*. Dieu n'est pas proprement *ens*, il est au-delà de l'étant comme sa cause. Ceci n'empêche pas de dire que Dieu est *ens*, pour ne pas paraître nier qu'il y ait un Dieu, mais on doit alors se souvenir qu'il est à soi-même son propre *esse*. Dieu est donc bien le seul *esse* subsistant. Mais il va sans dire que la notion de Dieu est religieuse, fût-ce au seul niveau de la religion naturelle. Au plan métaphysique, on dira seulement que l'Être est l'être, ce que dit Heidegger, mais qui est le contraire d'une nouveauté.

b. [Heidegger, *Lettre sur l'humanisme*], *op. cit.*, p. 86.

ist Es selbst »[a]. On aurait mauvaise grâce à se plaindre, car nul n'en a jamais dit beaucoup plus sur le sujet. On admettra même « qu'éprouver cela et le dire soit ce que la pensée de l'avenir doive apprendre à faire ». On ajoutera seulement que c'est ce qu'a toujours fait toute pensée vraiment métaphysique. Au fond Martin Heidegger le sait bien, mais il redoute de voir un autre objet usurper dans la pensée la place de l'être. Son appel au futur n'est qu'une manière d'exorciser un certain passé. Il ne faut pas que l'être soit encore une fois offusqué ou confisqué par un « étant », fût-ce Dieu.

Il semble donc qu'après plusieurs siècles de survie, suivis d'une période d'abandon, le premier principe retienne de nouveau l'attention des philosophes. Tout se passe comme si, dans l'intervalle, il avait été simplement perdu de vue, et on ne sait, en le voyant réaffirmé comme une découverte, ce qu'il faut penser du curieux dédain dont notre temps fait preuve à l'égard de ceux qui furent pourtant les premiers à le formuler. Tout bien pesé, il semble impossible d'interpréter cette attitude comme une ignorance jouée. Dans des esprits entièrement tournés vers la science, comme Descartes, le dernier Kant et Comte, le principe est vraiment tombé dans l'oubli ; le moment est simplement venu de le ranimer.

Une expérience analogue est celle de Maurice Merleau-Ponty, dont une mort prématurée a cruellement interrompu la carrière. Il avait inauguré son enseignement au Collège de France par un *Éloge de la philosophie*, et c'était un vrai philosophe, toujours prêt aux sacrifices exigés par la vérité.

Parmi les problèmes qui retinrent sa réflexion, la phénoménologie de la perception était au premier rang,

a. *Ibid.*, p. 76.

mais précisément parce qu'il prenait la philosophie au sérieux, sa pensée ne s'arrêta pas à la position phénoménologique du problème. Il est intéressant de savoir comment la perception se passe, mais il faut savoir d'abord comment elle est possible. En fait, il y a de la perception ; à moins d'être un philosophe dont la pensée remet tout en question, nul n'en doute, mais notre pensée de la perception est autre que la perception même. En soi, celle-ci est un acte vital que l'animal exerce aussi bien que l'homme et que l'homme exerce parfaitement sans avoir besoin d'y réfléchir. Ce serait plutôt le contraire, car voir un objet est une chose, penser qu'on voit un objet en est une autre et on voit les choses d'autant mieux qu'on fixe l'attention sur elles et non sur la perception qu'on en a.

Il y a donc un écart entre la perception et l'idée que nous nous en faisons. C'est par cette faille que s'introduisent les faux problèmes dont nous instruit l'histoire de la philosophie, et qui d'ailleurs encombrent encore aujourd'hui le champ de la recherche. Dès qu'on y réfléchit, la perception cesse d'être une ; elle se divise entre la conscience qui perçoit et le corps au moyen duquel elle perçoit. La pensée de la vision se substitue aussitôt à la vision ; l'entendement, qui la pense, remplace du même coup la sensibilité sans qu'on sache au juste comment cette substitution s'opère, ni s'il reste encore possible, une fois qu'elle s'est produite, de reprendre contact avec l'unité immédiate de l'expérience sensible. La dualité du sensible et de l'intelligible, inscrite dans la pensée de la perception, est une source abondante d'apories dont on cherche encore les réponses. Pour les lever, il faudrait sans doute revenir en deçà de cette dualité, s'installer dans l'épaisseur de la perception même, au point où, ne faisant encore qu'un avec le perçu, elle se contente de le signifier sans le penser.

Une philosophie de ce genre est toute puissante dans la critique. Comme celle de Bergson lorsqu'elle dénonçait avec une ingéniosité inépuisable les illusions de la pensée conceptuelle appliquée au vivant, celle-ci réussit sans peine à nous troubler. Elle nous donne mauvaise conscience en attirant l'attention sur la méprise perpétuelle qui nous fait concevoir la perception sensible comme une sorte de connaissance de l'objet analogue à la perception même.

En développant cette critique, Merleau-Ponty se souvenait d'avoir eu des devanciers, notamment Descartes, qui avait eu peine à trouver place pour la sensation dans son système. « On sait déjà assez », écrivait-il au début du Quatrième Discours de la *Dioptrique*, « que c'est l'âme qui sent, et non le corps ». Mais lui-même n'ignorait pas que sans le corps la sensation est impossible. Il en a donné la démonstration dans les *Méditations métaphysiques*, en prouvant que la sensation est inexplicable par la pensée seule, ou par le corps seul et que, pour qu'elle soit possible, il faut admettre une union du corps et de l'âme si intime qu'on puisse les concevoir, en quelque sorte, comme ne faisant qu'un. Cette nécessité place le philosophe et son lecteur dans une situation embarrassante, car c'est dans cette même sixième méditation, où Descartes démontre l'existence réelle de l'étendue, qu'il « achève » de démontrer la distinction réelle de l'âme et du corps. Il faut les concevoir comme ne formant pour ainsi dire qu'une seule substance pour pouvoir démontrer que l'un est réellement distinct de l'autre. En effet, la distinction ne serait réelle que dans la pensée si le corps n'existait pas en réalité. Mais comment peut-on nous demander de penser le corps et l'âme comme réellement distincts, à tel point que l'un n'est rien de ce qu'est l'autre, et nous inviter pourtant à les tenir pour formant ensemble une troisième nature qui serait celle de l'union-de-l'âme-et-du-corps ?

Le moyen suggéré par Descartes est de renoncer à penser cette union et de se contenter de la sentir, de la vivre. Elle est ce que nous expérimentons dans la sensation même, qui est pensée, mais pensée d'une âme dont l'union à son corps explique seule qu'elle ait de la connaissance sensible. La difficulté est si grosse que Descartes ne peut pas ne pas l'avoir vue, d'autant plus que c'est lui-même qui la créait. Malebranche, Leibniz, Spinoza et d'autres moins illustres mais non moins clairvoyants inventeront des systèmes compliqués pour la surmonter ; Descartes lui-même ne s'en soucie guère. On en vient donc à se demander si ce n'est pas nous-mêmes, informés de l'histoire du cartésianisme que Descartes ne pouvait prévoir, qui inversons les données du problème, en supposant que le philosophe a finalement buté contre un résidu inassimilable à sa doctrine, la perception sensible, alors que c'est de là même qu'il était parti. En effet, nul ne doute que la sensation soit possible, puisqu'elle existe ; le problème était pour Descartes de nous persuader de la distinction réelle de l'âme et du corps *en dépit de la sensation.* C'est en celle-ci que s'abolit pratiquement la séparation du monde de la pensée et du monde de l'étendue. Dès que nous voulons *penser* la sensation, elle se divise en deux données inconciliables, et qui le sont parce que l'une et l'autre sont clairement et distinctement intelligibles pourvu seulement qu'on les pense à part. Descartes ne pouvait donc demander à la philosophie de nous conduire à cette confusion, mais de nous en sortir.

Ce que l'on nous propose aujourd'hui, c'est d'y rentrer. Proposition doublement curieuse, car, d'abord, elle suggère en fait un retour, par-delà Descartes, à cet Aristote qui fut sa bête noire, parce qu'il symbolisait pour lui la pensée à l'état d'enfance, encore dominée par la sensation et incapable de concevoir à part un ordre intelligible de la pensée et un ordre matériel de l'étendue. Ensuite parce qu'il ramène à l'union « substantielle » de l'âme et du corps (l'adjectif est de Descartes lui-même) ce qui, en légitimant cette forme substantielle, fût-elle unique, opère un retour général à la scolastique. Car celle-là n'est pas plus clairement et distinctement pensable que toutes les autres qu'on a éliminées parce qu'elles ne l'étaient pas.

Merleau-Ponty l'a fort bien vu. Il n'était pas de ceux qui espèrent atteindre l'originalité en philosophie par l'ignorance de son histoire. Avec un peu trop de générosité spéculative sans doute, mais non point du tout inexactement, il voyait dans cette étrange situation ce qu'il nommait « ce secret d'équilibre cartésien », et il le définissait aussitôt : « une métaphysique qui nous donne des raisons décisives de ne plus faire de métaphysique », et qui « valide nos évidences en les limitant ». Merleau-Ponty ajoutait : « Secret perdu, et, semble-t-il, à jamais ». Reste alors à en trouver un autre. « Nous *sommes* le composé d'âme et de corps, il faut donc qu'il y en ait une pensée. » Oui, sans doute, mais peut-il y en avoir encore une pensée philosophique ? Sommes-nous, par rapport au problème, dans la situation où nous serions si Descartes n'avait pas engendré Malebranche qui engendra Berkeley, qui engendra Hume qui tira Kant de son sommeil dogmatique ? On n'écrit pas l'histoire de l'avenir, même en philosophie, mais en disant que « l'*espace* n'est plus autour de nous celui de la *Dioptrique* », de quel espace parle-t-on ? S'il s'agit de celui de la science, rien n'est moins sûr. L'espace qualitatif d'Aristote n'a retrouvé aucun crédit près de la science. L'optique s'est beaucoup compliquée : en un sens on pourrait dire qu'elle a changé d'objet, mais elle reste une science de l'étendue et du mouvement ; elle n'est pas revenue à la science du coloré, acte commun du voyant et du visible dont parlait la scolastique, et pourtant, formule à part, c'est à quelque chose de ce genre qu'il faudrait revenir, si on voulait considérer l'espace donné dans la sensation, tel qu'il est, « non seulement pour l'esprit, mais pour lui-même »[a].

Je ne sais si cela peut se faire, car il est bien difficile de savoir ce que peut être l'espace en dehors de l'esprit. S'il est ce qui a *partes extra partes*, lui-même n'en sait rien. Faisons-le pourtant ; en le faisant, on abolira vingt-cinq siècles d'histoire de la pensée occidentale, mais ne le faisons du moins pas par mégarde. Car enfin la distinction de l'âme et du corps n'a pas été inventée par Descartes ; il a seulement inventé une manière de les distinguer qui rendait particulièrement difficile de les unir. Descartes n'a pas non plus inventé l'union substantielle de l'âme et du corps, il a seulement voulu la maintenir après avoir tout fait pour la rendre inconcevable[b]. Le matérialisme moderne

a. Ces remarques se rapportent à quelques pages du philosophe publiées dans A. Robinet, *Merleau-Ponty, sa vie, son œuvre avec un exposé de sa philosophie*, Paris, Presses Universitaires de France, 1963, p. 114-118. Joindre les pages 63-65 de M. A. Robinet lui-même, et son important travail sur *Système et existence dans la philosophie de Malebranche*, Paris, Vrin, 1965, qui reprend le problème sous un autre aspect. – Noter, p. 65, la citation de Merleau-Ponty que voici : La philosophie ne pourra se maintenir « qu'en s'enfonçant dans cette dimension du composé d'âme et de corps, du monde existant et de l'Être abyssal, que Descartes a ouverte et aussitôt refermée. Notre science et notre philosophie sont deux suites fidèles et infidèles du cartésianisme, deux monstres nés de son démembrement ». *Ibid.*, p. 116-117. N'est-ce pas plutôt le cartésianisme qui est un monstre né du démembrement de l'aristotélisme ?

b. On lit une curieuse remarque dans la communication si vivante faite par M. Georges Gusdorf à la Société française de philosophie sur *Les sciences humaines et la philosophie* (bulletin de juillet-septembre 1963, p. 79). À propos du mot « anthropologie » dans le *Vocabulaire* ne sert ici de rien, car ce n'est pas l'âme qu'il faudrait supprimer pour résoudre le problème, c'est la pensée. Attribuer la pensée à la matière est se payer de mots puisque la notion d'un corps pensant est cela même que l'on ne parvient pas à penser. On ne pense que du général et un universel corporel est impensable.

En s'installant dans l'union de l'âme et du corps, on revient donc simplement où l'homme en était avant la naissance de la réflexion philosophique. Il faut de toute façon que la philosophie le fasse si elle veut prendre l'homme tel qu'il est, mais prendre cette décision pour un progrès philosophique est une étrange illusion. Au mieux ce serait un de ces progrès qui consiste à revenir sur ses pas afin de sortir d'un mauvais chemin et repartir du point de départ. En repartant ainsi de zéro, la philosophie ne fait que ce qu'elle a fait avec Parménide ; il n'est même pas certain qu'elle puisse le refaire, justement parce qu'elle a depuis longtemps laissé le point zéro derrière elle. Héraclite

d'André Lalande, après avoir signalé son emploi « néo-scolastique », qui serait : « étude du composé humain considéré dans son unité », M. Gusdorf ajoute : « Cette néo-scolastique, je ne sais pas ce que c'est, mais *étude du composé humain considéré dans son unité*, ici on comprend. Car qu'est-ce que le composé humain ? C'est Descartes… », etc. Oui, en un sens, c'est Descartes, mais c'est ce que Descartes conserve malgré lui de l'anthropologie d'Aristote. Or loin de conduire à la décomposition de ce composé, l'âme allant d'un côté, le corps de l'autre, la notion scolastique de composé humain en maintenait jalousement l'unité contre toute tentative platonicienne de faire de ces deux éléments composants deux êtres distincts. Elle restait fidèle à l'anthropologie d'Aristote, se développant comme elle en une morale, une sociologie et une politique. C'est Aristote qui a inventé les sciences humaines, conférant une solidité positive à ce dont Platon avait fait un objet de réflexion abstraite. La tradition ne fut jamais tout à fait interrompue, mais elle ne doit rien à Descartes, qui a commencé par exclure les sociétés de l'objet auquel pouvait s'appliquer sa méthode. L'étude de Jacques Maritain peut instruire sur la néo-scolastique ceux qui ne savent pas ce que c'est.

a ici son mot à dire ; la pensée ne se baigne pas deux fois
dans la même philosophie, car elle-même est la réalité de
la philosophie et il n'est pas en son pouvoir de n'avoir pas
déjà existé.

Il n'en reste pas moins vrai que ce désir d'un retour
aux sources est un caractère remarquable de la philosophie
moderne. Ceux qui, pour un temps trop bref, eurent jadis
le privilège de vivre à la lumière du Bergsonisme jeune et
conquérant dans sa chaire au Collège de France, ne peuvent
oublier qu'ils ont vu ce mouvement s'y produire et qu'ils
y ont alors participé. Ils ont alors vécu ce fait étrange qu'est
la résurrection des principes. Ils reprenaient vie dans la
conscience du maître et, à son contact, ils prenaient vie
dans la conscience des disciples.

C'est à ce phénomène étrange, mais réel, que Charles
Péguy faisait allusion lorsqu'il disait que « les philosophes
n'ont pas d'élève », entendant par-là que le rapport du
philosophe à son disciple est moins d'enseignement que
de filiation. Il engendre un philosophe, il ne lui apprend
pas une philosophie, et comme la vie recommence toujours
à nouveau dans le nouveau vivant, toujours la même et
toujours neuve, de même, lorsque c'est auprès d'un vrai
philosophe que naît un nouveau philosophe, on voit les
mêmes principes revivre spontanément, non parce qu'ils
ont été transmis, mais parce qu'ils sont l'intellect
philosophant lui-même. Péguy a laissé un portrait du
« grand philosophe » qui peut aussi bien être celui de
Bergson que celui de Plotin, son contraire et son père. Les
principes peuvent être oubliés, perdus de vue pendant un
temps plus ou moins long. Ces époques d'oubli, comme
celle où nous vivons, correspondent aux temps où l'utilité
pratique de la connaissance l'emporte dans les esprits sur
sa vérité spéculative. Aux environs de 1900-1910, on nous

assurait, avec Auguste Comte, que la métaphysique n'a pas à être réfutée, elle tombe d'elle-même en désuétude. C'est dans des époques de ce genre que l'évidence des principes subit une éclipse, qui n'est que celle des principes eux-mêmes, car leur évidence ne cesse pas pour cesser d'être perçue. Lorsque la recherche métaphysique disparaît, offusquée par la science, les principes cessent d'être des objets de réflexion ; la pensée se contente d'opérer d'accord avec eux et selon leur règle, ce que d'ailleurs, elle ne peut pas ne pas faire, mais elle cesse de les penser.

Un moment vient pourtant où les nouveaux concepts scientifiques, avec les méthodes nouvelles qu'ils exigent, atteignent le terme de leur fécondité. Après avoir heureusement interprété un certain aspect du réel, ils se heurtent à d'autres aspects, qui leur sont inassimilables. Les notions dont ils se sont fait provisoirement des principes exigent alors des savants un effort de critique, et le résultat de cet effort ramène inévitablement au jour les principes proprement dits, ceux de la métaphysique. L'éclipse des premiers principes prend alors fin pour un temps. La notion d'être semble vouloir sortir aujourd'hui de celle que le mathématisme de Descartes et le physicisme de Kant lui ont fait subir. On pouvait en effet se demander qu'elle était la vraie méthode scientifique, ou à quelles conditions pures *a priori* une physique mathématique est possible sans avoir à se souvenir des problèmes de l'ontologie. Peut-être même devait-on se détourner de ces anciens problèmes pour discuter utilement les nouveaux. Mais on ne supprime pas un problème à force de ne pas le poser. Il est ingénieux, il est surtout commode de se débarrasser du problème de la causalité, en faisant de cette notion, avec Kant, une pure condition *a priori* de la connaissance, mais un jour vient où les difficultés inhérentes à la causalité reparaissent à la surface, et il faut alors que la science elle-même, si elle veut comprendre de quoi elle parle, ramène la métaphysique dont on avait pu croire qu'elle dispenserait à jamais.

C'est ce qui s'est produit aussitôt après Descartes. Le monde de l'étendue et du mouvement, tel que Descartes l'avait conçu, devint le théâtre d'une véritable débauche de spéculation théologique et métaphysique. Leibniz, Malebranche et Spinoza s'interrogèrent aussitôt sur le sens vrai de notions telles que celles d'espace, de causalité, de pensée et de son rapport à l'étendue, qu'il ne suffisait plus alors d'éclaircir aux fins de leur usage pratique possible, mais en elle-même et comme la spéculation philosophique seule peut le faire. Heidegger sort aujourd'hui de Kant, un peu comme Leibniz sortit jadis de Descartes, par un mouvement de « retour *dans le* », et non pas seulement *au*, fondement de la métaphysique. Le *Sein* qu'il cherche à penser, était tombé avant lui dans un tel oubli, sauf de la part de certains disciples anachroniques des méta-physiciens du Moyen Âge, qu'il a pu sincèrement se croire le premier à en faire l'objet d'une recherche distincte. Nous saurons si ses droits de priorité sont bien fondés quand il l'aura trouvé.

Il est du moins vrai, en attendant, que le simple fait que Heidegger poursuive sa méditation personnelle sur l'être, rend une actualité aux spéculations, inconnues de lui semble-t-il, qui, après avoir tenté elles aussi de pousser au-delà de l'étant en direction de l'être, avaient vu leur voie désertée et leur effort oublié. On se tromperait en voyant là le symptôme d'on ne sait quel esprit « moderne ». Même en matière d'erreur, la notion de modernité est sans emploi en métaphysique. Dès le treizième siècle, un témoin constatait que Thomas d'Aquin était quasi seul à admettre la notion d'un *esse* autre que l'essence, quasi tous « les Docteurs parisiens » étant contre lui. Jean Duns Scot, esprit perspicace s'il en fut, déclarait ne pas comprendre ce que voulait Thomas avec son *esse* ; je ne comprends pas, disait-il simplement : *non capio*. Rien n'était pourtant arrivé à l'être, que d'être oublié. Le principe est encore là. Seulement nous ne savons toujours pas si, du fait que, comme le rappelle Heidegger, *es ist nämlich Sein*, on doit inférer que *das Sein ist*, ou au contraire répéter avec Thomas d'Aquin, que l'être de l'étant, par lequel celui-ci est, n'est pas ? Il ne faut s'étonner ni de la longue éclipse subie par le problème, ni qu'il reparaisse de nos jours. Après avoir tenté de connaître à partir d'eux, ainsi que d'ailleurs il se doit, l'entendement sent qu'il a perdu de vue quelque chose d'important et qu'il lui est nécessaire de le retrouver. Nous vivons peut-être un de ces moments privilégiés où, après avoir perdu de vue les principes de l'être, l'entendement travaille à les redécouvrir. De tels moments sont brefs, il faut savoir en profiter.

CHAPITRE VI

RENCONTRE DE L'ÊTRE

Tous les vivants doués de connaissance, ne serait-ce que celle des sens, rencontrent l'être à chaque instant, aussi longtemps qu'eux-mêmes sont. Percevoir ou connaître des objets plus ou moins confusément appréhendés est pour eux une condition nécessaire de survie. Pour l'animal, sentir, c'est vivre. Mais la connaissance intellectuelle de l'être est autre chose, et sa connaissance philosophique est autre chose encore. Celle-ci implique la prise de conscience réfléchie que ces objets, perçus par le sens et conçus par l'entendement, sont des êtres existants indépendamment de la pensée qui les connaît. Ils sont en eux-mêmes. On dit qu'ils sont des *entia*, des étants.

Cette expérience de l'être est universelle, mais la réflexion sur elle ne l'est pas. Elle est assez rare et il est remarquable que ceux qui s'attachent à la décrire ne la situent pas tous au même point. Ils ne la décrivent donc naturellement pas de la même manière.

Pour le seul de nos contemporains, à ma connaissance, qui ait placé l'être au centre de ses méditations, Martin Heidegger, la question première est celle qu'a définie Leibniz en demandant : « Pourquoi y a-t-il quelque chose plutôt que rien ? » On ne voit rien à objecter à cela, au contraire, mais cette question philosophique première présuppose une expérience simple, qui est celle de l'existence de l'étant. La question ainsi posée suppose en effet qu'il y a quelque chose. Comment autrement pourrait-on demander pourquoi cela est ?

L'expérience première qu'il y a des êtres varie probablement avec ceux qui l'éprouvent, et toutes ses formes sont légitimes, mais ses modalités affectent la manière de demander ensuite pourquoi ces êtres sont. Heidegger, qui s'est directement interrogé sur le sens de la deuxième question, la voit associée, en son origine, à des états chargés d'affectivité et même à des expériences vitales du sujet. Au début de son *Introduction à la métaphysique* (1953)[1], dans le chapitre sur « la question fondamentale en métaphysique », le philosophe de Todtnau note que la question se fait jour en des moments de désespoir, quand tout s'assombrit autour de nous, ou, au contraire, de joie, quand tout est transfiguré et semble être là pour la première fois. Elle peut encore se poser en des moments d'ennui, où tout est si gris et terne qu'on se demande à quoi tout cela sert, ou rime, comme s'il devenait difficile d'imaginer pourquoi ces êtres devraient exister.

Ces expériences sont réelles, mais sans nier qu'il y ait place pour elles en toute métaphysique, on doit observer que leur place n'est pas au début de la réflexion philosophique sur l'être et l'étant. En faire le point de départ de la réflexion, c'est s'engager en phénoménologie plutôt qu'en métaphysique. L'être n'est de soi ni gai ni triste, ni amusant ni ennuyeux, il est, simplement. Ce qui

---

1. Gilson cite les toutes premières pages de l'édition originale, *Einführung in die Metaphysik*, Tübingen, Max Niemeyer ; la traduction de G. Kahn, « Épiméthée », Presses Universitaires de France est publiée en 1958.

le rend joyeux ou triste, ou ennuyeux, est l'homme particulier qui l'éprouve en telle ou telle disposition particulière. Maine de Biran, qui s'était engagé dans une voie semblable, n'a jamais réussi à déboucher de là dans une ontologie légitime. Heidegger, lui aussi, semble trouver difficile de franchir les limites du *Dasein* pour atteindre le *Sein*, comme il se propose pourtant de faire. Afin de ne pas buter soi-même sur cet obstacle, il est donc préférable de partir d'une expérience de l'étant la plus simple possible, celle qu'en donne la sensation pure et simple, pourvu qu'elle soit la sensation d'un être intelligent et capable de faire retour sur l'expérience sensible qu'il y a quelque chose.

Il est imprudent, pour chacun, d'extrapoler le mode personnel de cette expérience. C'est donc sous toutes réserves que je signalerai à titre de témoignage personnel, deux caractères qu'elle me semble avoir toujours eu pour moi[1].

> Je ne saurais dire exactement à quel âge cette expérience m'est venue. Elle peut d'ailleurs prendre des formes si diverses et se mêler à tant d'autres qu'il serait imprudent de prétendre dater sa première apparition. Autant qu'il m'en souvienne, pourtant, je n'ai longtemps été surpris ni d'être ni que d'autres choses fussent. Rien ne me semblait au contraire plus naturel. C'est seulement aux environs de ma quatorzième année, me semble-t-il, que, travaillé par un intense besoin de ne laisser inexploré aucun chemin, sentier, sommet ni vallon qui me fût accessible à partir de la maison paternelle au temps des vacances d'été, je finis par m'apercevoir que cette

1. Dans une première rédaction de ce chapitre – malheureusement impossible à dater précisément –, Étienne Gilson avait ajouté l'émouvante notation personnelle qui suit.

passion de connaître tout ce coin de terre n'exprimait pas autre chose que mon amour pour lui. Amour passionné, jaloux, qui s'étendait aux arbres et aux pierres et que réveille encore en moi, après tant d'années, le seul souvenir de tels coins privilégiés, comme cette écluse profonde que je sais avec son calme miroir d'eau sous les hauts peupliers, ou comme cette rencontre inattendue, au soleil de juin sur un haut merger, d'un banc miraculeux de petites orchidées sauvages fleurant bon la vanille.

J'ai ainsi vécu de longs mois, pendant bien des années, plongé dans la foule des étants et comme enivré de leur innombrable présence, mais je n'ai rencontré l'être que plus tard, lorsque, sans effort conscient ni intention particulière, je m'aperçus que si j'attendais chaque année avec cette impatience le moment de revoir ces choses, c'est que je les aimais. Je ne les aimais pour aucune raison d'utilité ni de beauté, car aucune ne me servait à rien et la plupart n'étaient pas belles, je leur étais simplement reconnaissant d'être. Je leur avais une gratitude infinie d'être là, surtout les plus modestes et, comme dans une humble victoire sur le néant, de faire le miracle d'exister.

Je ne sais pourquoi les hommes ne m'ont jamais causé cette surprise. L'intelligence et la beauté de certains d'entre eux m'inspirent souvent une admiration profonde ; leur disparition m'afflige et parfois m'indigne comme une sorte de scandale, mais c'est sans doute qu'ils font beaucoup d'autres choses que d'exister et qu'en eux bien des merveilles nous cachent la plus fondamentale, qui est d'être. À mesure au contraire que l'on descend dans la hiérarchie des étants, jusqu'à l'humble silex qui ne pense rien, ne dit rien, ne fait rien, sauf seulement d'être quelque chose qui est, on se rapproche du point où, parce qu'il ne reste rien d'autre à voir, il est impossible de rester aveugle à cette évidence, que même s'ils ne font rien d'autre, tous les étants sans exception, font au moins ceci, qu'ils sont.

C'est, dis-je, vers la quatorzième ou quinzième année que je fis cette découverte, et je dois avouer qu'elle n'a jamais cessé de m'étonner. Je pourrais rappeler des souvenirs personnels pour faire voir combien profond chez moi était ce sentiment ; il l'est encore, mais de telles anecdotes frisent le ridicule et ne prouvent jamais rien. Du moins puis-je rappeler que de plus grands que moi l'ont éprouvé. Encore jeune professeur de philosophie, je me souviens d'avoir souvent dit à mes élèves que la question philosophique suprême à mes yeux était de savoir « pourquoi il y a quelque chose plutôt que rien ». Je ne me souvenais déjà plus de l'avoir lue dans Leibniz, tant je l'avais aussitôt faite mienne, comme si elle avait spontanément jailli du fond de ma propre pensée, trop intimement mienne pour que je n'eusse jamais pu l'emprunter. Ce n'est que plus tard, en la retrouvant sous la plume de Martin Heidegger, que j'ai pris conscience de mon larcin involontaire. Pour avoir écrit cette phrase, il faut sans doute que Leibniz ait connu cet émerveillement au contact de l'acte mystérieux que nous nommons l'être, celui en vertu duquel on dit des étants qu'ils *sont*.

D'abord, c'est une expérience extrovertie ; qu'il y ait des choses, me frappe toujours avant le fait que, comme les choses sont, moi aussi, je suis. Les grands introvertis qui se fixent sur eux-mêmes en une absorption telle qu'ils oublient le monde extérieur, sont-ils tels en vertu d'une disposition naturelle, ou par suite d'un entraînement qui les y établit comme en une sorte d'état second, il est imprudent d'en décider. Il n'y a pas de gens plus pratiques que les philosophes idéalistes. Disons donc simplement que l'expérience de l'être dont il s'agit ici est celle de l'étant, en quelque sorte à l'état brut ; la philosophie commence à partir du moment où l'esprit s'en étonne. Comment se fait-il que quelque chose soit?

Chez beaucoup, cette expérience s'accompagne souvent d'un sentiment de surprise, et même d'émerveillement. On ne sait jamais si l'on est seul ou non dans les expériences de ce genre. Le biographe de Ludwig Wittgenstein, Norman Malcolm, a rappelé la parole du *Tractatus* : « Ce qui est un mystère, ce n'est pas comment le monde est, mais bien *le fait* qu'il soit. » À quoi N. Malcolm ajoutait : « Il semble que Wittgenstein ait éprouvé ce sentiment de stupéfaction devant la notion même d'existence, non seulement au moment où il écrivait le *Tractatus*, mais aussi au cours de la période pendant laquelle je l'ai connu. » Puis il ajoute, en note : « Après avoir écrit ce passage, j'ai eu connaissance d'un exposé sur un sujet de morale fait par Wittgenstein [...] probablement après son retour à Cambridge, en 1929. Il y disait notamment que nous sommes sujets à éprouver parfois une certaine impression d'étonnement que l'on pourrait nommer : impression d'étonnement devant l'existence du monde. » C'est dans ces cas-là, disait Wittgenstein, que je me sens enclin à me servir de phrases telles que : « Quelle chose extraordinaire de penser que quoi que ce soit puisse exister ! » Ou encore : « Comment se peut-il qu'il y ait un monde[1] ? »

---

1. L'auteur renvoie ici à l'ouvrage suivant : *Ludwig Wittgenstein : a memoir by Normal Malcolm, with a biographical sketch by Georg Henrik von Wright*, Oxford, Clarendon Press, 1959. S'agissant de « l'exposé sur un sujet de moral », il s'agit de la *Conférence sur l'éthique* du 17 novembre 1929 ; *cf.* le volume bilingue, L. Wittgenstein, *Conférence sur l'éthique, Remarques sur le « Rameau d'or », Cours sur la liberté de la volonté*, trad. fr. J.-P. Cometti, G. Granel et E. Rigal, « Philosophica III », Mauvezin, TER, 2001, p. 17-18.

Les mots « exister », ou « être » sont pris ici dans leur sens le plus indéterminé, comme s'opposant au néant. On ne prétend donc pas qu'il y ait une expérience de l'être, ou d'un être dont toute la nature serait d'être. L'objet normal de la rencontre de l'être est toujours quelque chose qui est, ce que les Latins nommaient un *ens*, un étant. Le caractère de cette rencontre est double. D'une part, c'est une perception sensible. L'expérience de l'existence actuelle d'un objet quelconque consiste essentiellement en une sensation. Même le « je pense » du philosophe sera l'expérience, non d'une pensée, mais d'un pensant conscient de son propre corps en même temps que de la présence de quelque chose d'autre que lui, dont il dit indifféremment que cela est réel, est ou existe. D'autre part, sans prétendre faire d'hypothèses sur ce que peut être la sensation chez l'animal dépourvu de langage, on ne peut se la représenter comme connue, à titre d'objet, par le sujet qui l'éprouve. Il est vrai que la sensation de l'animal est le point d'origine de comportements, ou mouvements, orientés et finalisés, mais la perception sensible de l'animal au psychisme le plus développé ne débouche sur rien qui ressemble au concept signifié par un signe. Où il y a intellect, comme chez l'homme, c'est cet intellect qui perçoit dans et par le sens, qui voit, qui touche, qui entend, et c'est pareillement lui qui éprouve la présence, dans tout objet perçu, de l'acte en vertu duquel l'objet est, ou existe. Normalement, l'existence actuelle n'est pas explicitement connue. La perception sensible intelligente l'inclut dans l'expérience de ce que nous nommons la réalité, mais dès que la réflexion se porte sur l'actualité de l'être, l'intellect en forme le concept abstrait. Ce concept est celui d'un acte d'exister concrétisé dans un objet sensible actuellement perçu ou imaginé. En ce sens, il y a une intuition de l'être, mais c'est toujours une expérience sensible informée par le concept abstrait de l'existence actuelle en général, donnée chaque fois dans tel être particulier. Il n'y a donc pas d'expérience plus commune, plus simple ni plus facile que l'intuition de l'être. Elle n'exige aucun don intellectuel spécial, moins encore une sorte de grâce naturelle, ou para-naturelle. La difficulté qu'elle oppose à la connaissance réfléchie tient à ce qu'elle a pour objet la notion la plus abstraite de toutes. Comme l'intuition de l'étant est une perception sensible incluse dans celle de tout objet donné, l'intuition de l'être est celle d'une abstraction, savoir du concept général de tout étant, pris en tant qu'il est. En aucun cas il ne saurait être question pour nous d'avoir une intuition purement intelligible de l'être en tant qu'objet intelligible. L'homme, qui connaît par son intellect, ne communique immédiatement qu'avec des corps en contact avec son propre corps. Sans doute, il ne se confond pas avec eux, mais il n'atteint son être comme sujet pensant incorporel qu'au terme d'une réflexion sur les conditions intelligibles de sa connaissance.

On ne doit pas en conclure que notre intuition de l'être abstrait n'a rien à nous apprendre. Elle ne manque pas de profondeurs à explorer ; il reste pourtant vrai que la condition du métaphysicien est celle d'un intellect dont l'objet premier le dépasse. La vue directe lui en est ici-bas refusée. On retrouve simplement ici l'antique expérience des métaphysiciens de tous les temps : notre intellect est à la lumière de l'intelligible pur comme l'œil de l'oiseau de nuit à la lumière du soleil.

La formule de Leibniz reprise par Heidegger, et que Ludwig Wittgenstein semble avoir retrouvée de lui-même, représente manifestement une phase tardive de la réflexion philosophique, au moment où, à partir de l'expérience sensible immédiate de la rencontre de l'étant, la pensée la résume en une formule générale et se demande comment il se fait qu'il y ait quelque chose plutôt que rien ? Fidèle à sa coutume, qui est d'ignorer les questions auxquelles elle n'a pas de réponse et que d'ailleurs elle ne peut même pas poser, la science part simplement du fait qu'il y a des choses, mais, pour le philosophe, c'est cela même qui suggère une question.

Quand elle atteint le niveau de la réflexion spéculative, il est en effet remarquable que l'expérience de l'étant provoque une question : Pourquoi... ? Comment se fait-il que... ? Sans doute, parce que nous sommes, nous nous trouvons entre les étants comme dans notre milieu naturel. Ils ne nous posent donc aucune question, et comme l'être nous est donné dans l'étant, nous ne nous interrogeons pas non plus d'ordinaire sur lui. Car c'est l'étant qui est la maison de l'être et, rencontré ainsi chez lui, celui-ci ne nous étonne pas. Il nous surprend au contraire quand il vient à nous, ou s'oppose à nous, inattendu et dans une condition exceptionnelle d'isolement. Une surprise inquiète accompagne le surgissement imprévu de l'étant, soit immobile, soit manifesté par son mouvement. Ce saisissement plus ou moins léger s'apaise dès que la reconnaissance de l'être ou de l'objet les a rendus à leur condition ordinaire. Excusez-moi, dit-on, je ne m'attendais pas à... Mais précisément, parce que la rencontre ne comporte aucune reconnaissance de l'objet ainsi rencontré, c'est bien le contact inattendu avec l'être de l'étant qui atteint ainsi l'affectivité. On le voit peut-être mieux encore à l'expérience contraire qui est, si l'on peut dire, celle du non-être. La soudaine décompression de l'être qu'est l'entrée en solitude peut s'accompagner d'un sentiment de soulagement ou, au contraire, d'angoisse. On dira sans doute que l'être n'est pas alors en cause, puisque nous ne percevons pas l'être des étants, mais seulement les étants eux-mêmes. C'est là une vue superficielle, car, précisément, les présences ou les absences dont il s'agit sont entièrement indépendantes de la nature des étants. Ce ne sont donc pas les étants comme étants qui les causent, mais bien les étants comme révélateurs ou témoins de l'être qui les habite. La formule de la question générale : comment se fait-il qu'il y ait quelque chose ? n'exprime pas elle-même l'expérience de l'être, elle traduit, en termes abstraits, le choc que nous éprouvons au contact de l'étant, contact qui est cette expérience même.

Beaucoup de malentendus doivent être ici évités. Par exemple, certains cherchent l'expérience de l'être dans l'histoire des doctrines métaphysiques. Ce sont le plus souvent des professeurs de philosophie qui, ayant entrepris de donner une série de leçons sur l'expérience de l'être, et constatant qu'elle se prête mal au développement verbal, se rabattent sur une histoire de la philosophie généralement assez sommaire et cherchent ce qu'est l'expérience de l'être chez Platon, chez Descartes ou chez Hegel. Mais si ces philosophes ont eu une expérience personnelle de l'être, elle nous échappe. L'histoire de la philosophie ne peut parler que de ce qu'eux-mêmes ont dit de cette expérience, or ce qu'ils en ont dit n'était pas l'expérience même, sujet de leur discours. On ne voit d'ailleurs pas pourquoi de grands philosophes devraient être consultés sur ce point. Sauf, naturellement, s'ils ont fait de cette expérience comme telle l'objet d'une méditation suivie, ce dont je ne connais personnellement aucun exemple ; ce qu'ils en disent est sans rapport avec le sujet de nos propres réflexions. Quand Leibniz, Heidegger et Wittgenstein se demandent pourquoi il y a quelque chose, je sais qu'ils ont, ou ont eu, l'expérience de l'être, mais je n'attends pas d'eux qu'ils me décrivent une expérience leibnizienne, heideggérienne ou wittgensteinienne de l'être. Je n'ai aucune raison de supposer que cette expérience soit en eux différente de ce qu'elle est en moi, car ce n'est pas d'eux qu'elle tient son contenu, mais de l'être. De même, quand je lis chez Thomas d'Aquin, au terme d'une analyse métaphysique de la notion, que l'être n'est pas l'étant, mais, dans l'étant, ce qui en fait une réalité actuelle, je vois qu'il sait de quoi il parle. Cet « acte des actes », cette « perfection de toutes les perfections », ne sent-on pas, à l'émotion contenue que trahit ce langage pourtant abstrait, que Thomas d'Aquin en parle, pour ainsi dire, en sa présence ? Et pourtant, il n'en dira pas davantage. Il en parlera souvent, il n'en dira pas plus. On éprouve plutôt l'impression que cette sorte de glorification de l'acte d'être est comme un dédommagement désenchanté que le métaphysicien s'accorde, de l'impossibilité d'en dire plus.

Dire qu'il n'y a pas d'expérience métaphysique de l'être parce qu'il n'y a pas d'idée de l'être, c'est supposer que la métaphysique de l'être devrait porter sur son idée, alors qu'elle doit porter sur l'être[a]. Cette illusion est quasi

---

a. Rien n'aide autant à savoir ce qu'on pense que de rencontrer quelqu'un qui pense exactement le contraire. J'emprunterai donc la remarque suivante à l'esprit si délié et au ferme dialecticien qu'est M. Jean Wahl : « Nous avons étudié, à propos de l'idée d'être, les positions de Ferdinand Alquié, qui ne pense pas qu'il y ait une expérience de l'être ; elle est souhaitable, elle est même en un sens exigible, mais elle n'est pas attingible [...]. Je suis d'accord avec Alquié pour dire que nous n'avons pas d'expérience de l'être, j'irai même peut-être plus loin en disant que nous n'avons même pas d'idée de l'être » (*L'expérience métaphysique*, Paris, Flammarion, 1965, p. 74). Est-ce aller plus loin, au vingtième siècle, que d'aller jusqu'où Malebranche était déjà arrivé au dix-septième ? Malebranche avait d'ailleurs bien vu que c'est précisément

universelle depuis que la philosophie est devenue la chose des professeurs, dont les idées sont le matériau propre, depuis que, oubliant la leçon de Platon, ils les ont conçues comme « ce dont il est possible de parler ». Attribuant le physique à ce dont il y a sensation, nous réservons le métaphysique à ce dont il y a idée, si bien qu'où il n'y a pas idée, il ne pourrait plus y avoir de connaissance métaphysique. On ne peut contester cette division de la connaissance sans mettre en question la légitimité de l'idéalisme, postulat à la fois et mal mortel de la pensée philosophique moderne.

Êtres physiques, sans communication directe avec le non-physique, nous n'en avons l'expérience que dans le sensible. Mais le sensible est de l'être sensible, et la pensée qui s'y applique y découvre dans l'être une mine inépuisable d'intelligibilité. En dehors des expériences, d'une tout autre sorte, que le philosophe peut pratiquer sur l'histoire de la philosophie, en y observant *in vivo* les démarches de la pensée philosophique régie par ses propres lois, et qui ne sont pas la métaphysique, mais le discours tenu à son propos, il y a l'appréhension, dans le sensible, de l'intelligible qu'il recèle. L'expérience métaphysique ne se distingue pas de l'expérience physique par sa rareté ni le mystérieux de son acte, mais simplement par la nature spécifique de son objet. L'expérience de l'être est donc

parce que nous n'avons pas d'idée de l'être, et que nous le connaissons pourtant, que nous devons en avoir une sorte d'expérience, celle qui consiste à être « touché » par lui. Au lieu de dire : nous n'avons pas d'expérience de l'être, ni même d'idée, Malebranche dirait aujourd'hui : puisque nous le connaissons sans en avoir d'idée, nous devons en avoir quelque expérience. Je me trompe d'ailleurs peut-être sur le sens de la phrase citée ici ; qu'il faille avoir l'*idée* de quelque objet pour pouvoir en avoir l'*expérience*, est une proposition qui me plonge dans un étonnement sans fin.

d'abord la perception sensible de l'étant, mais parce que l'étant, que nous percevons, inclut et présuppose son acte d'être (*suum proprium esse*) cette perception sensible est chargée de substance intelligible offerte à l'intellect.

Le vrai métaphysicien est celui dont la pensée s'attache à ce sensible gorgé d'intelligible dont l'intuition directe lui fait défaut, mais dont il flaire pour ainsi dire la présence sous l'écorce de la matière. Celle-ci ne serait même pas perceptible sans lui, comme on le voit bien à l'intelligibilité de l'étendue dans l'espace ou à la beauté du son dans le temps. C'est une vieille notion toujours vraie que la matière est faite, en quelque sorte, d'intelligibles coagulés, ceux-là même qu'en révèle à l'esprit la connaissance scientifique. L'être est le premier de ces intelligibles. Parménide est un vrai métaphysicien parce qu'il préfère l'affirmer, puis se taire, plutôt que, comme le logicien Hegel, de le dissoudre en concepts où il se perd. Le méta-physique, ou trans-physique, ne nous est donné que dans le physique, et c'est pourquoi Platon remonte toujours correctement de la sensation à l'idée, au lieu de tenter, à la manière de l'idéalisme, de déduire le réel concret de l'écorce vide du concept. Car il y a au moins deux abstraits, celui qui, l'étant pour ainsi dire de naissance, est vide, et celui qui, parce que l'effort d'abstraction l'obtient seulement au terme d'une longue quête, concentre en soi l'essence même de ce qu'il dépasse en s'en abstrayant. L'abstrait positif qu'est celui du métaphysicien voudrait peut-être rompre l'attache qui le lie au concret, mais il ne le peut. De là ses efforts pour nous amener au contact de ce transcendant dont il perçoit la différence sans pouvoir le définir ni même le nommer.

On éliminerait aisément l'expérience de l'être s'il suffisait, pour prouver qu'elle n'existe pas, qu'aucun de ceux qui en parlent n'ait réussi à l'exprimer. C'est incontestable. Thomas d'Aquin fait partout usage de la notion d'*esse* pour signifier ce qu'il y a de plus profond dans l'étant, mais on en chercherait en vain dans ses œuvres une définition ou une description. Comme celle de Dieu, à laquelle elle tient par des rapports si intimes, la notion d'être est, dans la pensée, comme un objet qui l'enveloppe et sur lequel, en conséquence, elle ne peut prendre le recul qui serait nécessaire pour le voir. Ceux qui voudraient qu'on la définît pour eux font simplement voir qu'ils n'ont qu'une expérience imparfaite, non seulement de la pensée métaphysique, mais du rapport de la pensée à l'être en général.

Platon, ou l'auteur quel qu'il soit de la *Lettre VII*, en vient à dire que tout homme, s'occupant sérieusement de choses sérieuses, se gardera bien de communiquer l'intellection enfin acquise, parce que ni les mots, ni les définitions ni les images n'y suffisent. La connaissance de tels objets n'est pas accessible à celui qu'une longue familiarité n'a pas établi dans une sorte de parenté avec eux : τὸν μὴ συγγενῆ τοῦ πράγματος[a].

On ne voit pas d'abord pourquoi le langage serait incapable de transmettre une intellection déjà acquise, mais un peu de réflexion permet de le comprendre. Il y a hétérogénéité complète entre la pensée et le langage dont on dit qu'il l'exprime. Le nom et la définition dont parle l'auteur de la *Lettre* sont des réalités physiques, des choses matérielles comme la voix et l'écriture. Il est facile de communiquer des expériences sensibles. Il suffit alors soit

a. [Platon, *Lettre VII*,] 344 a.

de montrer les objets dont on veut parler, soit de prononcer des noms dont on sait qu'ils leur ont été déjà convention-nellement associés, mais la communication des intentions secondes offre au contraire des difficultés considérables. Il a déjà fallu du temps pour que la conscience de ce que l'on pense prenne assez de consistance pour devenir communicable. Ce n'est pas une question d'heures, ni de jours, mais d'années et parfois de toute une vie. L'effort requis pour la communiquer le moment venu est tel que le philosophe recule souvent devant la tâche. S'il finit par s'y résoudre, c'est que l'effort pour se communiquer à soi-même sa propre pensée ne diffère en rien de celui qu'il faut faire pour la communiquer aux autres. C'est le même. Le philosophe qui recule devant lui s'en prend souvent à lui-même. Il s'accuse de paresse ou se juge dénué de la force d'esprit qui lui permettrait de formuler enfin, avec clarté et en ordre, des pensées dont il sent qu'elles attendent de lui qu'il les dise ; mais ce n'est pas de lui qu'il s'agit ; même s'il était éminemment doué pour la communication de la pensée, il souffrirait de difficultés du même genre. Le maître problème est de traduire de l'intelligible dans du matériel, du métaphysique dans du physique et, dès qu'on y pense sérieusement, on en vient à se demander même si l'entreprise a un sens. Traduire une langue dans une autre n'est jamais facile, mais traduire en une langue quelconque ce qui se tient dans l'en deçà intelligible de toute langue, semble bien être une impossibilité.

Les premiers pressentiments d'une vue métaphysique de la réalité donnée dans l'expérience, sont seulement vécus, non connus comme tels ; peut-être même ne prendront-ils que tardivement conscience de ce qu'ils sont. La maturité métaphysique commence tard. Durant les années qu'elle prend à se préciser, cette expérience initiale se nourrit de toutes celles qu'elle peut assimiler ; elle les accueille et, sans le savoir, elle les absorbe, fondant le tout en une sorte de masse indistincte, mais riche d'une différenciation virtuelle qui, une fois effectuée, sera la métaphysique enfin constituée. Mais ceci reste vague, et non sans cause.

C'est que le sujet dont on voudrait parler est la cause même de la difficulté de s'exprimer. Tout n'est pas difficile à exprimer ; l'ordre de l'agir et celui du faire se prêtent au discours, mais l'expression de la pensée réfléchie est toujours difficile et celle de la pensée métaphysique oppose des difficultés décourageantes. Il doit y avoir à cela une raison inscrite dans les données du problème. L'histoire des philosophies de l'être, de Parménide à nos jours, montre les plus grands génies obsédés par le désir de dire ce que l'être est, et incapable de se satisfaire[a]. C'est sans doute pourquoi Parménide et Heidegger se consolent dans la poésie des insuffisances de la prose.

Qu'y a-t-il dans la pensée métaphysique qui se refuse à être dit ? Nous le saurions si nous pouvions pénétrer le secret des longs silences de tant de métaphysiciens. Certains de ces silences ont été définitifs ; d'autres, comme ceux de Maine de Biran, ne sont que des découragements momentanés, mais assez fréquents pour qu'on soit tenté d'en chercher la cause. Biran lui-même l'a parfois fait. Au premier moment, c'est la futilité de l'effort pour communiquer la réflexion qui arrête. Comme le disait Biran, nous manquons de signes « clairs, précis et univoques » par lesquels puisse se manifester « l'évidence qui s'attache pour chacun de nous aux faits du sens

a. É. Gilson, *L'être et l'essence*, Paris, Vrin, 1962², ou, sous une présentation un peu différente, *Being and Some Philosophers*, Toronto, Pontifical Institute of Mediaeval Studies, 1949.

intime ». C'est que déjà à ce niveau la réflexion est au-delà du sensible, de l'imaginable et par conséquent du nommable. Allant plus loin, Biran se demande si, dans cet ordre du spirituel pur, la communication est vraiment désirable? Le serait-elle, si elle était possible? Il en doute. Même si tant d'efforts fournissaient enfin « un fonds commun d'idées et de signes bien arrêtés, il ne faut pas se dissimuler que l'avantage serait encore du côté de cette psychologie intérieure dont les résultats, souvent incommunicables et renfermés dans la conscience de chacun de nous, souffrent toujours quelque déchet et perdent plus ou moins en cherchant à se manifester au-dehors »[a].

Il est regrettable que Biran, si admirablement doué pour ce genre d'enquête, n'ait pas à ce moment généralisé le problème. Pourquoi tout métaphysicien est-il hanté par le sentiment que le résultat de sa méditation perd toujours plus ou moins en cherchant à s'exprimer? C'est peut-être que, dès ce premier moment, l'hétérogénéité de nature entre la pensée et son expression oppose un obstacle infranchissable. Entendons par là, un obstacle qui ne sera jamais franchi, parce que sa nature interdit qu'il le soit. La pensée ne peut se manifester au-dehors, comme on dit, que par le langage, mais la pensée ne ressemble en rien aux mots qui l'expriment. Les mots, dont on ne peut dire qu'un seul à la fois, sont essentiellement hétérogènes à la pensée. Présente toute à la fois, celle-ci voudrait être dite toute à la fois, alors que la voix qui parle ou la main qui écrit, ne laisse cette masse filtrer que goutte à goutte. L'obstacle est inhérent à la pensée, car bien qu'elle soit une simultanéité totale, et qu'elle le sache, elle ne peut prendre conscience de ce qu'elle est sans se le dire à elle-

a. Maine de Biran, *Œuvres choisies*, avec une Introduction par H. Gouhier, Paris, Aubier, 1942, p. 147.

même en même temps qu'aux autres. Pour toute pensée qui se pose en deçà de l'expérience mystique, incommunicable par définition, la parole intérieure est une nécessité; celui qui médite se parle à soi-même, et bien que son langage muet soit plus libre, plus rapide et moins systématique que celui de la parole extérieure, ce méditatif est immédiatement aux prises avec le problème de l'expression : comment exprimer de l'intelligible avec des images sonores, de la pensée avec des mots?

Ceux qui ont peiné pour écrire un livre connaissent le problème. Il y a d'abord le sentiment pressant et, à la longue, obsédant, que l'on a quelque chose à éclaircir en le disant pour soi et pour les autres; « on sait ce que l'on veut dire », mais « on ne sait pas par où commencer ». En effet, comment le saurait-on? On cherche le commencement d'un livre qui, étant matériel, doit en effet avoir une première ligne comme il en aura une dernière, mais la pensée que le livre veut exposer n'a ni commencement ni fin. Sous peine de tomber dans un désordre qui le rendra illisible, l'écrivain doit avoir la fin du livre présente à la pensée quand il en écrit la première phrase, mais il ne faut pas, il est même impossible, que ce que dit la première phrase soit déjà ce que dira la dernière. Beaucoup, qui voudraient pouvoir écrire un certain livre dont ils « ont l'idée », ne l'écriront jamais faute de savoir imaginer le déploiement possible de l'idée en une suite de chapitres, de phrases et de mots requis pour l'exprimer. Certains, qui pourraient le faire, se l'interdisent comme de céder à une tentation. Ce sont les plus purs, les Stéphane Mallarmé de la métaphysique; on ne saurait les blâmer, mais leur silence supprime le problème, il ne le résout pas. Le langage le plus simple est une incarnation de l'intelligible dans le sensible, comme l'âme s'incarne dans un corps, et comme le Verbe s'est fait chair afin d'habiter parmi nous. Le sentiment de cette union indissoluble de deux éléments irréductibles l'un à l'autre est peut-être l'origine de tant de considérations philosophiques sur le rapport de l'un au multiple, de l'être aux étants, de Dieu aux créatures. Le modèle de ces problèmes est chaque fois donné dans l'expérience intime de la pensée qui cherche son expression et ne peut la trouver qu'imparfaitement, au prix d'une trahison de sa propre essence, analogue à celle, non moins inévitable, que commet l'intellection des principes lorsqu'elle descend dans les raisonnements où elle se fait multiple, se fragmente, devient quasi méconnaissable, comme cette idée première du livre que l'auteur lui-même ne reconnaît plus facilement lorsque le livre est fini.

L'expérience du rapport de la pensée au langage, même quand elle ne fut pas toujours explicitement reconnue et formulée, semble avoir joué un rôle important dans le développement de la métaphysique de l'être. Les philosophes ont hésité entre dire qu'on parle parce qu'on pense ou le contraire. Les deux propositions sont vraies à la fois, mais pas sous le même rapport, car on ne pense distinctement que parce qu'on parle, d'où les dénonciations justifiées du morcellement de la pensée par les mots ; mais on ne parle que parce qu'on pense, le langage n'étant qu'une matérialisation sous forme de mots et de propositions distinctes de l'intelligible présent dans sa simultanéité à la pensée, ou, plutôt que présent à, constitutif de cette pensée même.

Si nous prenions la peine d'apprendre de nos prédécesseurs la philosophie que nous n'avons pas la patience de chercher en nous-mêmes, nous aurions en Plotin le maître le mieux qualifié pour témoigner de cette vérité. Si, comme l'assure Engels, c'est le cerveau qui pense[a], jamais effet ne fut plus dissemblable de sa cause, car le cerveau est un morceau de matière vivante et organisée, d'une certaine dimension et d'un certain poids, d'une structure assez bien connue et dont l'activité s'exerce à partir de centres localisables, au lieu que la pensée, telle que la décrit Plotin, n'offre aucun des caractères de ce qui est corps dans l'espace. L'intelligence, dit-il, précède les intelligibles et les est tous à la fois. Ces intelligibles s'offrent à nous sous forme de notions distinctes, telles que « juste » et « beau » par exemple ; mais comment l'intelligence peut-elle accueillir ces objets multiples sans perdre son unité ? Comment peut-elle se mettre à leur recherche sans se mouvoir, elle qui n'est pas dans l'espace[b] ? La vérité est qu'elle ne s'en compose pas. Elle est la totalité de ces intelligibles, qui sont des êtres ; elle n'a donc besoin ni de raisonner pour les atteindre, ni de se conformer à eux pour être vraie. « Ainsi la vérité par

a. F. Engels, *Ludwig Feuerbach et la fin de la philosophie classique*, trad. fr. par M. Ollivier, Paris, Les Revues, 1930, p. 58. Engels résume ici la pensée de Feuerbach : « La matière n'est pas le produit de l'esprit. C'est au contraire le produit le plus élevé de la matière. » Engels conclut : « C'est là, naturellement, du pur matérialisme. » Mais il ajoute aussitôt que Feuerbach s'est arrêté court et, pour se séparer du matérialisme vulgaire, il a réservé la possibilité d'un progrès dans l'avenir : « Je suis complètement d'accord avec le matérialisme, en arrière, mais non pas en avant » (p. 59). Le nouveau matérialisme se distingue de l'ancien, en ce qu'il est capable, pour la première fois, de considérer le monde, et la matière même, comme engagés dans « un développement historique » ; il s'en distingue en outre en ceci, que le nouveau matérialisme n'est pas seulement un matérialisme de la nature, mais aussi de la société : « Il s'agissait par conséquent d'accorder la science de la société […], avec la base matérialiste, et de la reconstruire en s'appuyant sur elle » (p. 64). Quoi qu'en disent certains marxistes qui se piquent de philosophie, c'est bien là le matérialisme qui, selon la parole de Comte, consiste à expliquer le supérieur par l'inférieur.

b. *Ennéades*, V, 5, 1.

essence n'est en accord avec rien d'autre qu'elle-même, elle n'énonce rien d'autre qu'elle-même, mais elle est, et ce qu'elle est, c'est cela qu'elle énonce. » Après quoi Plotin conclut, sur un ton de triomphe discret, mais ému : « Qui donc la réfuterait ? Et d'où tirerait-il la réfutation ? » Car une réfutation n'a d'autre objet que de rétablir la vérité, or c'est d'elle que nous parlons « et on ne peut rien trouver de plus vrai que le vrai »[a].

Plotin ne prévoyait pas qu'Engels objecterait un jour à son expérience que la pensée n'énonce rien, puisque c'est elle que le cerveau énonce. Il prévoyait encore moins qu'on lui objecterait que sa pensée était essentiellement « bourgeoise ». Le pauvre métaphysicien se serait sans doute simplement retourné vers lui-même et aurait une fois de plus demandé : ce langage, qui m'est d'abord imposé du dehors, et où je peine à verser un sens intelligible que je ne peux connaître qu'en le formulant, mais qu'aucun être, hormis l'homme, ne semble avoir à formuler, est-ce vraiment lui qui cause le sens qui en fait un langage ? Peu de spectacles sont plus troublants que celui de ces primates dits « supérieurs » dont le regard, l'attitude, les gestes et le balbutiement, précipité mais intense, semblent vouloir « dire quelque chose » qu'ils ne parviennent pas à exprimer. Ils sont en permanence dans la situation bien connue de l'homme qui « manque de mots pour s'exprimer ». Nul n'a fait plus d'efforts que Plotin pour comprendre comment l'intellection peut être tous les intelligibles sans être aucun d'entre eux, car elle est au-delà. Plotin a fait les mêmes efforts pour saisir le rapport de l'intellect à l'être, mais sans plus de succès, car l'être est ce que l'intellect voit, il

a. *Ennéades*, V, 5, 2

n'est pas l'intellection, et pourtant l'intellect et l'intellection sont de l'être, puisqu'ils en viennent et y aboutissent[a].

Comment sortir de ce labyrinthe ? En prenant conscience de l'erreur initiale qui en est l'entrée. Il faut refuser de chercher une justification intelligible de l'être à partir de quelque terme antérieur, car c'est lui qui est l'antérieur. Il faut même renoncer à lui trouver une justification dialectique interne, car toute tentative de ce genre consiste d'abord à lui substituer ce que l'on nomme l'idée de l'être, ou l'être posé sous forme d'idée, qui n'est plus alors que le concept abstrait et vide de l'étant en tant qu'étant. On s'éloigne par là dès le début à une distance infinie de l'objet propre de la réflexion métaphysique, car l'étant n'est que par l'être. Quelle que soit la forme sous laquelle on prétend évacuer l'être en lui substituant quelque doublet conceptuel, le résultat est le même. La notion de substance, celle de pensée, celle même de « moi », ne sont que des concepts abstraits, c'est-à-dire vides de contenu réel. Ils sont interchangeables à volonté, sans même qu'on puisse accuser d'arbitraire celui qui les échange, puisqu'ils ne signifient rien d'autre que l'acte qui les signifie.

Hegel est passé maître à ce jeu et beaucoup l'ont appris de lui. Sa science de l'être, ou théorie de l'être, se trouve au commencement de sa *Science de la logique*. L'objet de cette logique est l'être pur, c'est-à-dire, puisqu'il s'agit d'une intention seconde, le concept de l'être en général sans aucune détermination ni précision. « Il est l'indétermination pure et le vide pur. Il n'y a rien à contempler en lui, si toutefois il peut être question à son propos de contemplation, à moins que ce soit de contemplation pure et vide. Il n'y a rien non plus à penser à son sujet, car ce serait également penser à vide. L'être, l'immédiat

a. *Ennéades*, VI, 2, 8.

indéterminé, est en réalité *Néant*, ni plus ni moins que Néant[a]. »

Il n'y a rien à objecter à ces propos, ni d'ailleurs à l'usage qu'en fait Hegel. Il est vrai que, partant d'un être convertible avec le néant, et ne s'étant donné au début de la partie que deux cartes avec les règles du jeu, il fera sortir de leur manipulation une philosophie égale en ampleur à la totalité du réel, mais il en a le droit puisque sa philosophie porte sur des concepts qui ne sont justiciables que de l'esprit qui les forme, sans référence obligée à une réalité autonome quelconque. Le néant ne se distingue en rien de l'être dans une doctrine où, l'objet de la pensée n'étant pas l'être, mais la pensée de l'être, il n'y a aucune différence entre la pensée vide et l'être vide. Comment distinguer un vide d'un autre ? Dans cette logique, la détermination et l'absence de détermination coïncident. On s'étonne seulement que Hegel use encore du verbe être pour les désigner, car aucune jonglerie verbale ne peut faire ici illusion. « L'être pur et le néant pur sont donc la même chose », mais si l'être n'est pas (étant le néant) et si le néant n'est pas une « chose », comment seraient-ils la même chose ? À moins d'admettre que la pensée de l'être saisit autre chose qu'elle-même, et qui est l'être, on s'engagera dans un labyrinthe verbal dont on peut dire, soit qu'il est sans issue, soit qu'on peut toujours en sortir à volonté, puisqu'il est une création arbitraire de l'esprit.

Pour exorciser le démon de l'idéalisme, il faut donc lui signifier une fois pour toutes que la réflexion métaphysique ne porte pas sur le concept d'être en tant qu'être, mais sur la réalité même que ce concept signifie. On se libère alors des fausses alternatives de la dialectique

a. G.W.F. Hegel, *Science de la logique*, trad. fr. S. Jankélévitch, Paris, Aubier, s.d. (1947), t. I, p. 58 et p. 72.

hégélienne et des mises en demeure, qui seraient hautaines si elles n'étaient naïves, qu'elle nous signifie. Hegel nous défie de trouver un exemple où l'être soit séparé du néant, une chose de sa limite. Mais cela est sans rapport avec la question. Notre expérience ne portant que sur des objets finis, chacun d'eux comporte en effet des limites ; Platon a même dit, il y a longtemps, que, pour une fois que chaque chose est ce qu'elle est, il y a une infinité de fois qu'elle n'est pas autre chose, mais où prend-on qu'elle se compose d'être et de néant ? De quel droit veut-on poser « ce qu'elle n'est pas » comme étant quelque chose ? Une absence d'être, comme de l'être ? On insiste que l'être et le néant convertibles sont de pures abstractions, mais alors il ne s'agit plus de l'être qui, lui, ne peut en aucun cas être une abstraction. Être une abstraction n'est pas assez pour de l'être, c'est trop pour du néant.

Comment Hegel peut-il s'illusionner à ce point ? Le seul opposant qui soit allé au fond de la question est Kierkegaard, car cette âme anxieuse a bien reconnu dans Hegel le manque de ce qui était pour lui l'essentiel, le sentiment de la primauté de l'être sur le possible, et de la valeur, incommensurable au reste, de l'être actuel. Kierkegaard n'a jamais pardonné à Hegel le caractère « spéculaire » de sa philosophie. Il a même senti le puissant comique de cette métaphysique de professeur et pour professeurs, où la faute la plus grave, le vice disqualifiant, est le refus de sacrifier le réel à l'abstraction. La remarque de bon sens, faite par Kant, que, si l'existence ou la non-existence de cent thalers ne change rien au concept de cette somme, elle fait une grande différence pour moi dans la réalité, excite la raillerie de Hegel et lui inspire même un certain mépris. D'abord, dit-il, il y a des gens pour qui cent thalers de plus ou de moins ne font vraiment aucune différence, mais, surtout, on passe alors de l'être et du non-être abstraits au fait empirique du *Dasein*, savoir, que les cent thalers sont là ou ne sont pas là, mais un vrai philosophe « doit pouvoir s'élever à cette généralité abstraite où la possession ou la non-possession des cent thalers, quels que soient leurs rapports quantitatifs avec son état de fortune, soit pour lui tout à fait indifférente, de même qu'il doit lui être tout à fait indifférent d'exister ou de ne pas exister, c'est-à-dire d'être ou de ne pas être dans la vie finie (en entendant par là un état défini, un être défini), car même *si fractus illabatur orbis, impavidum ferient ruinae*, comme l'a dit un Romain ; indifférence qui doit surtout être l'attitude du Chrétien à l'égard de la vie »[a].

C'est à n'en pas croire ses yeux. Quel rapport y a-t-il entre ce sermon moralisateur et le problème de l'être ? On n'en voit qu'un : le mépris du professeur de philosophie pour l'être empirique dont relève le monde des existants, alors que l'être philosophique, l'être pour lui véritable, est celui que la pensée conduit à une généralité si abstraite qu'il importe peu que cet être existe ou n'existe pas. Mais comment en faire l'objet d'une réflexion autre que verbale ? Le seul monde réel est celui où, quoi qu'en dise l'idéalisme transcendantal, l'être et le néant *ne sont pas la même chose*. Non seulement ils ne sont pas identiques, mais ils ne composent pas ensemble dans le devenir, comme on voudrait le faire croire ; le néant n'entre dans la composition de rien, parce qu'il n'est rien. Qu'est-ce donc qui est ? L'être. Il faut en revenir à Parménide, car même si on l'entend en un sens un peu différent du sien, moins physique peut-être et plus métaphysique, il est bien vrai que l'être

a. G.W.F. Hegel [*Science de la logique*, trad. fr. S. Jankélévitch], *op. cit.*, p. 80, 81.

est solide, plein et sans fissure ; il est fini, puisque tout ce qui prétendrait l'agrandir serait encore de l'être ; on ne trouve en lui ni non-être ni tendance au non-être ; c'est lui qui vient sans cesse à notre rencontre dans l'expérience sensible et nous ne pouvons entrer en contact avec lui qu'à travers elle, ou plutôt en elle. C'est par et dans l'*ens* que l'intellect fait l'expérience obscure de l'*esse*, dans le *Dasein* qu'elle touche, sans vraiment le voir, le *Sein*.

Nous en sommes là, c'est-à-dire au point où en étaient déjà Platon, Aristote et Plotin, car leurs divergences d'interprétation se situent à l'intérieur d'un accord d'ensemble. On n'a rien proposé de nouveau ou, si on l'a fait, cela n'a pas été fait de manière à nous convaincre.

Certains, nous l'avons rappelé, veulent que le corps pense, mais ils le font en dépit de l'évidence, car les notes essentielles de la pensée sont entièrement différentes de celles du corps. Le seul être, dit-on, c'est la matière. À quoi Plotin répondait déjà : « Mais qui dit cela ? Ce n'est pas la matière elle-même ; si ce n'est pas elle, c'est l'intelligence »[a], et si vraiment c'est elle, elle est donc intelligence. Elle seule, si elle parlait, pourrait être victime de cet égarement. Mais, ajoute Plotin, elle ne parle pas. Ceux qui disent aujourd'hui pour elle de telles choses, attribuant à la matière toutes les caractéristiques de l'esprit, comme d'autres attribuent à l'esprit toutes celles de la matière, retardent de plus de vingt siècles. C'est par respect pour l'éminente dignité de l'intellect, qu'ils nient, que la Cité aristotélicienne ne leur réserve pas le sort que la Cité Marxiste réserve à leurs contradicteurs.

a. Plotin, *Ennéades*, VI, 1, 29 ; trad. fr. E. Bréhier, t. VI, p. 95 ; et la suite : « Si (la matière) parle avec sens, c'est un vrai miracle qu'elle accomplisse les fonctions d'une âme, sans avoir ni intelligence ni âme », etc.

Mais nous n'avons pas contre nous que les amis de la matière, ou plutôt que les ennemis de l'âme, car comment, matériels nous-mêmes, n'aimerions-nous pas la matière ? Des tentations plus nobles nous assaillent du côté des amis de l'âme. Que répondre à ceux d'entre eux qui nous attribuent une intuition de l'être ?

L'être est le premier principe et puisque tous les principes sont connus par une vue simple de l'intellect, c'est-à-dire par intuition, redisons que nous avons certainement une intuition de l'être. Ce ne peut être pourtant qu'une intuition de l'être tel qu'il nous est connu. Or la tradition aristotélicienne maintient le principe qu'on ne pense pas sans images. À moins d'avoir soi-même une expérience personnelle qui autorise à nier cette règle, on ne peut qu'y souscrire, c'est-à-dire, la tenir pour vraie, non par conformisme à une tradition, mais par soumission à l'évidence. S'il en est ainsi, l'intuition intellectuelle a pour objet de l'intelligible donné dans le sensible, dont elle l'abstrait, et qu'elle exprime en traduisant ce qui est de soi une vue simple, dans les termes multiples d'une définition.

Il est compréhensible que l'esprit se rebelle contre cette conclusion, car elle est parfois présentée en termes inexacts qui la rendent inacceptable. On ne peut douter que nous ayons l'intuition sensible de l'être, mais l'être n'est jamais matériel, car il est acte. Même lorsqu'il actualise un état corporel et sensible, lui-même ne l'est pas. Il ne s'agit pas alors de l'être matériel, mais d'étant matériel actué par l'être, ou de l'être perçu dans ce matériel. Nous sommes donc en contact avec lui, bien qu'à travers un voile. Les essais réitérés des métaphysiciens depuis Platon pour percer ce « voile du sensible » et déboucher dans l'intelligible pur, offrent deux caractères remarquablement constants : ils échouent et ils recommencent. C'est que, lorsqu'elle se réfléchit dans une pensée métaphysique, l'intuition de l'être donné dans le sensible est une relation réelle avec l'être non vu mais, si l'on peut dire, « comperçu ». Les Anciens thomistes, et Thomas lui-même, avaient clairement conscience de ce fait ; ils nommaient les intelligibles saisis dans leur condition matérielle et ainsi perçus par le sens, des « sensibles par accident ». Nos contemporains n'aiment guère la précision en métaphysique, ce langage leur répugnera donc sans doute, mais les mots importent peu ; le fait, qui seul importe, est cette immense expérience métaphysique collective que constituent vingt-quatre siècles d'efforts pour atteindre dans son intelligibilité pure l'être dont il n'y a d'expérience que sensible.

Même l'être de l'âme, qui est de l'immatériel (étant forme) n'est représentable qu'à partir de l'expérience sensible. Ceux que ce fait indigne n'y peuvent rien, mais nous comprenons leur indignation parce que nous partageons leur désir. Dépourvus de l'intuition intellectuelle de l'être, nous avons du moins l'intuition sensible de l'étant, qui a l'être. Ce qui rend la connaissance métaphysique si peu commune n'est pas la rareté de l'intuition de l'être : le moindre caillou nous la livre, c'est plutôt le caractère exceptionnel des esprits curieux d'une recherche désintéressée et difficile. Ne sont métaphysiciens que ceux qui ne peuvent s'empêcher de l'être. L'expérience sensible de l'être donné dans l'étant est pour le métaphysicien né une provocation permanente, une tentation même ; on conçoit l'impatience de ceux qui s'attribuent le pouvoir de connaître qu'il faudrait avoir pour satisfaire ce désir si noble. Des ailes nous manquent, le désir d'en avoir ne suffit pas à les faire pousser.

Limitée dans sa portée par l'opacité du sensible, l'analyse conceptuelle, avec l'abstraction intellectuelle qui la couronne, pénètre pourtant déjà profondément dans l'épaisseur de l'étant. Chacun peut en faire l'expérience, s'il le désire, depuis que deux guides illustres ont parcouru la voie jusqu'au terme, Avicenne qui au grand scandale d'Averroès, poussa l'analyse jusqu'à reconnaître la présence de l'être au sein de l'étant, Thomas d'Aquin, dont le sens aigu de l'existence actuelle reconnut, à l'intérieur même de l'étant, la transcendance de l'être sur l'essence, et l'affirma explicitement, au grand déplaisir des philosophes de l'essence, y compris maint disciple, ou soi-disant tel.

Rendue à ce terme, l'intellection se trouve transfigurée, car bien que l'être ne lui livre aucun objet, le seul fait de le reconnaître et de le situer dans la pensée à la place qu'il a dans la réalité suffit à transformer notre vue du monde. Les sciences mêmes s'arrêtent au niveau des étants dévitalisés. La philosophie sous toutes ses formes, y compris l'éthique et l'esthétique, se sent mise en demeure de faire droit à tout le dynamique du réel. L'intime présence par essence de QUI EST à chaque étant ne peut alors mener l'intellect qu'au Dieu qui a créé un univers fait pour conduire l'homme, de degré en degré, à son créateur.

Comment nommer une telle vue métaphysique du réel ? Le nom importe peu, c'est elle qui importe. Le jour déjà lointain où j'ai pensé la reconnaître dans la théologie de saint Thomas d'Aquin, une grande paix s'est faite en mon esprit ; non seulement je n'étais plus seul, mais j'avais trouvé mon guide, mon frère, mon père et maître. Ceux qui s'en étonnent ne le connaissent pas, ou bien l'expérience intérieure de l'être, à laquelle sa doctrine seule fait pleinement droit, leur est devenue trop familière pour provoquer en eux l'étonnement salutaire d'où naissent les méditations métaphysiques. Ceux qui se retrouvent eux-mêmes en lui n'ont pas l'illusion naïve de lui devoir la découverte de l'être, mais ils lui doivent la seule doctrine connue d'eux qui détourne l'esprit d'expliquer ce qui est l'explication de tout le reste. Ceux qui la voient du dehors s'étonnent d'abord, et on les comprend sans peine, mais ils ressemblent à Wittgenstein, qui se demande comment il se fait qu'il y ait un monde, et oublie aussitôt sa propre question.

CHAPITRE VII

L'ÊTRE ET DIEU

Il y eut un temps où le christianisme était mort, et nul n'en doutait. Ce fut le temps des Philosophes, illustré par le déisme rationaliste de Voltaire et les athéismes plus ou moins hésitants de d'Alembert et de Diderot. Ces noms ne sont que des symboles et les positions personnelles importent peu, car il ne s'agit ici que d'une attitude intellectuelle collective et comme du bon ton philosophique d'une époque. Le divorce, ou plutôt l'opposition entre la philosophie et la religion était si évidente, inévitable et irrévocable que les tenants de la doctrine chrétienne eux-mêmes en furent alors persuadés. La restauration chrétienne qui se produisit après la révolution de 1789 partit de ce principe que, puisque la vérité de la raison était destructrice de celle de la religion, la vérité de la religion ne pourrait être rétablie que sur les ruines de la raison. Tout le traditionalisme ou, comme l'on disait alors, toute l'école *théologique*, reposait sur la conclusion, établie par ses adversaires, que le choix s'imposait entre révélation et raison, religion et philosophie ; on ne pouvait avoir les deux à la fois. Sans que nous ne sachions exactement comment ni pourquoi, cette certitude collective a aujourd'hui perdu de sa force ; elle s'est même effacée de nombreux esprits qui, pour des raisons diverses, ne doutent aucunement de la compossibilité de la raison et de la philosophie, de la foi et de la raison.

Une remarque analogue s'impose au sujet de la métaphysique. Après Kant, il y eut un temps où la métaphysique apparaissait comme une entreprise condamnée à l'échec. Beaucoup pensent encore ainsi, mais il s'en faut que cette opinion soit aujourd'hui universellement reçue. On dirait plutôt que l'un des principaux effets de la *Critique de la Raison pure* ait été de mettre à l'ordre du jour de la recherche philosophique cette question si souvent posée : est-il encore possible, après Kant, de philosopher en métaphysicien, et si oui, comment ? Jamais on n'a fait plus de métaphysique et de théologie que l'on n'en fait aujourd'hui, mais on les pratique autrement. Après sa résurrection, Lazare était aussi vivant qu'il n'avait jamais été, mais il vivait comme un qui avait été mort, et cela faisait sans doute pour lui une différence. De même aussi, la théologie et la métaphysique pratiquées aujourd'hui par ceux qui leur sont restés fidèles, sont influencées par le souvenir du temps où, s'ils l'avaient vécu, eux-mêmes les auraient probablement désertées. Ce que ces disciplines disent de nouveau ne peut rien avoir de neuf, puisqu'elles traitent de certitudes premières, causes de toutes les autres, mais elles le redisent dans un sentiment tout nouveau, avec cette certitude fondamentale que ce qui est *encore* vrai ne peut à aucun moment avoir cessé de l'être, bien que la certitude de sa vérité puisse avoir un temps été perdue de vue. Il s'agit donc de la voir de nouveau et, si possible, mieux qu'on ne la voyait encore alors que, pour la plupart, son évidence avait cessé d'être perceptible. Une théologie ou une métaphysique d'après le philosophisme et d'après Kant ne peut donc être qu'un fantôme illusoire ou un progrès.

Cette position de la question implique, sinon une inquiétude, du moins un scrupule intellectuel. Ce qui semblait mort, et ne l'était pourtant pas, appartient peut-être à ces certitudes dont la persistance est indifférente à la justification, donc à la raison. Il n'en manque pas de ce genre, et qu'elles se réclament du sentiment ou se présentent comme des nécessités quasi biologiques ou, comme on dit, vitales, le philosophe n'a aucune raison de s'y intéresser. Mais cette possibilité n'est pas la seule. Il n'est pas *a priori* certain que la connaissance métaphysique ne repose pas sur des nécessités intellectuelles permanentes de même nature que celles qui conditionnent la possibilité de la science. Il n'est donc pas interdit de réfléchir aux conditions qui rendent possibles la survie présente de la métaphysique et de la théologie, pourvu qu'on le fasse avec le ferme propos d'accepter les conclusions de l'enquête, quelles qu'elles soient.

La notion de métaphysique apparaît à ses défenseurs actuels, à peu près telle que l'avaient jadis conçue les Grecs, c'est-à-dire comme la philosophie même dans ses conclusions ultimes et ses parties les plus hautes. Il s'agit dans leur esprit d'une discipline spécifiquement distincte de ce que nous nommons aujourd'hui science. Des différences d'objet et de méthode font de la métaphysique un ordre de connaissance à part, justiciable de critères propres et requérant un genre particulier de justification. C'est là que la métaphysique post-kantienne apparaît autre que celle des Anciens. La philosophie des Grecs, parti-culièrement celle de Platon, d'Aristote et de Plotin, était un bloc solide unifié par sa propre sagesse, qui ne lui donnait unité que parce qu'elle-même en faisait partie. Le nom même de métaphysique comme signifiant un ordre de connaissances philosophiques distinct couronnant l'édifice entier du savoir ne se rencontre ni chez Platon, ni chez Aristote ni chez Plotin. On discute aujourd'hui pour savoir si, chez Aristote lui-même, on rencontre deux notions distinctes de la métaphysique, l'une qui serait la science de l'être en tant qu'être pour ainsi dire en général, une onto-logie, l'autre qui la concevrait comme la connaissance de l'être qui est suprêmement être, une théo-logie, mais de quelque manière qu'on réponde, la question elle-même reste étrangère à Aristote, tel du moins que nous le connaissons. On cherche pour lui la définition d'une science dont il n'a jamais écrit le nom. Sans doute il a défini l'objet et la méthode d'un savoir correspondant à ceux dont il vient d'être question, mais ni lui ni ses successeurs n'ont éprouvé le besoin de le situer « au-delà » de la physique. Cette unité essentielle de la philosophie n'a cessé de s'affirmer, ou d'être implicitement admise jusqu'à la naissance de l'empirisme scientiste moderne. L'arbre de la philosophie décrit par Descartes en exprime l'unité dans une image saisissante, avec ses racines, qui sont la métaphysique, son tronc, qui est la physique et les branches multiples que sont les sciences qui en dépendent. Après Kant, l'image n'a plus de sens. Il convient donc de ne manier qu'avec précaution le concept de « métaphysique », car en tant qu'il désignerait le savoir méta-scientifique, et pourtant inclus dans la science, disqualifié par la critique de Kant, sa restauration serait celle de quelque chose qui n'a jamais existé.

Ce qui doit être restauré n'est pas la notion d'une sagesse métaphysique spécifiquement autre que le savoir des sciences et le régissant du dehors, fût-ce de haut, c'est la notion, en effet grecque et traditionnelle, d'une philosophie conçue comme un savoir unitaire, homogène en toutes ses parties et s'éclairant de la lumière unique du principe premier de la connaissance, qui est l'être. Bien que la suite doive préciser ce point, stipulons dès à présent que le premier principe de la connaissance est ici, en même temps, le premier objet connu, dont l'appréhension rend seule possible celle de tout le reste. Pour le moment il s'agit seulement de se représenter ce que fut et doit rester la philosophie qu'on se propose de maintenir. Consistant en disciplines diversifiées par leurs objets respectifs, mais unes dans leur esprit et par la lumière dont elles s'éclairent, la philosophie doit rester telle qu'on puisse y passer de la physique et de la biologie à la métaphysique, et inversement, sans rencontrer aucune solution de continuité provenant de l'hétérogénéité de deux de ses parties. De Platon à Aristote jusqu'à Descartes et Leibniz, cette notion d'ensemble de la connaissance philosophique n'a pas changé et rien ne peut l'avoir invalidée entre les Anciens et nous. On peut donc légitimement se proposer de la maintenir et de la justifier encore aujourd'hui, mais si ce que l'on se propose de justifier, contre Kant, est la métaphysique telle que Kant lui-même l'a conçue, on peut être certain de se heurter à une impossibilité.

On ne peut donc ni défaire Kant ni revenir à la position antérieure à Kant, pour la simple raison que celle-ci ramènerait inévitablement une critique analogue à celle de Kant. En effet, si assuré qu'on puisse être de la légitimité de la connaissance métaphysique, ou, pour lui rendre son vrai nom, de la philosophie première, on ne peut tenir pour accordé que toute conception de cette philosophie soit légitime. Les tenants de la tradition scolastique qui se déchaînaient naguère encore (aujourd'hui, ils ont perdu le goût de se battre pour elle) contre Kant, ne se demandent pas assez souvent s'ils n'ont pas eux-mêmes une part de responsabilité dans cette affaire. Une certaine manière de concevoir la philosophie première a fini par rendre la critique kantienne inévitable, en la justifiant d'avance, donc en l'appelant. Telles furent les philosophies de l'essence, dépassées dès le temps de Platon, mais sans cesse renaissantes, qui définissent la philosophie première comme la connaissance de l'étant en tant qu'étant, de ses propriétés et de ses causes. On peut, si l'on veut, nommer *ontologie* la discipline ainsi conçue. C'est d'ailleurs le nom, inconnu des Grecs, que lui donnèrent Leibniz, Wolff et leur école, c'est-à-dire ceux dont la doctrine provoqua la réaction anti-métaphysique de Kant. En effet, réduite par eux à la connaissance de l'essence, la philosophie première n'était plus qu'une logique des quiddités.

Pour reprendre à pied d'œuvre l'entreprise métaphysique, il faut se reporter au moment, antérieur à la distinction de l'essence et de l'existence, où l'étant est simplement donné dans la pensée, en fait, comme une notion inévitable et irréductible qui domine l'ordre entier de la connaissance parce qu'impliquée dans toutes ses opérations. L'être est pensé avant d'être explicitement connu comme tel. Il nous est d'ailleurs impossible de parler de l'être ainsi primitivement donné sans le nommer et en former une notion quelconque. Une fois distinctement reconnu par la pensée, l'être se trouve introduit partout, même là où lui-même n'a pas encore atteint la claire conscience de soi. On peut lire les auteurs latins pendant des années, une vie même, sans s'apercevoir que le mot *ens* n'existe pas dans leur langue. Nous le leur prêtons sans y songer dans les traductions où nous transposons leur pensée de leur propre système de signes dans le nôtre. Le difficile pour nous n'est pas d'y introduire la notion d'être mais de ne pas le faire et de nous parler intérieurement une pensée telle que la leur. Il est presque incroyable qu'un peuple aussi hautement civilisé que le romain ait pu vivre, parler, écrire pendant des siècles sans user d'un mot équivalent à être, *being, Sein* ou *Seiendes*, c'est-à-dire sans avoir opéré l'abstraction suprême et dépassé le niveau de la *res*, du *quod*, du *quae* ou de tout autre pluriel neutre pour signifier tout objet de pensée possible en général. C'est pourtant à ce niveau pré-philosophique de la notion d'être instrumentalement employée par l'intellect, qu'il convient de se placer d'abord. Parce qu'ils n'ont pas eu la notion abstraite d'*ens*, les Romains n'ont pas eu de pensée métaphysique, et dès qu'au sortir du Moyen Âge les humanistes décideront de ne plus écrire que dans le latin des anciens Romains, ils seront contraints de redescendre de la métaphysique à la morale, à moins d'user d'un latin traduit des textes platoniciens où le mot ὄν se rencontrait presque à chaque paragraphe. C'est que le contraire avait été vrai des Grecs. Parménide avait trouvé ἐὸν dans sa langue comme aujourd'hui, grâce à l'initiative linguistique des traducteurs latins d'Aristote, nous trouvons *être* dans la nôtre. Notre seule chance de recommencer avec succès le même effort que celui des Grecs est de repartir de cette donnée intelligible antérieure à toute réflexion philosophique, mais vraiment première parce que, quel qu'en soit le sens, elle s'impose comme la règle de toute opération de pensée et comme l'étoffe commune dans laquelle sont taillés tous ses objets.

Il n'est pas question d'imposer à qui que ce soit ce point de départ. Celui qui se le laisse imposer par sa propre réflexion peut seulement payer d'exemple; il n'y a rien d'efficace à dire contre ceux pour qui la notion d'être n'a pas de sens ou qui s'estiment capables de penser à un niveau antérieur à celui de l'être. Penser sans aucun présupposé ne semble pas possible, pas plus que parler antérieurement à tout langage. On peut pourtant s'entretenir utilement de l'ordre selon lequel ces données premières s'offrent à nous et de celles qui semblent conditionner les autres, mais on ne peut que les offrir à la considération des esprits et les exposer à leur propre lumière. En posant d'abord comme premières en soi celles que l'on croit appréhender telles dans sa propre pensée, on a fait tout son possible pour partager leur évidence avec d'autres esprits et, par là même, pour faciliter l'accord entre les esprits.

On ne peut donc que proposer l'évidence, non l'imposer par des méthodes démonstratives que sa nature exclut, mais si l'évidence en question est celle de l'ontique tel qu'il s'impose d'abord à l'intellect en tout acte de connaissance, si immédiatement que certains en ont voulu faire sa substance même, la réflexion philosophique se trouve placée dès le début sur un terrain d'une solidité unique. Commencer par l'ontique immédiatement donné dans le langage, c'est d'abord se libérer du souci de l'histoire ; il est sans doute utile de se référer à ses leçons comme à celles d'une sorte d'expérience métaphysique mettant en évidence certaines nécessités de pensée, mais l'ontique n'a pas d'âge. Il est aujourd'hui pour nous tel qu'il s'offrit aux premiers hommes qui en conçurent la notion et si l'étude critique de leurs efforts, y compris leurs erreurs, peut faciliter la recherche métaphysique, elle n'en est pas la condition. Pour chacun la réflexion sur l'étant, et sur l'être de l'étant, peut toujours repartir de son premier moment, d'autant plus qu'il se répète dans tout acte de la pensée, même si elle ne se soucie pas de lui. La seule histoire que comporte l'ontique est celle, toujours ancienne et toujours nouvelle, qu'elle récapitule sans cesse dans tout esprit.

Un deuxième avantage de cette manière de poser le problème de la philosophie première est la certitude que sa réponse est nécessairement incluse dans la notion dont elle part. La réflexion s'y engage sur l'être pour n'en plus sortir ; elle ne changera pas d'objet en cours de route, puisque ce qu'elle nommerait différemment serait encore de l'être. Enfin la seule lumière à laquelle on puisse élucider cet objet, est cet objet même. Quoi qu'elle puisse dire, cette auto-élucidation de l'être qu'est la métaphysique ne fera jamais qu'en explorer en tous sens les propriétés, allant, dans l'être, de l'être à l'être, par l'être. On y reste à l'intérieur de l'être, si l'on peut dire, parce qu'il n'y a pas d'extérieur. La méditation de l'ontique est la philosophie première même. On peut naturellement refuser de s'y engager ; nul n'a le devoir d'être métaphysicien, mais par ce refus, ou cette négligence, on se ferme l'accès de la philosophie première qui, étant d'abord un retour de la pensée sur son objet premier et propre, lui impose à la fois règle et contenu.

Ces positions entraînent d'autre part certaines conclusions limites auxquelles il serait vain de vouloir échapper. D'abord, puisque l'être est l'objet propre de la pensée métaphysique, en quelque sens qu'on entende l'expression et pourvu seulement qu'elle signifie au moins la connaissance ultime accessible à l'intellect, on ne peut se proposer d'atteindre une notion philosophique de Dieu qui ne soit substantiellement identique à la notion philosophique d'être. En ce sens, ontologie et théologie ne font qu'un. Il se peut que penser Dieu en philosophie soit une certaine manière de penser l'être, mais il est contradictoire de vouloir atteindre en philosophie un objet situé au-delà du principe premier de la connaissance. La seule théologie possible au philosophe est celle qui pose à l'origine et à la fin de tout un être nommé Dieu, dont elle ne peut rien savoir en tant que Dieu qu'elle ne sache en tant qu'il est être. La Substance de Spinoza symboliserait assez bien cette nécessité.

La même nécessité s'impose en sens inverse. On peut se demander s'il est nécessaire, ou simplement désirable, que la religion se rationalise, mais c'est peut-être inévitable en fait pour une certaine classe d'esprits. Si elle le fait, la religion n'aura qu'un choix de possibilité limité. Elle ne pourra poursuivre cette entreprise jusqu'à son terme sans aboutir à une philosophie de l'être où Dieu s'identifiera au premier principe, et inversement. Il lui faudra pourtant un moyen de distinguer, au sein du principe même, le dieu de la philosophie et le dieu de la religion. Faute de savoir les distinguer, elle-même se diluerait en philosophie, comme il lui est plusieurs fois arrivé de faire au cours de l'histoire. Ce que les théologiens rejettent sous la marque de « philosophisme », est un des périls auxquels la religion est exposée en permanence. Pour ne pas y succomber, il faut que la religion accepte de ne se rationaliser que jusqu'à un certain point, ce qu'elle peut faire de deux manières principales. L'une est de se contenter de justifications non métaphysiques et incomplètement rationnelles. La renaissance coutumière des philosophies religieuses et du sentiment, du devoir, de la vie, de la personne, de l'action et d'autres du même genre, s'explique par le désir de conférer à la religion une certaine consistance rationnelle sans pourtant l'astreindre à une rigueur rationnelle proprement métaphysique. L'autre manière est de poser entre les deux ordres une différence spécifique telle qu'on ne puisse passer de la philosophie à la religion, et inversement, sans avoir à surmonter une rupture de continuité.

La nature de l'obstacle peut être conçue de plusieurs manières, par exemple, comme la différence entre les ordres introduite par Blaise Pascal : après la distance infinie qui sépare la matière de la pensée, celle qui sépare la pensée de la charité. Il est de même possible que, tout en poussant aussi loin que possible sa propre rationalisation, une religion se sente tenue de reconnaître qu'une limite s'impose, et même qu'il existe une différence essentielle entre le Dieu de la religion et l'être de la philosophie. À leur tour ces possibilités principales peuvent se réaliser sous d'innombrables formes particulières. De toute manière, il faudra toujours aboutir à l'une des deux conclusions que voici : ou bien renoncer à rationaliser la religion jusqu'au terme, ce qui aboutit à maintenir une distinction spécifique entre religion et philosophie, ou bien, au contraire, les identifier complètement. Dans le deuxième cas, il est inévitable que le Dieu de la religion se réduise à celui de la philosophie et par conséquent qu'il s'identifie à l'être, de quelque manière d'ailleurs qu'on le conçoive. C'est ce qui explique que Spinoza, dont le philosophisme fut pur, fut souvent tenu pour un athée. Quoi qu'il en soit, en tant que la religion veut se penser selon les méthodes et l'esprit de la philosophie, elle ne peut avoir d'autre sommet que celui de la philosophie même. Il s'agit de savoir si ce sommet n'est pas pour elle une limite, mais c'est à elle de dire si elle entend ou non se l'imposer.

Ces distinctions abstraites définissent l'aire à l'intérieur de laquelle la méditation sur l'être et sur Dieu doit nécessairement se mouvoir, mais dès qu'elle s'applique directement à ces notions, la réflexion se trouve en présence d'un choix. Faut-il chercher comment le Dieu de la religion pénètre dans l'être de la métaphysique, ou, au contraire, comment l'être de la métaphysique secrète ou rejoint le

Dieu de la religion? Le plus grave est qu'en choisissant, on décide d'avance de la réponse. Or un philosophe, s'il parle en tant que tel, ne peut hésiter sur la formule de la question. L'objet de la pensée philosophique étant l'être, il peut seulement se demander comment et d'où Dieu arrive et tombe dans l'être de la métaphysique? À partir de cette position de la question, la réponse est prédéterminée, car si Dieu pénètre dans l'être du dehors, il n'a pas avec lui de rapport nécessaire; le terme de la réflexion métaphysique consistera donc nécessairement dans la décision, que l'être doit être dédivinisé. Il y a eu méprise ou confusion d'objets entre philosophie et religion. D'autre part, si Dieu ne vient pas à la métaphysique du dehors, mais y surgit comme une nécessité incluse dans l'être même, le divin se présentera comme une propriété du métaphysique, Dieu se réduira inévitablement à l'être dont il naît, si bien qu'au lieu de diviniser l'être, il y aura finalement lieu d'ontologiser le divin. Pourquoi? parce que, s'il en est ainsi, la réalité du divin est l'être, et le métaphysicien dont l'objet est l'être en tant qu'être, ou du moins l'étant en tant qu'étant, ne fera que rester fidèle à sa fonction en refusant de penser l'être en tant que Dieu.

L'issue d'une méditation conduite à partir de cette donnée est déterminée d'avance. Ce ne peut être qu'une purification de l'être par élimination de toute contamination due à l'intrusion de l'idée de Dieu. Il est donc naturel que, depuis Hegel, à travers Nietzsche et, aujourd'hui, dans la pensée de Martin Heidegger (autant qu'elle se laisse pénétrer), on tende à considérer un athéisme de méthode comme une condition nécessaire du progrès de la réflexion métaphysique. On allège l'ontologie de sa théologie, pour ne plus garder qu'une ontologie, qu'il s'impose d'ailleurs bientôt de dépasser au grand risque de déboucher sur une autre théologie. En toute hypothèse, l'ontologie tend de plus en plus à occuper tout le terrain sur lequel la théologie s'était établie. La victoire finale de l'être y est du même coup la défaite de Dieu et puisque la philosophie a le devoir de procéder en athée, le philosophe a celui de procéder en impie, la saisie de la vérité de l'être ayant désormais pour condition nécessaire une impiété spéculative qui consiste à penser l'être comme intégralement dédivinisé.

De même qu'il est naturel pour le philosophe de se demander comment Dieu est entré dans l'ontologie, il l'est pour le théologien de se demander comment l'être est entré dans la théologie. Le métaphysicien n'admettra pas volontiers cette deuxième position de la question, mais elle est légitime. En fait, rien ne semble avoir d'abord prédisposé les deux notions à se rejoindre. Les Ioniens s'interrogeaient sur l'essence du réel, l'οὐσία ; ils disaient, comme par exemple Thalès, que c'est l'eau ; puis ils ajoutaient que « tout est plein de dieux », mais il ne semble pas que, dans la pensée de Thalès, l'eau ait été dieu. De même chez Platon. La recherche philosophique de l'essence de la réalité, qui conduit aux Idées, et même au-delà de l'essence, se poursuit dans un ordre distinct de celui, de nature plutôt mythique, où se rencontrent les dieux, ou « δαίμονες », y compris l'Ouvrier imaginaire qui, dans le *Timée*, construit le monde. La différence principale entre les deux ordres est que le philosophe cherche à découvrir les principes d'intelligibilité qui permettent de comprendre la nature de l'étant, ou des étants, au lieu que le théologien, ou le philosophe lui-même lorsqu'il s'exprime en théologien et parle des dieux, se les représente toujours comme des êtres, presque toujours comme des vivants, et même comme des personnes. Ce que le philosophe découvre au terme de sa recherche, est une notion qui lui permet de comprendre la nature, au lieu que le théologien se trouve d'emblée avec des êtres plus puissants que lui, mais réels comme lui et au même sens que lui, capables d'affecter en bien ou en mal son existence présente ou future ; c'est pourquoi les dieux de la mythologie la moins évoluée déterminent chez ceux qui croient en leur existence un comportement caractéristique auquel on donne le nom de culte, ou tout au moins d'observance rituelle ; le métaphysicien, qui médite sur l'être, ne se sent au contraire tenu d'adopter aucune conduite particulière au moment où se forme dans son esprit la conclusion que l'être est dieu. Les notions auxquelles s'arrête la pensée du philosophe peuvent avoir un objet divin, mais ce sont elles, et non pas lui, qui constituent le terme de sa réflexion ; les dieux sont au contraire des choses ou des personnes réelles avec lesquelles le croyant entre lui-même personnellement en rapport. L'être et, si on peut dire, le dieu (comme on dit l'air ou le feu) relèvent de deux ordres différents.

Il semble assez arbitraire d'imaginer une sorte d'évolution idéale, au cours de laquelle l'homme aurait d'abord imaginé le divin comme une sorte de qualité commune à un genre d'êtres, puis attribué la « divinité » ainsi conçue à certains êtres particuliers qu'il aurait appelés des « dieux », et enfin concentré en un seul d'entre eux, nommé Dieu, l'essence totale de la divinité en l'identifiant à l'être des philosophes. Poser le problème au plan de l'histoire est une entreprise désespérée. Nous ne saisissons la pensée des hommes d'autrefois qu'à travers ce que nous croyons comprendre de leur langage, après l'avoir traduit dans le nôtre, qui n'est pas fait pour exprimer ce qu'eux-mêmes avaient dans l'esprit. On ne peut donc reprocher au philosophe d'imaginer entre les notions un ordre de succession qu'elles n'ont jamais suivi, mais il faut au moins exiger de lui qu'il ne fasse pas dériver les unes des autres des notions relevant d'ordres spécifiquement distincts. La tendance des philosophes à théologiser rencontrant ici celle des théologiens à philosopher, on voit se former une classe mixte d'entités philosophico-religieuses que la pensée risque de parcourir sans toujours remarquer les moments où elle passe d'un ordre à l'autre.

Au risque de causer quelque scandale dans les esprits que leur piété détourne de voir ce qu'ils ont sous les yeux, il est utile de rappeler que le Dieu du judaïsme, qui est celui du christianisme quant à l'essence, appartient comme tel à la classe des dieux réels de la religion, et non pas du tout à celle des principes premiers de la métaphysique. Yahweh est quelqu'un. Il parle à son peuple, le protège ou le châtie par une suite d'interventions directes dont les prêtres et les prophètes expliquent le sens. Exigeant du peuple élu un culte unique, dont on sait qu'il a peine à l'obtenir, Yahweh se trouve dans l'esprit du peuple juif aux prises avec on ne sait combien de divinités étrangères à sa personne. Il est le seul « vrai Dieu », mais les candidats au titre ne manquent pas. Même après l'avènement du Christianisme, lorsque les premiers fidèles se trouvèrent aux prises avec les problèmes posés par les cultes de l'Empire, les théologiens ne songèrent pas à nier l'existence des « faux-dieux », ni qu'ils fussent des êtres réels capables d'intervenir dans la vie des individus ou des États, ils les identifièrent simplement aux démons et en firent autant d'anges déchus, qui étaient aussi des êtres réels et des personnes faisant partie d'une histoire sacrée, bien plutôt que d'un ensemble de principes et de concepts.

À cet égard, on peut même dire que le croyant se trouve dans une situation privilégiée par rapport au philosophe, car lui du moins peut dire, avec un certain degré de vraisemblance, à peu près à quel moment l'être s'est introduit dans sa théologie. La jonction de l'être et du dieu ne s'est pas encore effectuée dans la philosophie de Platon. Elle s'est souvent produite dans l'esprit de ceux de ses historiens, et c'est de loin le plus grand nombre, qui tiennent les deux idées de Dieu et du Bien pour identiques, ou encore qui considèrent comme un dieu tout ce que Platon nomme divin. On ne prouvera jamais que lui-même n'ait pas identifié Dieu et le Bien dans sa pensée, mais s'il l'a fait, on peut s'étonner qu'il ne l'ait pas dit. Il a fait autre chose, dont le sens apparaît clairement dans la philosophie d'Aristote avec qui l'entreprise atteint son terme. Il suffit d'ailleurs de relire ce que lui-même en a dit dans sa *Métaphysique* (1074 b 1-14) pour mesurer la portée de sa décision :

> Une tradition, venue de l'antiquité la plus reculée, et transmise, sous forme de mythe, aux âges suivants, nous apprend que les premières substances sont des dieux, et que le divin embrasse la nature entière. Tout le reste de cette tradition a été ajouté plus tard, sous une forme mythique, en vue de persuader les masses et pour servir les lois et l'intérêt commun ; ainsi on donne aux dieux la forme humaine, ou on les représente semblables à certains animaux, et on ajoute toutes sortes de précisions de ce genre. Si on sépare du récit son fondement initial et qu'on considère celui-ci seul, à savoir la croyance que toutes les substances premières sont des dieux, alors on pensera que c'est là une assertion vraiment divine. Alors que, selon toute vraisemblance, les divers arts et la philosophie ont été, à plusieurs reprises, développés aussi loin que possible et chaque fois perdus, ces opinions sont, pour ainsi dire, des reliques de la sagesse antique conservées jusqu'à notre temps. Telles sont donc les

réserves avec lesquelles nous acceptons la tradition de nos pères et de nos plus anciens devanciers[a].

Il est remarquable qu'en ce texte, qui contient en germe toute la doctrine d'Averroès sur les rapports de la philosophie et de la religion, Aristote aille chercher dans les philosophies ioniennes l'origine, et, en un sens, la justification de sa propre thèse. Éliminant la mythologie populaire et poétique dont Platon avait déjà fait la critique, Aristote se retrouve en présence d'une vieille idée qui lui paraît juste : ce sont les Substances Premières qui sont les dieux. Telle est en effet sa propre doctrine dans la *Physique* et surtout dans la *Métaphysique*, où les astres et les Intelligences motrices sont promus au rang de dieux, le premier et le plus parfait de tous étant le Premier Moteur Immobile, forme pure de toute matérialité et de toute potentialité, acte pur d'une pensée qui se pense éternellement soi-même et qui vit d'une vie bienheureuse, à jamais.

On voit ce qui s'est passé. Ce n'est pas le dieu qui est entré dans la métaphysique, c'est plutôt le métaphysicien qui est allé chercher le dieu dans la physique, pour se l'annexer, mais il ne s'en emparait qu'après lui avoir fait subir une purification nécessaire. Continuant un travail déjà poussé fort loin par Platon, Aristote a conçu la tâche religieuse de la philosophie comme un effort pour élever à sa perfection rationnelle une notion de Dieu grossièrement déformée par les croyances populaires, mais que les physiciens avaient découverte avant lui. On perdrait son temps à discuter en historien la valeur du témoignage d'Aristote. Si le passage en cause est authentique, Aristote fut le premier des traditionalistes et la théologie qu'il

a. Aristote, *La Métaphysique*, traduction J. Tricot, Paris, Vrin, 1953, t. II, p. 698-699.

recommande a déjà été trouvée, perdue et retrouvée, en quelque sorte de toute éternité. La théologie est un cas particulier de la vérité universelle de l'éternel retour. Quoi qu'il en soit, sa vue personnelle de la situation est simple : les philosophes s'appliquent à connaître la nature et la structure de l'univers ; leur enquête, purement rationnelle, les conduit à dire ce que sont les « premières substances », c'est-à-dire les êtres premiers et les premières causes du monde ; lui-même identifie la première de ces causes et le premier de ces êtres à la plus haute des Intelligences séparées, pour l'amour de qui les autres Intelligences causent les mouvements, opérations, générations et corruptions que nous observons dans l'univers. Ayant obtenu cette conclusion ultime de sa philosophie, Aristote ajoute simplement que cette substance première est ce que, comme philosophes, nous pouvons nommer un dieu.

Deux remarques au moins s'imposent, même à s'en tenir au point de vue particulier où l'on envisage ici la doctrine. D'abord, il est incontestable que, se fondant sur la seule raison philosophique, et même en réaction contre certaines théologies proprement religieuses, Aristote ait conçu une notion de Dieu d'une pureté telle qu'elle pût devenir l'objet d'une religion naturelle authentique. Le fait est d'autant plus remarquable que ce dieu du philosophe est simplement ici le dernier mot de l'astronomie ou, comme on dirait aujourd'hui, la clef de voûte d'un « système du monde ». Posé par la physique comme un être métaphysique, le dieu d'Aristote n'est surnaturel qu'au sens aristotélicien du mot, c'est-à-dire en tant qu'immatériel et transcendant l'ordre de la *physis* ; il n'est pas surnaturel au sens chrétien du mot, car s'il ne faisait lui-même partie de la structure du monde, comment en serait-il la raison et la cause ? Pourtant, ce physicisme de la théologie d'Aristote que maintiendra Averroès et, au départ du moins, Thomas d'Aquin, mais que contesteront Avicenne et Duns Scot, s'exprime sur un ton que l'on ne peut nommer autrement que celui de la piété. Pour s'en convaincre, qu'on relise seulement le chapitre 7 du livre Lambda de la *Métaphysique* :

> À un tel Principe sont suspendus le ciel et la nature. Et ce principe est une vie comparable à la plus parfaite qu'il nous soit donné, à nous, de vivre pour un bref moment [...]. Or la pensée, celle qui est par soi, est la pensée de ce qui est le meilleur par soi, et la pensée souveraine est celle du souverain bien [...]. Si donc cet état de joie que nous ne possédons que par moments, Dieu l'a toujours, cela est admirable ; et s'il l'a plus grand, cela est plus admirable encore. Or c'est ainsi qu'il l'a. Et la vie aussi appartient à Dieu, car l'acte de l'intelligence est vie, et Dieu est cet acte même ; et l'acte subsistant en soi de Dieu est une vie parfaite et éternelle. Aussi appellerons-nous dieu un vivant éternel et parfait : la vie éternelle et parfaite appartient donc à Dieu, car c'est cela même qui est Dieu[a].

Et voici la deuxième remarque. On voit s'opérer ici la jonction de la métaphysique et de la religion, et elle se prépare sur l'initiative d'Aristote, dont la doctrine devait devenir un jour comme la substance même de la théologie chrétienne. L'opération devient possible au moment où, au lieu d'assigner au réel des principes d'intelligibilité, comme les Idées de Platon, Aristote recourait à des êtres actuellement existants, à des astres, à des Intelligences personnelles pour rendre raison de la production des substances naturelles et de leur ordonnance en un cosmos

---

a. [Aristote, *La Métaphysique*], *op. cit.*, p. 680-683.

unique régi par des fins. Cette substitution d'être réels à des principes intelligibles est ce que Léon Brunschvicg n'a jamais pardonné à Aristote. À ses yeux, cette rechute dans la mythologie était une trahison du platonisme et, du même coup, de la philosophie de l'esprit. Il se peut, mais ce qui doit ici retenir notre attention est simplement ce que lui-même se proposait de faire et dit avoir fait.

Ce qui se passe est assez clair. Aristote ne prétend pas avoir inventé l'idée de Dieu. Il ne prétend pas non plus l'avoir découverte au terme d'une enquête philosophique dont elle serait le dernier mot. Rien ne serait changé dans sa doctrine si, après avoir établi l'existence d'une Première Substance Séparée, cause de tout le devenir observable, il ne l'avait pas nommée dieu. Il la nomme ainsi pour faire voir comment on doit comprendre la nature du dieu si on désire parler de lui comme il convient à un philosophe. Il faut remonter pour cela, en deçà de leur corruption par les mythologies populaires de style homérique, aux intuitions saines des philosophes qui ont identifié les dieux aux premiers principes et aux premières causes de la nature. Lui-même ne fait ici que retrouver le sens de leur doctrine et, grâce aux progrès de l'astronomie, la conduire à son point de perfection.

On imaginerait difficilement une absorption plus complète de la religion par la philosophie, mais il ne semble pas exact d'interpréter cet événement comme manifestant une tendance naturelle de la métaphysique d'Aristote, et peut-être de toute ontologie, à prendre la forme d'une théologie. Tel ne fut pas le cas. On peut dire au contraire qu'en face de la religion des mythes, le philosophisme intégral d'Aristote se présentait comme une entreprise de désacralisation de la métaphysique, et particulièrement de l'ontologie. Tout ce qu'on peut trouver chez lui de religion est inclus dans la détermination des premiers principes et des premières causes de la nature dans un univers qui contient en soi la raison de son être en même temps que son intelligibilité. Dieu y est le dernier nom de la science, et c'est ce que devait si bien comprendre Averroès dont la théologie naturelle, calquée sur celle d'Aristote, devait servir d'arme de guerre contre toute théologie proprement religieuse, au sens où la religion se distingue spécifiquement du théologique[a]. La théologie ne pénètre dans l'ontologie que pour être absorbée par elle. C'est la victoire de l'être sur le dieu.

Si importante qu'elle ait été, et quelque jugement philosophique qu'on porte sur elle, la doctrine d'Aristote était loin de résoudre le problème. Certains lui reprochent encore d'avoir expliqué la nature au moyen d'êtres qui n'existent pas – les Intelligences motrices – tandis que d'autres se plaignent que sa métaphysique soit en réalité une simple physique incapable de supporter une théologie digne de ce nom. En effet, l'étant en tant qu'étant qu'il assigne pour objet à la philosophie première, ou bien est l'origine immobile du mouvement, ou bien une notion abstraite de même nature que celles dont s'occupe la logique, cet *ens commune*, être en général dont Thomas devait assurer qu'il n'est pas l'être divin qu'étudie le théologien. Platon fût allé plus loin qu'Aristote s'il avait

---

a. De là l'opposition, notée plus haut, d'Averroès à la prétention, déclarée chez son prédécesseur Avicenne, de fournir des preuves métaphysiques de l'existence de Dieu : « Via autem qua processit Avicenna in probando primum principium est via loquentium (c'est-à-dire des théologiens musulmans) et sermo ejus semper invenitur quasi medius inter Peripateticos et Loquentes », Averroès, *In Physic*, text. comm. 22 ; Venise, 1562, ff. 56 v-57 a. C'est, en sa racine même, la dispute de la « philosophie chrétienne ».

conçu le Bien, non seulement comme divin, ce qu'il fait, mais comme Dieu. Il restait donc, après Aristote, à réaliser l'identification du dieu à l'être pour atteindre le terme ultime accessible à la réflexion théologique et métaphysique : une ontologie qui fût aussi, d'intention profonde et non par mégarde, une théologie.

Il n'est guère d'exemple d'un problème philosophique dont les données, une fois explicitement posées, n'engendrent finalement les conséquences nécessaires, mais les principes eux-mêmes peuvent au contraire demeurer stériles pendant des siècles, faute d'esprits capables d'en scruter le sens. Ils sont d'ailleurs inépuisables, si bien qu'on ne saura jamais si leur contenu a déjà été scruté à fond. L'être, qui est le premier principe, est l'exemple le plus parfait du délaissement où peut languir longtemps la vérité.

Autant qu'on sache, la découverte de l'être date de Parménide d'Élée. La notion s'imposa d'elle-même à son esprit avec une violence telle qu'il la chanta sur le mode lyrique. On peut dire d'ailleurs qu'il en fit presque complètement le tour du premier coup. C'était naturel puisque, dans le cas des notions primitives et simples, on ne peut que les voir telles qu'elles sont ou les manquer tout à fait. D'autre part, si on se rapporte à son poème, on constatera que Parménide n'y dit rien du dieu. L'être dont il parle est l'étant, τὸ ἐὸν, peut-être l'univers, ou la réalité en général, ou simplement l'étant en tant que tel, il est seulement certain que cet être, quel qu'il soit, présente des traits qui lui appartiennent nécessairement en tant qu'il est être. À peu de chose près, la description parménidienne est née valide pour tout être, quel qu'il soit.

Parménide ne prétendait pourtant pas fonder l'ontologie. Comme ses prédécesseurs les physiciens d'Ionie, il se demandait seulement de quelle étoffe première la réalité est faite. Certains disaient l'eau, d'autres l'air, ou le feu ; lui-même répondait, l'étant : tout ce qui est réel est fait en être. Parménide pensait donc l'être en physicien autant qu'en métaphysicien, mais, à vrai dire, la distinction eût été pour lui dénuée de sens. Il n'est donc pas surprenant qu'après lui, non seulement aucun philosophe n'ait identifié dieu à l'être, mais encore que personne n'ait extrait de sa physique et de son ontologie la théologie de l'être dont elle était grosse. Xénophane avait dit que l'un est dieu, mais Aristote devait se contenter de diviniser une certaine classe de substances, et suréminemment l'une d'entre elles ; si, comme on l'assure, sa métaphysique était grosse d'une théologie de l'être, lui-même ne paraît pas s'en être aperçu.

On peut s'étonner qu'une décision spéculative aussi simple, et dont tous les éléments étaient assemblés, n'ait été prise par aucun philosophe de l'antiquité que l'on sache. Plotin lui-même n'a pas osé pousser l'être et le dieu au premier rang et comme au sommet de sa triade suprême. L'être, qui est le dieu proprement dit, n'y occupe que la deuxième place, après l'Un ou le Bien, qui informe et actualise tout le reste. Il est curieux que deux notions dont on assure que l'une conduisait nécessairement à l'autre, aient montré si peu d'empressement à se rejoindre. C'est seulement dans la théologie spéculative judéo-chrétienne que se produisit enfin la rencontre et qu'une alliance durable fut scellée entre l'être de la philosophie et le dieu de la religion.

Les choses se firent d'ailleurs avec une remarquable lenteur, mais un événement important rendait la chose finalement inévitable. On en trouve la description chez Lactance, homme sans génie philosophique mais observateur d'une remarquable perspicacité. Il annonçait

simplement, comme un événement dont les suites devaient
être considérables, la jonction de la fonction sacerdotale
et de la fonction philosophique. Jusqu'à l'avènement du
christianisme, jamais prêtre d'aucune religion n'avait été
ce qu'on nomme aujourd'hui un philosophe, jamais un
philosophe de quelque renom n'avait été un prêtre, or
Lactance voyait au contraire s'ouvrir avec le christianisme
une ère nouvelle dans laquelle les prêtres seraient aussi
les philosophes et inversement. Désormais, disait-il, et
saint Augustin devait le redire en termes tout semblables,
la vraie religion serait la vraie philosophie et, à son tour,
la vraie philosophie serait la vraie religion. Il y a donc eu
comme un confluent désiré, voulu, presque provoqué de
la spéculation métaphysique et de la croyance religieuse.
L'événement devait provoquer un renversement complet
des rapports traditionnellement établis entre les deux ordres
de connaissance. Jusqu'à l'avènement du christianisme,
les philosophes s'étaient attribués, entre autres fonctions,
celle de soumettre les religions populaires à une purification
dans la lumière de la raison naturelle ; désormais, c'étaient
les chrétiens eux-mêmes qui allaient se charger de démy-
thologiser, ou démythifier la religion populaire et jusqu'à
la philosophie elle-même. Ce qu'on allait bientôt nommer
la « théologie » devait naître, dans l'esprit de ces nouveaux
prêtres-philosophes, entre la connaissance et la croyance,
s'exerçant ensemble à se définir, à se fortifier, mais aussi
à se purifier mutuellement.

On sait de quelle importance fut, dans cette histoire,
l'existence du célèbre texte de l'*Exode*, III, 13-14, où
Yahweh dit à Moïse, qui lui demandait son nom : *Je suis
celui qui suis.* Le sens du passage est controversé entre
des philologues qui pensent que le Saint Esprit ne peut
rien inspirer qui dépasse le niveau de la grammaire et du

dictionnaire de son scribe d'occasion, et d'autres qui ne croient pas déroger aux règles de la philosophie en admettant que l'Inspirateur de l'Écriture Sainte est exceptionnellement intelligent[a]. Ce qui importe avant tout est que la lettre de l'Écriture ait permis d'affirmer, sur la foi de la parole divine, que Dieu lui-même ait revendiqué comme son nom des expressions telles que *Je suis*, ou *Qui est*. Philosophiquement parlant, il s'agit là d'un accident extrinsèque à la réflexion métaphysique, mais à partir du moment où les philosophes allaient être des prêtres, il devenait inévitable que cette donnée religieuse fût, d'une manière ou d'une autre, intégrée à la théologie chrétienne et, pour la même raison, à la philosophie désormais une avec la religion. Pour dédiviniser aujourd'hui la philosophie, il faut donc en revenir à ce qu'était la situation avant l'événement décrit par Lactance. Ce n'est peut-être pas impossible, mais la première question est de savoir si, à supposer la tâche possible, elle est nécessaire, ou seulement utile, et en quel sens la mener à bien serait philosophiquement un progrès.

La réponse dépend en partie de la manière dont on comprend la nature du rapport qui s'est établi dans le passé entre théologie et métaphysique. Une première erreur à éviter est de confondre théologie et religion. Le christianisme est la religion dont la personne du Christ est le centre. En tant que connaissance, cette religion vit de la foi, qui elle-même ne doit rien de sa substance à la philosophie. Il suffit de relire la longue suite des décisions conciliaires concernant la Trinité, le rapport du Fils au Père et celui des deux natures, divines et humaines, dans l'unité d'une

---

a. L'imprudence, car c'en est une pour un philosophe, en sera courue dans le chapitre suivant : YAHWEH ET LES GRAMMAIRIENS.

seule personne divine, pour se convaincre que leurs affirmations et négations réitérées ne se sont jamais proposé d'expliquer ni de faire comprendre quoi que ce soit, mais seulement de définir l'objet de la foi chrétienne et de préserver son intégrité. La philosophie n'y joue d'autre rôle que de fournir un langage, fatalement inadéquat à son objet, mais qui vise à la précision. D'autre part Jésus Christ est Dieu ; en tant que Dieu, il devient objet de la réflexion philosophique qui, commencée par les Grecs bien avant le Christianisme, s'est poursuivie sans cesse, dans l'Église et hors d'elle, depuis le temps de sa fondation. Quand on s'interroge sur le rapport de la théologie et de l'ontologie, il ne peut s'agir que de la théologie spéculative aujourd'hui nommée *scolastique* et qui, même avant d'en porter le nom, se proposait expressément pour fin d'obtenir une certaine intellection de l'objet de la foi. Il ne s'agit pas de substituer la raison à la foi sur aucun point relevant de la croyance, mais seulement, la foi étant donnée et maintenue hors cause, de tenter d'obtenir, vaille que vaille, une interprétation de son objet dans le langage de la raison.

Ceux qui se proposent de dédiviniser la métaphysique, se trouvent ici aux prises avec un problème dont on aimerait être sûr qu'ils comprennent exactement les données. Telle qu'on vient de la décrire, la théologie représente exactement l'œuvre propre de l'âge annoncé par Lactance, où les prêtres seraient en même temps les philosophes. Les objections dialectiques contre la possibilité d'une telle entreprise se heurtent au fait que, théoriquement contradictoire à ce que l'on dit, elle a pourtant été menée à bien. D'Eusèbe de Césarée à Jean Gerson, l'histoire permet d'assister à un effort continu pour obtenir une idée du Dieu chrétien qui fût en même temps une notion philosophiquement pure de l'être. En fait, après la révélation religieuse de l'*Exode*, les deux notions tendaient à coïncider. Le résultat de cet effort fut décisif pour l'histoire de la métaphysique comme pour celle de la théologie, car toute modification subie par cette notion commune aux deux disciplines affectait celle de l'être autant que celle de Dieu. L'ontologie et la théologie en furent donc pareillement affectées.

La nature de ces modifications est malaisée à définir en raison des malentendus auxquels on s'expose, ou même que l'on crée involontairement dès qu'on en parle. De quelque manière que les théologiens chrétiens parlent de Dieu, même s'ils en parlent en philosophes, il reste pour eux identiquement le même Dieu de la foi que le plus simple des fidèles connaît aussi bien, ou mieux, que ne le fait le plus profond philosophe. Le Dieu d'Abraham, d'Isaac et de Jacob ne change pas, même pendant que les philosophes et les savants, Augustin, Thomas d'Aquin, Descartes ou Pascal, corrigent, purifient, approfondissent de mainte manière la notion qu'ils s'en forment. C'est que la notion d'être est analogique, polymorphe et inépuisable, d'où la possibilité toujours ouverte de conceptualisations philosophiques différentes du même Dieu de la foi, qui engendrent plusieurs théologies spéculatives philosophiquement différentes mais religieusement compossibles.

Ce n'est pas à dire que ce travail se poursuive sans direction définie et comme au hasard. À la différence du Dieu de la foi qui ne change pas, celui de la connaissance philosophique peut progresser par approfondissement d'un objet qui, de toute façon, la transcende. Les théologiens ont donc procédé, eux aussi, à une sorte d'examen critique de leur notion philosophique de Dieu. Le résultat de cet examen fut double. D'une part la théologie a constamment épuré notre représentation de Dieu. Il ne s'agit pas ici de son concept, mais bien de l'ensemble des images dont ce concept s'accompagne inévitablement et qui peuvent varier selon les temps, ou dans le même temps, de personne à personne. D'autre part il s'est produit un remarquable approfondissement intellectuel de la saisie de l'être et, par une conséquence inévitable, un approfondissement correspondant de la manière dont les théologiens ont pensé Dieu. Un simple coup d'œil sur l'histoire de la théologie permet de s'en convaincre. Saint Augustin, saint Anselme, saint Thomas d'Aquin, saint Bonaventure ont cru à un seul et même Dieu, tous ont su et affirmé que son nom propre était l'Être, mais il n'y en a pas deux d'entre eux qui aient conçu l'être de manière identique. Là encore, ils pensaient au même être, mais ils ne le concevaient pas tous de la même façon.

À prendre cette histoire tout à fait d'ensemble, on notera que le premier résultat obtenu par les théologiens-philosophes (les *philosophantes*) fut la découverte progressive de l'être de Parménide. Inutilisable pour Aristote, et même pour Platon, qui entendaient l'un et l'autre trouver une réalité propre au monde de l'apparence sensible, l'être de Parménide était une notion nécessaire, mais sans objet réel. En effet, dans aucune philosophie grecque antérieure à l'ère chrétienne, la réalité empiriquement donnée ne présente les caractères requis de l'être en tant qu'être ; il n'y a rien qui soit l'être pur, et rien que cela. Même dans la spéculation tardive de Plotin, l'être n'est qu'en tant qu'il est l'Idée et le lieu des intelligibles, car de l'intelligiblement déterminé seul on peut dire ce qu'il est, donc aussi qu'il est. À partir du Christianisme au contraire, l'Être pur devenait une réalité ; il devenait donc en même temps possible de spéculer sur l'être sans craindre de se perdre dans une réflexion sans objet. Dieu lui-même ayant revendiqué l'être pour son nom, on était certain que tout ce qui se dit de vrai de l'être en tant que tel, s'appliquait du même coup à Dieu. Pour la première fois dans l'histoire, la voie parménidienne de la vérité se trouvait être celle de la réalité.

L'histoire de l'être n'a jamais été écrite ; on se contentera donc ici de noter ce que fut le point d'arrivée de cette évolution doctrinale au treizième siècle. On le trouve dans le remarquable *Itinéraire de la pensée à Dieu*, de saint Bonaventure, particulièrement au chapitre v : « Contemplation de l'unité divine par son nom premier, qui est l'être[1]. » Le second des noms principaux de Dieu est le Bien, qui le signifie comme source et origine des personnes divines. Puisqu'on lit peu Bonaventure, rappelons comment lui-même interprète cet événement doctrinal qui, ne l'oublions pas, intéresse au premier chef notre connaissance théologique de Dieu. Les deux premiers noms de Dieu sont *esse* et *bonum*. Le premier vient de l'Ancien Testament, et il signifie d'abord l'unité de l'essence divine : *Ego sum qui sum*[a] ; le second vient du Nouveau Testament ; il signifie d'abord la pluralité des personnes divines, selon la parole du Christ au jeune homme de l'Évangile : *Nemo bonus est nisi solus Deus*[b]. C'est pourquoi, dit Bonaventure, « Damascène, suivant en cela Moïse, dit que *qui est* est le premier nom de Dieu ; et Denys, suivant le Christ, dit que *bonum* est le premier nom de Dieu »[c].

a. *Exod.* III, 14.
b. *Luc*, XVIII, 19.
c. *Ibid.*, V, § 2.

1. Saint Bonaventure, *Itinerarium mentis in Deum*, V : « De speculatione divinae unitatis per ejus nomen primarium, quod est *esse*. »

Ce premier nom seul doit ici nous retenir. On notera donc d'abord qu'il s'agit bien ici d'*esse*, et non pas seulement d'*ens*, c'est-à-dire de l'être et non pas seulement de l'étant, mais on observera surtout l'identité, qui s'affirme comme une évidence première, entre la notion d'*unitas essentiae* et celle d'*esse*. La méditation du théologien se trouve en effet immédiatement engagée dans le glissement d'une notion transcendantale à l'autre qui est caractéristique de toute méditation sur l'être, lorsque celui-ci, refusant de s'immobiliser sous le regard de la pensée, semble vouloir se présenter de lui-même sous toutes ses faces à la fois. Il se dévoile d'abord comme *certissimum*[a], c'est-à-dire comme comportant en soi la certitude absolue de sa réalité, à tel point qu'on ne peut penser qu'il n'existe pas. Soulignons au passage, sans commentaire, cette propriété capitale de la notion d'être que la non-existence de son objet soit impensable. Retrouvant aussitôt Parménide, Bonaventure situe la racine de cette propriété de l'être, qu'est sa « certitude » (la certitude de son existence) dans sa pureté. En effet l'être pur ne se rencontre que « dans la complète déroute du non-être », comme inversement, « le néant, dans la complète déroute de l'être ». La présence de la moindre trace de l'un met l'autre en fuite. Nous voici donc revenus au point de départ de toute ontologie, à savoir que, « comme le néant absolu ne peut rien avoir de l'être ni de ses propriétés, de même, inversement, l'être même (*ipsum esse*) ne peut rien avoir du non-être, ni en acte ni en puissance, ni dans sa réalité même, ni dans la pensée que nous en formons ». Avec cet éternel fondement de ce qu'on nommera après lui l'« argument ontologique », de quelque manière qu'on puisse le formuler ou l'expliquer,

a. *Luc*, V, § 3.

Bonaventure occupe l'une des maîtresses positions de toute ontologie qui se pense dans ses implications premières, à savoir que l'être est la notion que toutes les autres présupposent et qui n'en présuppose soi-même aucune autre. Parce que le néant n'est que l'absence de l'être, c'est par rapport à l'être et à partir de lui seulement que peuvent se concevoir les notions relatives de non-être, d'être en puissance, d'être limité ou fini, d'être analogue et ainsi de suite, car toutes ces manières d'être impliquant une contamination de non-être, aucune d'elles n'est l'être pur et toutes se disent seulement par rapport à lui, en fonction de lui et à partir de lui. Reste donc que cet acte d'être pur dont nous parlons, l'*esse* [*quod*] *nominat ipsum purum actum entis*, soit Dieu lui-même : *Restat igitur quod illud esse est esse divinum*[a].

En un sens cette conclusion est commune à tous les théologiens chrétiens du Moyen Âge. Ils ne sont pas tous d'accord que, parce qu'elle est la même que l'idée de Dieu, l'idée d'être suffit par sa seule présence à établir l'existence de l'être divin, mais aucun n'a nié que, au moins dans la pensée, il soit impossible de concevoir Dieu autrement que comme existant actuellement. Du même coup, l'être de Parménide atteignait avec eux la pleine conscience de ses implications immédiates : nécessaire, premier, éternel, parfaitement simple, entièrement en acte et souverainement un. La série de ces propriétés, qui ne sont pas de l'être, mais l'être même, tient en une seule phrase qu'il faut citer tout entière pour son unité organique :

> Unde si Deus nominat *esse* primarium, aeternum, simplicissimum, actualissimum, perfectissimum, impossibile est ipsum cogitari non esse, nec esse nisi

a. *Ibid.*, V, § 3.

unum solum. *Audi* igitur, *Israel, Deus tuus Deus unus est* [*Deut.* VI, 4]. Si hoc vides in pura mentis simplicitate, aliqualiter perfunderis aeternae lucis illustratione[a].

Qui ne percevrait aussitôt les intimes parentés en même temps que les différences? Parménide, rappelons-le, ne parle pas de Dieu et rien ne suggère qu'il y pense; encore moins croit-il concevoir la notion d'être dans la clarté d'une lumière éternelle qui serait son objet même. Le glissement de la philosophie à la religion est évident chez saint Bonaventure. Pourtant, l'implication mutuelle des propriétés fondamentales de l'être ne perd rien de sa rigueur philosophique en devenant l'implication théologique des attributs principaux du Dieu chrétien : *unum horum necessario infert aliud*. En effet, *parce que* Dieu est purement *esse*, il est absolument premier; parce que premier, il est par soi, donc éternel; parce que par soi et éternel, donc non par autrui, il est absolument simple; parce que simple, donc libre de toute potentialité, il est suprêmement acte, donc suprêmement parfait, bref, suprêmement un. Bonaventure ne s'en tient pas là. Si on veut recommencer avec lui la méditation du Dieu-être[b], on y retrouvera tous les attributs du Dieu chrétien, venu de l'Ancien Testament et pensé philosophiquement selon la tradition de Parménide, c'est-à-dire comme l'être à l'état pur, premier et dernier : *quia igitur esse purissimum et absolutum, quod est simpliciter esse, est primarium et novissimum, ideo est omnium origo et finis consummans*[c]. On ne saurait être plus loin de la pensée de Parménide sans pourtant renier sa tradition.

a. *Luc*, V, § 6.
b. *Ibid.*, V, § 7-8.
c. *Ibid.*, V, § 8.

La même notion de l'être, et de l'être divin, se développe au début de la *Summa theologiae*, sous forme d'une détermination complète de la « simplicité » divine. De même dans le *Contra Gentiles*[1] où les marques principales de l'être parménidien restent liées à la notion philosophico-théologique du Dieu chrétien : *ostendit enim demonstratio Deum esse immobilem, aeternum, incorporeum, omnino simplicem, unum et alia hujusmodi...*[b]. Saint Thomas ne s'est pas fait scrupule d'exploiter à fond les ressources philosophiques et théologiques de cet inépuisable premier principe, premier concept dans la connaissance parce que son objet est le premier dans la réalité. La connaissance que nous en avons présente dans sa doctrine deux caractères d'apparence opposée, mais complémentaires. D'une part, c'est une connaissance abstraite, formée par l'intellect agent à partir du sensible et qui ne peut s'en détacher. L'erreur de tant d'excellents esprits dont les doctrines relèvent de ce que l'on nomme l'ontologisme, fut de supprimer l'intellect agent, transformant ainsi en une intuition directe de l'intelligible la notion abstraite que nous en avons.

C'est pourtant ce qui justifiait chez saint Thomas la conclusion décisive que la fin dernière de l'homme n'est pas la connaissance de Dieu telle que nous pouvons l'obtenir en cette vie. En effet, bien que Dieu soit l'Être, la connaissance abstractive que nous avons de l'être n'est pas une connaissance intuitive de Dieu. La notion d'être n'est qu'un principe, Dieu est un être, *Qui est.* Inversement, il importe de ne pas déprécier la valeur de cette connaissance abstraite au-dessous de sa valeur réelle. En effet, il est

---

a. [Thomas d'Aquin, *Contra Gentiles*], I, c. 13 *sq.* b. *Ibid.*, III, c. 39, § 1.

naturel que l'intellect, par quoi l'homme est éminemment image de Dieu, aille droit dans la réalité à ce par quoi elle aussi porte premièrement et le plus profondément la marque de son créateur, l'être. Ce n'est pas sans raison que les marques principales de l'être sont aussi les marques principales de Dieu. Saint Thomas rejoint en ce point, par les voies qui lui sont propres, les conclusions maîtresses de saint Augustin, et il le dit expressément dans le *Contra Gentiles* : *In quantum ergo quaelibet mens quicquid per certitudinem cognoscit, in his principiis intuetur secundum quod de omnibus judicatur, facta resolutione in ipsa, dicitur omnia in divina veritate vel in rationibus aeternis videre, et secundum eas de omnibus judicare*[a]. Ceux qui craignent que l'intellect agent isole l'homme de Dieu en interposant sa lumière propre entre lui et celle du Soleil des Intelligences, éprouvent une crainte vaine. Au contraire, c'est par cet intellect que notre vérité est vraiment nôtre, et il n'existe que trois êtres capables de la connaître : l'ange, l'homme et Dieu[b].

C'est donc par l'empirisme aristotélicien dont il la leste que saint Thomas assure la survivance de l'ontologie traditionnelle, mais il faut marquer le progrès ultérieur que sa théologie lui fit faire. C'est celui dont Thomas lui-même fait honneur au musulman Avicenne. Il consistait à pousser, au-delà de l'étant, jusqu'à l'être. En effet, si Dieu est le sommet de la réalité, on ne saurait le concevoir comme un étant entre tant d'autres, mais bien comme l'être pur, sans aucun étant, c'est-à-dire sans essence. *Primus*, dit Avicenne, *quidditatem non habet.* Parole décisive, qui marque le plus haut sommet jamais atteint par la théologie

a. [Thomas d'Aquin, *Contra Gentiles*], III, c. 47.
b. *Ibid.*, *lib.* III, c. 37.

naturelle, c'est-à-dire métaphysique. Pour des nécessités théologiques, Thomas lui-même préférait s'exprimer autrement. En Dieu, disait-il, c'est l'*esse* qui est l'essence ; il est donc son être, il ne l'a pas, et c'est bien pourquoi lui-même s'est nommé devant Moïse, *Qui est.* Comme le disait saint Augustin dans ses *Confessions*, Dieu est *Est.*

Cette décision n'entraînait pas de changement perceptible dans les attributs parménidiens de l'être. Surtout si l'on accepte la correction que Mélissos avait apportée à la doctrine en attribuant à l'être l'infinité que Parménide semble lui avoir refusée, et que d'ailleurs Bonaventure préfère nommer l'immensité, on se retrouve simplement devant un *esse* qui s'est approprié toutes les perfections dues à l'*ens.* Ce n'est plus l'ἐòν de Parménide, mais plutôt τὸ εἶναι, qui se pose désormais comme pur de tout non-être, nécessaire, simple, immuable, éternel et ainsi des autres attributs de l'être, qui ne font qu'un avec lui. La différence capitale est que, désormais, l'être est ce même être unique que les théologiens nomment Dieu. Par une conséquence immédiate, et moins une conséquence que l'envers de la même position, il n'y a que Dieu seul qui soit l'Être. Ce qui se distingue de Dieu ainsi conçu ne peut en différer que par quelque mélange de non-être. Le premier de ces mélanges que l'on puisse concevoir consisterait à nier de Dieu que l'Être qu'il est soit à lui-même sa propre essence. On obtient immédiatement ainsi la division générale de l'être réel familière aux lecteurs d'Avicenne, ainsi d'ailleurs que de saint Thomas d'Aquin, entre l'être pur, qui est le Premier (*Primus*) d'Avicenne, ou Dieu (Thomas d'Aquin) et l'être composé d'essence et d'existence (*ens : essentia – esse*) qui inclut tous les étants, autres que Dieu comme par définition. Puisqu'il n'est pas simple, l'étant n'est pas par soi, il ne peut donc être que créé par le premier. De là son nom, *ens*, c'est-à-dire, ce-qui-a-l'*esse*. En d'autres termes, hormis l'être, il n'y a que des essences (des *ce-qui*) informées par un acte d'être, un *esse*, qui fait de chacune d'elles un étant.

Même à l'intérieur de la théologie chrétienne, ces relations intrinsèques à l'être ne se sont pas imposées à tous comme évidentes. On peut dire que la réflexion sur les implications de la notion de création *ex nihilo*, dont le P. Sertillanges a dit qu'elle était une « exclusivité chrétienne », devait inévitablement y conduire ; en fait, cette préparation métaphysique d'*esse* pur ne fut obtenue que progressivement, grâce d'abord à la perspicacité de certains théologiens musulmans, puis à celle du philosophe Avicenne et finalement du théologien Thomas d'Aquin, selon qui le Premier n'est pas seulement le pur *necesse est* du philosophe de l'Islam, mais encore et d'abord l'*Ipsum purum esse*, dont la pureté fonde la nécessité plutôt que le contraire. Rendue en ce point, l'ontologie avait atteint son sommet, en tout cas, autant qu'on puisse le concevoir aujourd'hui encore, son terme. Pourtant, non seulement elle ne s'est pas universellement imposée aux philosophes sous cette forme, mais la majorité des théologiens chrétiens, dont d'illustres thomistes, ont refusé de suivre Avicenne et Thomas d'Aquin sur cette voie. Maintenant contre eux l'ontologie d'Aristote, qui est celle de l'étant en tant qu'étant et de la substance, comme il convient à un univers sans créateur, ils ramenèrent et maintinrent l'ontologie en deçà de ce sommet suprême où Dieu est l'Être pur, dans son actualité parfaite et cause de l'être de chaque étant particulier, pour faire de lui l'Étant en tant qu'Étant, dont l'actualité cause celle des substances particulières. Toutes les questions au sujet d'un tel univers sont légitimes, sauf celle de son existence, car puisqu'ici c'est l'étant même qui est nécessaire, il est superflu de le doter d'un être qu'il n'a pas pouvoir de donner ni besoin de recevoir.

Cette ontologie de basse ou moyenne altitude est celle dont les temps modernes ont hérité, que même les plus métaphysiciens des philosophes du dix-septième et du dix-huitième siècle ont implicitement acceptée et que Kant a discréditée en même temps que la métaphysique où elle s'était définitivement installée. En un temps aussi peu métaphysique que le nôtre, mais où pourtant la notion d'être redevient pour quelques-uns l'objet d'une réflexion attentive, insistante, parfois même passionnée, il importe de se demander comment elle se situe par rapport à la grande tradition de Parménide. En effet, ceux qui viennent à l'être philosophique à partir de la théologie chrétienne sont naturellement exposés à se méprendre sur le sens des derniers développements d'une spéculation qui ne doit rien à cette source ou, en tout cas, fait profession de lui rester étrangère. Inversement, il n'est pas impossible que la remarque de Comte se soit vérifiée dans ce cas particulier. Il y a des vérités qui tombent en désuétude, elles se perdent de vue, de sorte qu'elles doivent être découvertes à nouveau et, ajouterons-nous en dépit de Comte, qu'il leur arrive de l'être. L'adverbe « irrévocablement » cher à Comte et aux chronolâtres, n'est pas de mise en métaphysique. Reconnaissons pourtant que cela crée des situations embarrassantes pour ceux qui s'y trouvent engagés, car ceux qui retrouvent d'anciennes vérités sont naturellement frappés de ce qu'il y a de spontané et de personnel dans leur découverte, alors que les héritiers d'une tradition abâtardie refusent de la reconnaître comme leur sous la forme rajeunie qu'on leur en propose. Pourvu qu'elle dure assez longtemps, toute usurpation devient légitimité. De là les ontologies récentes dont on ne peut guère espérer les comprendre vraiment parce qu'on vient trop tard pour avoir vécu avec elles le temps nécessaire pour entrer dans leur familiarité. Le langage volontairement abstrus dont elles usent rend d'ailleurs difficile d'y faire la part de la confusion et de la profondeur véritable, mais on ne peut se retenir de s'interroger à leur sujet[1].

Qu'y a-t-il de nouveau dans les aventures de l'être ? D'abord ceci, que son importance vienne d'être redécouverte et que le problème ait repris vie dans la pensée de quelques philosophes contemporains. Pour le rajeunir, on propose même de rapprocher ses données de ce qu'elles furent à l'origine, avant que le dieu n'y eût pénétré ou n'y ait été introduit. Avant de s'interroger sur les conséquences probables de cette opération, il faut se demander si elle est possible ou, peut-être, nécessaire. Mais peut-on remonter à volonté le cours de l'histoire et, si on le peut, la tentative a-t-elle chance de réussir sur ce point particulier ?

Il faut s'entendre sur ce qui est en jeu. La religion ne l'est aucunement. À aucun moment le Dieu de la Révélation et de la foi n'a pu devenir celui de la philosophie et de la raison. La distinction spécifique des deux ordres leur interdit de se confondre en aucun point. Ils ne peuvent que s'accorder ou s'opposer, non se mêler. On ne saurait donc former le projet de désacraliser l'ontologie, mais, tout au plus, de la dé-théologiser. Or même ainsi précisée l'opération reste impossible, parce que la théologie elle-

1. La fin du chapitre reprend le second article de la *Revue Thomiste* : *RT.*, LXII, 1962, p. 181-202. C'est cette seconde partie que l'auteur aura le plus profondément remaniée pour le présent recueil. Rappelons aussi que cette même année 1962 voit paraître la deuxième édition revue et augmentée de l'*Être et l'essence*, dont l'appendice II (« Réponses à quelques questions ») est pour partie consacrée à M. Heidegger, p. 365-378.

même ne peut faire que la philosophie qu'elle utilise, ou qu'elle produit en vue de ses besoins propres, atteigne des conclusions situées au-delà des limites accessibles à la lumière naturelle de la raison.

En tant qu'elle entreprend de philosopher, la théologie ne rencontrera jamais d'autre Dieu que celui des philosophes et des savants. Cela est si vrai qu'on pourrait retracer toute l'histoire de la notion d'être chez les philosophes et les théologiens du Moyen Âge sans que le mot « dieu » fût écrit. Eux-mêmes l'emploient sans cesse parce que, théologiens, c'est en tant que Dieu que l'être les intéresse ; puisque Dieu est l'Être, rien de ce qui concerne l'être ne leur est étranger, mais s'il leur fallait parler en purs philosophes, ces théologiens pourraient ne parler que de l'être sans que leur ontologie s'en trouvât affectée. En fait, le philosophe musulman Avicenne ne dit jamais Dieu, mais *Primus*, « le Premier ». Il avait d'ailleurs un précédent illustre, puisque Yahweh lui-même n'a pas répondu à Moïse qui lui demandait son nom : Je me nomme Dieu (ou le Seigneur, ou Adonaï) mais bien : Je me nomme « Qui Est », ce que saint Augustin entendra au sens de : *Je suis Est*. L'évolution subie par la notion d'être, largement sous l'influence du texte de l'*Exode*, ne l'a affectée qu'en tant qu'elle signifiait l'être en tant qu'être. On peut donc déplorer les conséquences de cette évolution, on a même le droit de ne pas en tenir compte, mais il serait dénué de sens de le faire pour libérer la notion de ses attaches avec une théologie où elle n'a jamais perdu la pureté de son essence philosophique parce que, ne lui devant ni son origine ni son évidence, elle n'y était pas vraiment engagée. C'est donc en elle-même et sur ses propres mérites que cette notion doit être jugée.

La condamnation portée contre elle s'inspire de motifs divers, dont deux au moins sont inséparables dans la pensée de son critique d'aujourd'hui le plus profond, Martin Heidegger. Le premier, qui reparaît fréquemment dans ses écrits, et sous une forme assez constante, est que l'ontologie souffre d'une erreur fondamentale et invétérée qu'on peut nommer « l'oubli de l'être ». En effet, comme on ne peut en parler sans se le représenter de quelque manière, on le conçoit comme ce qu'il y a de plus général, *das Generellste*, c'est-à-dire, en somme, comme l'*étant (ens)* en tant que tel. C'est pourquoi, de toute antiquité, l'être (*das Sein*) est pris pour l'étant (*das Seiende*), et qu'à son tour l'étant est pris pour l'être, les deux se trouvant ainsi emmêlés dans une confusion qui, s'il faut en croire l'essai *Über den Humanismus*, n'a pas encore été soumise à la réflexion. Ces notions se trouveraient donc « in einer seltsamen und noch unbedachten Verwechslung »[1]. Le deuxième motif, à peine séparable du premier est que, la métaphysique s'étant toujours conçue comme la science de l'étant, il est devenu nécessaire de la dépasser pour pénétrer jusqu'à la connaissance de l'être.

En un sens l'observation est juste. Elle signifie que la remarquable ignorance de l'histoire de la philosophie, qui est une des constantes de sa pensée et lui rend l'originalité si facile, l'autorise à ne tenir compte, dans sa réflexion, que d'une partie de la tradition métaphysique, celle précisément qui a obstinément rabattu l'être sur le plan de l'étant. C'en est, reconnaissons-le, la partie de loin la plus considérable, car il est vrai que, dans son ensemble, la métaphysique traditionnelle a été caractérisée par une sorte

---

1. *Lettre sur l'Humanisme*, trad. fr. R. Munier, Paris, Aubier, 1957, p. 100. *Brief über den « Humanismus »*, *GA.*, 9, p. 339.

de fuite constante devant l'être et par une préférence marquée pour l'étant : *ens in quantum ens*, c'est bien là, en fait et presque toujours, l'objet que s'est assigné la métaphysique. Dans la mesure où il en est ainsi, la revendication heideggérienne des droits de l'être est bien fondée et la métaphysique commune de l'étant doit être dépassée.

Il est en revanche inexact que cette erreur ait été universellement commise et, si possible, plus inexact encore que cette confusion n'ait jamais fait l'objet d'une réflexion sérieuse. Il est vrai qu'une réflexion à laquelle on refuse de prêter attention cesse par là même d'être sérieuse. Il n'en est pas moins vrai que la distinction entre l'essence et l'*esse* qui fait d'elle un étant, est devenue au treizième siècle un thème de discussions approfondies dont on doit d'ailleurs reconnaître qu'elles sont demeurées sans conclusion définitive. Peut-être est-il de leur nature qu'il en soit ainsi, car en métaphysique, où l'on ne peut que voir ou ne pas voir, toute certitude a la faiblesse de l'évidence, dont on sait que rien n'est plus facile à nier. Pourtant la question a été posée dès le douzième siècle par les grands métaphysiciens d'expression arabe, Al-Kindi, Al-Farabi et surtout Avicenne, elle a été reprise au treizième siècle par Thomas d'Aquin, au quatorzième par Duns Scot et d'autres, et soumise par eux à un examen qui témoigne d'une claire conscience de l'importance du problème. Faut-il identifier les notions d'être et d'étant, concevoir l'*esse* comme un *ens*? Ou ne doit-on pas plutôt concevoir l'*ens* lui-même comme n'étant tel qu'en vertu d'un acte d'*esse*, qui est précisément un acte d'être?

Il est vrai que beaucoup de ceux qui prirent part à la controverse sur la composition d'essence et d'existence dans l'étant fini, ne comprirent jamais le sens vrai de la question. Aujourd'hui encore certains peuvent en parler abondamment sans voir la portée de leurs propres paroles, mais ce ne fut pas le cas de tous. Il est simplement faux de dire, sans plus, que la métaphysique s'est essentiellement bornée à la connaissance de l'étant et qu'il faut la dépasser pour atteindre l'être. La philosophie s'invente mais l'histoire de la philosophie s'apprend. La vieille définition de l'opuscule *De natura generis*, chapitre I : « Ens igitur est cujus actus est esse », interdit des fantaisies historiques comme celles auxquelles se plaisent trop de nos contemporains. Lorsque Thomas pose l'*esse* comme « l'acte des actes et la perfection des perfections », il donne d'avance le démenti à ceux qui prétendent qu'avant eux on n'a jamais dépassé le plan de l'étant pour atteindre celui de l'être. Lorsqu'il définit l'être : « ce par quoi l'essence est un étant », il ne confond certainement pas l'étant avec le principe dont il tient sa dénomination. S'il est une philosophie où la pensée atteigne l'être *dans* la métaphysique, c'est bien celle-là. Il faut donc récuser ensemble ces trois affirmations solidaires : tous les philosophes se sont représenté l'être comme le suprêmement général, ce qui était confondre l'être métaphysique avec l'être logique de l'*ens* ; tous les philosophes ont pris l'étant pour l'être et inversement ; troisièmement et enfin, cette confusion n'a jamais été soumise à la réflexion. Dans la mesure où elles prétendraient définir des faits historiques, aucune de ces trois propositions n'est entièrement vraie, chacune contient quelque chose de radicalement faux.

Il va sans dire qu'il s'agit ici d'histoire vue dans une certaine perspective philosophique. Même s'il admettait qu'il y ait eu des philosophes et théologiens capables de distinguer l'être de l'étant, ce que l'on peut ignorer mais difficilement nier, notre philosophe maintiendrait sans doute intégralement sa position. En effet, ferait-il observer, même quand ils tentent de le concevoir en lui-même, c'est encore à l'être de l'étant qu'ils pensent, comme si toute sa réalité s'épuisait dans l'acte par lequel il confère l'être à l'essence. Ainsi l'oubli de l'être persiste dans le temps même qu'on s'efforce de le rendre visible à l'esprit.

Il serait vain de contester cette manière de présenter l'objection, car il y a certainement dans la pensée de Martin Heidegger une exigence ultime, et comme un souci profond de rendre justice à l'être, mais il témoigne d'une grande naïveté en se croyant le premier à l'éprouver, et puisque lui-même ne parvient pas à le satisfaire, on ne doit pas espérer y réussir mieux que lui en suivant sa propre ligne. Trop de ses lecteurs méconnaissent dans sa difficulté à se comprendre lui-même ce qui n'est peut-être qu'une erreur sur la nature du problème lui-même. On admire qu'il ait décelé la confusion qu'implique la notion d'onto-théologie ; on admirerait aussi légitimement qu'il ait lui-même négligé l'aspect par lequel cette soi-disant confusion est une nécessité pour la pensée. Car il a beaucoup réfléchi sur l'être, mais fort peu sur Dieu. Or la transcendance absolue de l'être sur l'étant n'apparaît pleinement, dans la métaphysique de l'*esse*, qu'au moment où, théologisant à fond la notion d'être, elle l'identifie à la notion philosophique de Dieu. Alors en effet, c'est-à-dire au moment où l'entendement s'efforce de concevoir le Dieu de la religion, la pensée se trouve en présence d'un *esse* pur, dont on peut dire, au choix, soit qu'il est lui-même sa propre essence, soit qu'il est sans essence, mais que de toute façon l'intellect doit s'efforcer de concevoir comme affranchi de toute essence qui ajouterait quoi que ce soit à son *esse*. Un *est* libre de tout *ce qui*, c'est précisément un être qui ne se définit pas comme acte d'un étant. Cela est si vrai que, s'il eût choisi librement de demeurer éternellement dans sa béatitude solitaire, Dieu resterait l'être pur soi-même, et rien ne lui manquerait sans qu'il y eût un seul étant.

Rien ne montre mieux la misère de la recherche philosophique, car nous voici séparés de la pensée dont nous cherchions le contact, par ce qui devrait au contraire nous en rapprocher. On ne veut pas nous laisser dire que l'être *est*, de crainte que nous ne comprenions une fois de plus cet *est* comme signifiant « quelque chose qui est ». Citons-nous le cas limite de Dieu afin d'exorciser l'importun *ce que* dont la présence offusque la pureté de l'*Est*? On refusera de nous faire confiance : « Der Mensch hält sich zunächst immer schon und nur an das Seiende »[1]. Dieu n'est pour nous le transcendant que par rapport à ce qu'il transcende. On ne sortira pas de là : « Le transcendant est l'étant suprasensible. Il est pour nous l'étant suprême, au sens de première cause de tous les étants[2]. » Ainsi, ignorant délibérément (ou naïvement) les efforts de tant de philosophes et de théologiens, pour ne rien dire des grands mystiques, pour s'élever au-delà de toute quiddité jusqu'à l'acte pur d'être en établissant que Dieu *n'est pas un étant*, Martin Heidegger s'obstine, de toute sa ténacité butée, à dresser entre lui-même et eux la plus profonde de leurs aspirations communes[a]. C'est sans doute qu'il se sent

a. On s'étonne un peu qu'un esprit de la qualité de Heidegger tienne la « philosophie chrétienne » pour un cercle carré. Il faut toujours se méfier de prêter à ses adversaires une simplicité d'esprit au-dessous de la moyenne. Le premier chapitre de son *Introduction à la métaphysique* suppose un fondamentalisme biblique et un essentialisme également

1. *Lettre sur l'Humanisme*, p. 79. *Brief über den « Humanismus »*, *Wegmarken*, p. 162 ; *GA.*, 9, p. 331.

2. *Lettre sur l'Humanisme*, *op. cit.*, p. 130. *Brief über den « Humanismus » Wegmarken*, 180 ; *GA.*, 9, p. 349-350.

divisé d'eux au sein de cette aspiration commune même. Que voudrait-il donc qu'ils eussent fait, et qu'ils n'ont point fait ? Mais d'abord, sait-il ce qu'ils ont fait ?

C'est se demander comment Dieu est venu dans l'être, question qui se présente de nouveau à chaque moment de la réflexion onto-théologique. Les théologiens ne font pas difficulté d'y répondre en disant qu'ils sont partis *a creatura mundi*. En langage philosophique, cela veut dire qu'il y a quelque chose : *es gibt Sein*. Partant de l'être, on ne peut en effet aboutir qu'à de l'être, et c'est ce qu'on fait en posant dieu comme l'Être, purement et simplement. Il est naturel que des esprits non-métaphysiciens croient se former par là un concept positif de Dieu, mais puisque nous le posons comme suprême dans une ligne qui part de la créature, Être est encore pour Dieu un nom de créature. C'est même, de tous les noms qu'on puisse lui donner celui qui est le plus essentiellement un nom de créature, et cela du moins on ne peut douter que les théologiens ne l'aient su. Dans son commentaire sur le *De divinis nominibus*, disant pourquoi le nom de *Qui est* convient suprêmement à Dieu, Thomas d'Aquin observe : « Si quelque cause doit être nommée à partir de son effet, la dénomination qui convient le mieux se tire du principal et plus noble de ses effets. Or, entre tous les effets de Dieu, l'être même (*ipsum esse*) est le principal et le plus noble.

---

inattendus chez un philosophe du *Sein*. Heidegger s'en tient à saint Paul : « Pour la foi chrétienne primitive la philosophie est folie ». En effet, car saint Paul ne connaissait d'autre philosophie que celle des Grecs, liée au paganisme et donc folie aux yeux de l'Apôtre (*Rom.* 1, 22). Mais dans le même chapitre l'Apôtre lui aussi philosophise ; on ne peut connaître les *invisibilia Dei* à partir de la création sans philosopher. M. Heidegger lui-même ne se serait pas interrogé sur l'être, s'il n'était l'héritier de la tradition judéo-chrétienne, ce qu'il semble oublier.

Donc Dieu, que nous ne pouvons nommer qu'à partir de ses effets, est nommé être avec une suprême pertinence[a]. » C'est que, quelles que soient d'ailleurs ses perfections, une créature ne peut les avoir que si elle reçoit d'abord l'être. La première de toutes les participations possibles à Dieu est la participation à ce qu'il est comme être même : « Quelque perfection que possède une créature, elle le doit à sa participation à Dieu qui, en quelque sorte, est proposé et offert en participation à tout, mais c'est quant à l'*esse* même qu'il est participé d'abord et avant toute autre perfection[b]. » Dieu se nomme être, parce que l'être étant suprême dans les choses, à partir desquelles seules nous pouvons le nommer, nous le désignons comme la plus noble des causes, mais c'est en effet comme leur cause que nous le nommons. Parce que ces choses sont des étants, nous nommons leur cause être. Il est pourtant en lui-même infiniment plus que leur cause, et pour ce qu'il est absolument en lui-même, nous n'avons pas de nom. C'est le sens profond du Tetragrammaton et de l'obstination séculaire du peuple juif à refuser de divulguer la manière de prononcer son nom. Nommer Dieu du moins mal que l'on peut, c'est faire de son mieux, mais ce n'est pas commettre l'erreur de prétendre dire ce qu'il est dans la solitude de sa perfection.

Heidegger lui-même ne fait pas mieux. Quand on le lit avec le désir de comprendre ce qu'il attend de nous, on finit par se demander si ce ne serait pas quelque chose qu'il ne peut pas obtenir de lui-même ? C'est ce que donne à penser la formule, fréquente sous sa plume : *la vérité de l'être, chercher la vérité de l'être.* Sans doute entend-il

a. [*In librum...de Divinis Nominibus*, éd. C. Pera, Marietti, Rome-Turin, 1950], C. V, l. I, n. 633.
b. *Ibid.*

par-là (dans la mesure où il tolère d'être entendu) une réflexion qui ne s'arrête pas au doublet conceptuel par lequel nous transformons l'être en étant, ne laissant finalement subsister que le concept vide du *genus generalissimum*, général au point de n'être même plus un genre, bref, le fameux *ens inquantum ens* dont se repaît la métaphysique. Heidegger a raison, mais enfin il n'est pas seul ni premier dans son entreprise ; on imagine qu'il doit éprouver une certaine gêne, venant si longtemps après Parménide, à se sentir si complètement isolé.

L'être est, disait déjà Parménide. Vingt-cinq siècles plus tard non seulement nous ne sommes pas plus avancés, mais Heidegger ose à peine aller jusque-là. Il ne se sent pas en sûreté avec la proposition *das Sein ist*, du moins si c'est un autre que lui qui la manie, car le fantôme de l'étant est toujours là, rôdant autour de l'*est* comme de sa demeure et impatient d'y rentrer. Mais comment l'éviter ? Selon la parole de Parménide : ἐστι γὰρ εἶναι : « Es ist nämlich Sein[1]. » À quoi Heidegger ajoute ce commentaire : « Dans cette parole se cache pour toute pensée le mystère initial. » Puis il exprime le regret qu'aujourd'hui encore cette parole de Parménide reste « impensée ». Il se peut, mais qu'en sait-il ? Comment savoir combien l'ont pensée sans plus réussir que Heidegger à vaincre la résistance qu'elle oppose ? On se demande si l'être est et comment il est ? Les réponses sont toutes balbutiantes ou fermes, mais tournant un peu court. Telle celle que Heidegger lui-même propose à la question : « Was ist das Sein ? ». Le *Sein* répond-il, c'est cela même : *Es ist Es selbst*[2]. Ce n'est

---

1. *Lettre sur l'Humanisme*, p. 86. *Brief über den « Humanismus »*, *Wegmarken* (165), *GA.*, 9, 334.
2. *Ibid.*, p. 76. *Ibid.*, (162), *GA.*, 9, 331.

guère, mais nul n'en a dit beaucoup plus sur le sujet. On admettra même « qu'éprouver cela et le dire soit ce que la pensée de l'avenir doive apprendre à faire ». On ajoutera seulement que c'est ce qu'a toujours dit toute pensée authentiquement métaphysique. Au fond, Heidegger le sait bien, mais il est hanté par la crainte de voir un autre objet occuper subrepticement dans la pensée la place de l'être. Son appel au futur n'est là que pour exorciser un certain passé. Il ne faut pas que l'être soit une fois de plus offusqué par quelque cause-de-l'univers. Il ne faut pas que l'être nous soit une fois de plus caché par Dieu.

Quand on se décourage de méditer sur l'être, on peut se reposer en observant le cas Heidegger. Car on le voit ici soucieux de protéger contre Dieu une notion de l'être qui ne lui serait même pas venue à l'esprit s'il n'avait hérité de ce qu'il y a de meilleur dans la théologie du Moyen Âge[a]. C'est même sans doute le désir d'affirmer

a. Heidegger avait dix-huit ans, assure-t-on, quand le livre de Brentano sur la notion d'être chez Aristote lui tomba entre les mains. Brentano enseignait, avec raison, que le vrai sens aristotélicien du mot őv (étant) est « substance ». Aucune autre interprétation de la doctrine ne me semble possible. On trouvera dans la préface de Heidegger au livre de W. J. Richardson (*Heidegger : Through Phenomenology to Thought*, La Haye, 1963), le résumé d'une histoire critique de la métaphysique médiévale de l'être, où la méconnaissance des faits les plus certains se compense par une imagination fantaisiste. Sa propre pensée est pourtant en cause, car lui, qui s'amuse de la naïveté de ceux qui parlent de « philosophie chrétienne », ne s'aperçoit pas qu'il doit à la tradition thomiste la revendication du primat du *Sein* sur le *Seiendes*. J'admets volontiers qu'il l'ignore, mais il est impossible de philosopher sans redécouvrir plus d'une fois l'Amérique. Il n'y a pas de mal à cela. Il faut seulement, en débarquant aujourd'hui à New York, ne pas prétendre que Christophe Colomb n'a jamais existé. [La lettre a ensuite été publiée séparément, sous le titre : « Ein Vorwort. Brief an P. William J. Richardson », in *Philosophisches Jahrbuch*, 1965, vol. 72, n. 2, son indépendance spéculative qui lui fait inventer la pauvre notion de Dieu « étant-suprême » qu'il va balayer superbement pour faire place libre à l'être. L'être, dit-il, « est plus loin que tout étant, et néanmoins il est plus près de l'homme que n'importe quel étant, fût-ce une pierre, un animal, une œuvre d'art, une machine, un ange ou Dieu »[1]. Mais, précisément, c'est en approfondissant la notion de Dieu-être que les théologiens ont conçu les premiers cette notion de l'être comme plus proche de nous que tout autre étant, y compris celui que Heidegger oublie, nous-mêmes. L'être de Heidegger est le vrai, non parce qu'il se définit contre Dieu, mais parce qu'il se définit comme Dieu, n'étant qu'un autre nom du Dieu judéo-chrétien de l'*Exode. Das Sein ist das Nächste*[2]; oui, en vérité, mais on sait cela depuis l'*in eo vivimus, et movemur et sumus* de l'Écriture, depuis les lignes sobrement émues de la *Somme de théologie*, où Dieu est dit présent à toutes choses par son essence même, car il les habite toutes du dedans, *et intime.*

Essayons de faire le point. Il ne s'agit pas ici de « critiquer » Heidegger. En philosophie première, la critique perd ses droits. Nous y sommes comme des gens qui échangeraient des propos dans un même brouillard, et savent qu'ils y sont ensemble, mais sans pouvoir comparer

p. 397-402. Dans ce même numéro du *Philosophisches Jahrbuch*, on pouvait lire également : *Heideggers Weg durch die Phänomenologie zum Seinsdenken*, p. 385-396, où Heidegger revient sur sa lecture de Franz Brentano. Voir la trad. fr. : « Lettre à Richardson », dans *Questions IV*, Paris, Gallimard, 1976 ; repris aujourd'hui in *Questions III-IV*, p. 338 *sq.*]

1. *Lettre sur l'Humanisme*, p. 77. *Brief über den « Humanismus »*, *Wegmarken*, p. 162, *GA.*, 9, p. 331.

2. *Lettre sur l'Humanisme*, p. 76. *Brief über den « Humanismus »*, *Wegmarken*, p. 162, *GA.*, 9, p. 331.

le peu qu'ils voient. On aurait d'ailleurs mauvaise grâce
à critiquer ; il faut plutôt remercier l'esprit si rare qui, dans
un âge hébété de scientisme, a créé un regain d'intérêt
pour le problème clef de la métaphysique. Son plus grand
mérite a d'ailleurs peut-être été de voir, et de dire avec
force, que la réflexion sur l'être ne saurait se proposer de
« progresser ». Il ne s'agit pas là de « faire avancer la
question ». Au contraire, « lorsque la philosophie s'arrête
à considérer sa propre essence, elle n'avance absolument
pas, elle marque le pas sur place afin de penser constamment
le Même. Avancer, donc, quitter cette place, est une erreur
qui suit la pensée comme son ombre »[1]. En effet, c'est elle
qui la projette, et c'est pourquoi la philosophie première
commet si souvent l'erreur de partir du principe, comme
on dit, c'est-à-dire de lui tourner le dos dans l'espoir de le
mieux saisir. Nul esprit engagé dans la même recherche
ne restera indifférent au son de ses paroles. Celui qui les
prononce est l'un de ceux que l'on a le devoir d'écouter,
ne serait-ce que pour comparer aux siennes les quelques
obscurités avec lesquelles on est soi-même aux prises.
Chacun ne peut en cela qu'aller son propre chemin, mais
il est bon d'échanger parfois des signaux avec les rares
compagnons d'aventure. Chacun demande aux autres : Où
êtes-vous ? Et il ajoute : Voici, il me semble, où je suis.

La nouvelle philosophie de l'être l'a fait. Elle a conçu
et annoncé un grand espoir : elle allait dépasser la
métaphysique. Dépasser une métaphysique n'est rien, si
c'est pour retomber dans une autre, mais dépasser la
métaphysique elle-même, c'est autre chose. Ce serait autre
chose, si la proposition avait un sens. Il s'agirait alors,
par-delà les racines de l'arbre du savoir, de pousser jusqu'au

1. *Lettre sur l'Humanisme*, p. 89.

sol nourricier dont elles tirent de quoi faire la sève. On éprouve aussitôt des doutes sur la possibilité de l'entreprise. En effet, par définition, la métaphysique est la philosophie première ; s'il y a quelque chose au-delà de l'au-delà de la physique, où se trouve la pensée, c'est cela qui est la métaphysique. Pour aller au-delà de la métaphysique, il faut en sortir, ce qui est plutôt aller ailleurs. Ce n'est que trop facile à faire. Sans parler de la théologie, qui est en effet au-delà, mais non pas sur la même ligne puisqu'elle est d'un autre *genre* et diffère de la philosophie *toto caelo*, toutes les mystiques naturelles, toutes les pensées passionnées, toutes les poésies spéculatives, ultime recours de ceux qui cherchent le secret de l'intellect ailleurs qu'en lui-même, toutes les actions en quête d'intelligibilité, autant d'invitations à laisser là le vieil arbre au feuillage gris d'argent, qui est pourtant celui de l'olivier.

Nous pouvons répondre à l'un de ces appels, mais si nous le faisons, demandons-lui de se formuler en toute franchise et définissons nous-mêmes clairement le sens de notre réponse. On ne voit rien à reprendre à la poésie philosophique ; si elle est de la poésie, dont il n'y a jamais de trop, qu'elle soit la bienvenue ! mais qu'elle ne se prenne pas pour de la philosophie ; si elle est de la prose mise en vers, il n'y a nulle révélation particulière à en attendre. Entendons-nous dépasser la métaphysique en dépassant la philosophie ? Disons-le et ne prétendons plus parler en philosophe. Entendons-nous au contraire dépasser la métaphysique à l'intérieur de la philosophie même ? Il devient alors nécessaire de découvrir, dans la philosophie, un au-delà du premier principe et de la première cause. Martin Heidegger n'est pas assez simple pour le tenter. Il a simplement décidé, et on peut même craindre qu'il ne l'ait cru, purement et simplement, que la métaphysique s'est

assignée pour objet la connaissance de l'étant en tant
qu'étant, ou plutôt cet étant lui-même, auquel, sans raison
convaincante, elle a donné finalement le nom de « dieu ».
Pour lui comme pour Albert le Grand, cet autre témoin de
la *deutsche Sachlichkeit*, la philosophie est celle que font
les philosophes et la métaphysique est ce qu'ils disent
qu'elle est ; mais puisqu'en fait les métaphysiciens les plus
profonds se sont au contraire employés à dépasser le plan
de l'étant pour atteindre celui de l'être, puisque Martin
Heidegger témoigne de cette volonté par son désespoir
même de la métaphysique, il doit s'agir d'un malentendu,
quelle qu'en soit l'origine. Il nous est impossible de
désespérer d'une sagesse conçue sous une forme qu'elle-
même travaille à dépasser.

Il importe au fond fort peu, car c'est la sagesse qui
importe, non le titre qu'on lui donne, mais il importe de
savoir sans équivoque si une fois au-delà de la métaphysique
on est encore ou non dans la philosophie. La première
question posée ici-même fait voir la portée du problème.
Comment le dieu est-il entré dans l'être ? D'où venait-il
et quel droit avait-il d'être là ? Si l'on convient de situer
l'être au-delà de la métaphysique, le dieu suivra l'être
jusque-là, mais il ne s'agit alors que du dieu en tant que
philosophiquement connaissable –, reconnaissance par la
raison de l'être auquel la religion donne ce nom. Le
philosophe se demande donc simplement si, dans sa propre
ligne et sans en franchir les limites, il peut concevoir un
au-delà de l'être ? S'il le pouvait, il serait tenu de l'identifier
au dieu. C'est ce dont témoigne la nouvelle philosophie
en situant le dieu, en même temps que l'être, au-delà de
l'étant. On s'engage alors sur une ligne qui, partant de
l'être (*Sein*) conçu comme le non-dieu, conduira la pensée
de la vérité de l'être (qui est l'être même) à l'essence du

sacré, puis de cette essence à celle de la divinité, à partir de laquelle seule il est possible de concevoir le sens du mot Dieu. Ainsi conçu le projet est cohérent, car si on commence par dédiviniser l'être pour pousser au-delà jusqu'au dieu, tout se passe au sein d'une philosophie capable de tenter l'entreprise depuis qu'elle a transcendé l'étant.

Il n'y a pas de raison de nier *a priori* que le succès soit possible, mais de sérieuses difficultés sont à prévoir. D'abord, se référant aux termes de la question même, on demande d'où peuvent venir à l'être le sacré, puis, au sacré, le divin, puis, au divin, le dieu, de quelque manière d'ailleurs qu'on le conçoive ? C'est partir d'une position analogue à celle de Parménide ; mais celle de Parménide lui-même était pure, car il est parti de son point d'arrivée ; il n'a jamais conçu l'étant comme quelque chose qui devait être dépassé ; il n'a surtout pas tenté de le prolonger dans le sens des dieux, ou même du divin et du sacré. Si l'on admet, comme il est vrai, que la philosophie première ne doive pas chercher à progresser, mais à s'approfondir sur place, il reste toujours à expliquer comment l'être en tant que tel peut acheminer la pensée vers le divin et vers le dieu. Reste-t-on au sein du même ordre, ce qui n'est ni impossible ni évident, ou ne procède-t-on pas plutôt à la découverte, au sein de l'être, de quelque chose que l'on y a mis soi-même ou que d'autres y ont d'abord introduit ?

Il est difficile de répondre sans risquer de rompre le dialogue, car on ne sait dans quelle mesure la pensée que l'on discute se tient pour solidaire de l'histoire ou, au contraire, se pose dans l'absolu du pur spéculatif. Depuis la confiscation hégélienne de l'historique par le dialectique, on ne sait plus au juste à quoi s'en tenir. On le sait d'autant moins que cette ambiguïté fondamentale permet d'enseigner l'histoire sans l'avoir apprise et autorise le philosophe à passer d'un terrain sur l'autre selon le besoin, les confirmations historiques donnant à la doctrine une apparence de réalité tandis que la doctrine confère à l'histoire une apparence d'intelligibilité. L'histoire fournit toujours au dialecticien l'exemple dont il a besoin.

Il est malheureusement impossible d'introduire de l'historique dans le philosophique sans rupture de continuité. Un ordre ici ne continue pas l'autre. Il s'agit en effet de faire place à quelques êtres analogues aux dieux de Thalès – il disait que le monde en est plein –, en tout cas à du divin, puis à du dieu, dans un être analogue à l'ἐòν de Parménide. Pour trouver du religieux dans de l'onto-logique, il faut l'y mettre. Il est donc naturel et légitime que, procédant à partir des êtres donnés (*a creatura mundi*) comme font les théologiens dans leur quête de Dieu, Martin Heidegger en cherche une approche dans la considération de l'étant, dont l'ek-sistence dévoile la vérité de l'être. Ne commettons pas l'erreur de discuter la nature de ce rapport que notre philosophe a seule qualité pour expliquer. Ce qui nous intéresse est qu'il soit conçu et posé à partir de l'ek-sistant dont le *là* atteste la présence et jusqu'à un certain point, le révèle.

C'est là qu'est la difficulté, car l'être de Parménide ne produit rien, ne dit rien, ne fait rien, ne se laisse approcher à travers rien ; il est, tout simplement ; « en effet, être est. » Sans doute l'étant de Parménide est un, mais il n'est pas « un être ». On se trouve avec lui dans l'ontique pur, antérieurement à tout sacré, à tout divin et tout dieu, et c'est parce qu'on ne lui demande pas d'en exercer les fonctions qu'on protège l'objet de l'ontologie contre toute contamination théologique. La situation change quand on cherche dans ce que Parménide tenait pour l'ordre de l'erreur et du non-être, la manifestation de ce qu'il posait comme sa négation même, le monde de l'étant. On pouvait espérer que la nouvelle trans-métaphysique réussirait à rendre intelligible, *à partir de l'être*, cette faille secrète, cette imperceptible différence initiale qui rend concevable la présence de l'étant. Elle l'a trouvé en effet, mais à condition de métamorphoser l'être en *un être* qu'elle charge de résoudre les problèmes d'origine et de causalité dont Platon avait chargé son démiurge, Aristote son Premier Moteur Immobile, et que Yahweh revendiquait, dans la Genèse, au titre de créateur du ciel et de la terre. Le langage est différent dans la nouvelle philosophie ; l'être ne *crée* pas l'étant, mais il le « jette » ; ce qui se nomme ailleurs création et créature est ici un *Wurf.* Pourquoi pas ? Aristote dirait seulement que c'est là faire des métaphores poétiques. En effet, à part le mot, il n'y a rien de changé. On ne revient pas au sacré et au dieu, en philosophie, sans passer par le détour de la mythologie. Il n'existe aucun moyen de rejoindre l'idée de dieu dans une ontologie intégralement désacralisée. L'idée de Dieu comble et couronne les aspirations du métaphysicien, mais ce n'est pas de lui qu'elle tient son origine.

Mais pourquoi le sacré et le divin entreraient-ils dans la philosophie, sinon peut-être parce qu'ils habitent le philosophe ? Nous sommes une fois de plus aux prises avec l'éternel noétisme qui place le connaître avant l'être et ne tient pour réel que ce dont l'entendement peut justifier l'existence à partir de ses propres principes. On dirait que le philosophe délivre aux choses des permis d'exister. L'ontologie en use ainsi avec la théologie et la métaphysique avec le sacré, avec le divin, le dieu, enfin avec Dieu. Il est digne de remarque que Dieu n'a pas besoin d'autorisation pour exister. La nature existerait fort bien sans les physiciens. Dieu ne tient pas des théologies son existence. À plus forte raison peut-il exister sans les métaphysiciens. La religion se passe de l'ontologie beaucoup mieux que celle-ci de la religion. Le curieux en ceci serait plutôt l'obstination des philosophes à vouloir poser à partir de leurs propres principes un problème dont l'objet, si important soit-il pour la philosophie, relève pourtant d'un ordre entièrement différent.

Les malentendus fourmillent tellement sur ce point qu'il convient d'user de précaution en l'abordant. On dit souvent que toute erreur contient une âme de vérité. Cela est vrai, et sans doute faut-il aller jusqu'à dire que ce qui nous induit en erreur est souvent la partie de la vérité dont l'évidence aveuglante nous empêche de voir le reste. C'est même pourquoi l'erreur qui se corrige, ou que l'on corrige, emporte si souvent, en s'en allant, ce vrai qu'elle voyait et qui se perd de vue avec elle. Tel semble avoir été le cas, entre plusieurs autres, lorsque la condamnation doctrinale du traditionalisme mit fin à ce mouvement que les grands noms de Bonald, de Maistre et Bautain avaient pourtant illustré. Jamais l'Église n'eut à désavouer de meilleurs chrétiens ni de catholiques plus totalement dévoués à sa cause. Un regard jeté en passant sur le sens de cet événement ne sera pas perdu.

Ramené à l'essentiel, le traditionalisme fut une réaction religieuse contre le rationalisme anti-chrétien et le philosophisme du dix-huitième siècle, dont il se contenta d'ailleurs d'accepter la conclusion. Puisque la raison était l'ennemie de la foi, il fallait que la foi fût l'ennemie de la raison. Ainsi naquit un antirationalisme d'inspiration chrétienne qui conduisit aux thèses extrêmes dont le Concile du Vatican devait condamner la principale : laissée à ses seules ressources naturelles, la raison ne peut pas démontrer l'existence de Dieu. Le traditionalisme avait tort sur ce point, mais les raisons de son attitude n'étaient pas toutes mauvaises, et parmi celles que la condamnation de la doctrine a fait oublier, on doit peut-être prendre en considération celle-ci, sur laquelle ils ont souvent insisté, que *ce ne sont pas les philosophes qui ont inventé l'idée de Dieu.* On ne saurait conclure de là que l'existence de Dieu soit indémontrable, car la conséquence ne suit pas, mais tout fait établi mérite d'être pris en considération ; or celui-ci paraît manifeste, car les dieux et le divin étaient là longtemps avant qu'il y eût des philosophes, et cela non seulement chez les peuples dits « primitifs », dont la plupart ne devaient jamais avoir de philosophie, mais même chez les Grecs où la notion d'un dieu des philosophes et des savants s'est dégagée pour la première fois nettement des mythologies populaires, et d'ailleurs contre elles.

La philosophie a donc trouvé dieu et n'a pu que lui chercher une place dans l'ontologie ; elle ne semble pas avoir eu d'autre initiative à cet égard. Ajoutons que si la philosophie n'avait pas inventé le dieu, celui-ci se passe fort bien d'elle pour vivre. Quand un philosophe annonce que Dieu est mort, un autre s'emploie bientôt à faire voir soit qu'il n'en est rien soit à le ressusciter. Tout se passe comme si l'humanité secrétait l'affirmation du divin par une sorte de fonction naturelle, soit qu'elle ne puisse vivre sans lui, ce qui ne prouverait d'ailleurs pas son existence, soit que, comme Kant l'avait vu, une exigence liée à la nature même de l'entendement la presse de l'affirmer, fût-ce d'ailleurs à tort, comme une vérité spéculative. C'est d'ailleurs alors qu'elle entreprend de prouver l'existence de Dieu. Les preuves qu'on en donne peuvent sembler très différentes et, techniquement parlant, elles le sont en effet réellement, mais toutes présupposent la présence à la pensée d'une certaine notion de l'être dont elles veulent prouver qu'il existe, non seulement dans la pensée, mais aussi en réalité.

Il est vrai que cette notion de Dieu, spontanée, issue d'une sorte de pré-métaphysique et antérieure à toute réflexion critique, est sans valeur scientifique aux yeux du philosophe, mais elle n'en est pas moins une connaissance rationnelle et comme une induction spontanée de l'entendement, fait à l'image de Dieu, et inférant de la perception des êtres l'existence de leur auteur. La quasi-universalité de cette inférence est un fait. On le nomme souvent « consentement universel » et plusieurs veulent même en faire une sorte de preuve rudimentaire, en attendant mieux. C'est une erreur, car cette connaissance spontanée n'est à aucun degré philosophique. Elle est moins et plus, n'étant pas un mode imparfait de connaissance philosophique, mais du religieux[1].

---

1. Dans l'article de la *Revue thomiste*, on pouvait lire ce développement qui ne sera pas repris (p. 408-409) : « Le "consentement universel" n'est pas un mode imparfait de connaissance du religieux, il est du religieux, et non pas simplement une certaine connaissance du sacré, limite que la preuve de Dieu la plus poussée ne franchira jamais, mais bien du sacré. La philosophie, qui affecte de le dédaigner, commet l'erreur de prendre pour une connaissance inférieure à celle qu'elle-même se propose d'atteindre, ce qui en est précisément l'objet. C'est cette présence, obscure, mais réelle, du divin qui habite du dedans sa créature, même si celle-ci le subit sans vraiment le connaître, qu'exprime le pullulement de cultes, de rites, de sectes, enfin de religions de toutes sortes que nous voyons naître encore aujourd'hui sous nos yeux. Ce n'est jamais Dieu qui meurt, mais bien la représentation que s'en fait une certaine religion lorsqu'elle permet à la connaissance qu'elle a d'elle-même de se substituer au sacré qui fait sa substance réelle. Tant qu'il domine de toute sa grandeur les formulations abstraites qu'en proposent ses fidèles, aussi longtemps que c'est bien lui qui demeure la réalité du religieux, le dieu est assuré de ne pas mourir. La mort du Dieu chrétien eût été certaine si les théologiens de Nicée avaient suivi la voie de la raison philosophique et réduit la

La religion est naturelle à l'homme parce qu'elle est liée à l'exercice naturel de son intellect et de sa raison. La distinction du théologique et du philosophique était si claire dans la pensée de saint Thomas d'Aquin, et la découverte récemment faite de la métaphysique à travers Aristote était trop récente, pour qu'elle n'insistât pas sur leur accord plus que sur leur différence. L'objet de la *Summa theologiae* était de mettre leur accord en évidence, et il y a si heureusement réussi que, par une suite imprévue de son auteur, l'œuvre a contribué à la diffusion d'une illusion devenue après lui commune : la confusion du métaphysique et du théologique, du naturel et du religieux. Un curieux texte de cet adversaire de tout innéisme de genre platonicien fait pourtant voir qu'il avait conscience de la nature du problème. Il n'admet pas l'innéisme de l'idée de Dieu, mais il admet celle de tenir pour Dieu tout premier principe des choses. On lit au début du *De substantiis separatis* : « Et quia omnibus inditum fuit animo ut illud deum aestimarent quod esset primum rerum principium, prout quisquis alicui eorum corporum auctoritatem attribuerat primi principii, eidem etiam

---

Trinité à la connaissance que l'homme peut en obtenir. Ils ont fait le contraire, mais peut-être n'est-il pas de meilleur exemple d'une telle volonté de maintenir intacte la substance même du dépôt sacré, que le Symbole du concile de Tolède, dont les formules circonscrivent l'aire de la foi avec une sorte d'acharnement sensible dans la répétition des précisions verbales : *Patrem non esse Filium, sed Habere Filium, qui Pater non sit...* (*Symbolum conc. Tolet.*, Denz., n. 19) et ainsi de suite. Tant que le sacré d'une religion domine intégralement sa théologie, le dieu est assuré de vivre. Ceux qui croient en une religion éternelle savent fort bien ce qui fonde leur certitude. C'est que, dans les formules qu'elle professe, leur foi sait qu'elle atteint la substance de leur objet divin. C'est *en* lui qu'ils croient par elles et parce que c'est de lui qu'elles vivent, elles-mêmes ne sauraient mourir. »

divinitatis nomen et dignitatem attribuendam censebat[1]. »
Cela est si loin d'être métaphysique que, on le voit, la
remarque vaut pour les corps divinisés tels que le furent
souvent les astres.

La réalité du religieux et du divin commence, bien
avant toute connaissance scientifique, dès qu'il y a du dieu,
et il y en a dans les consciences humaines dès que le
sentiment s'y fait jour de la transcendance présente d'un
principe de ce qui est, dont l'homme lui-même dépend
avec l'univers des choses. En ce sens ce « consentement
universel » est un, malgré la diversité de ses expressions.
Il ne prouve rien, il n'est pas non plus à prouver, il exprime
plutôt la religion naturelle elle-même, non comme
institution, ni comme rite, ni comme formulation critique
d'aucune connaissance, mais comme fait dans la nudité
du rapport simple de l'homme au dieu. Cette réalité est ce
que le philosophe a charge de penser et, s'il le peut, de
formuler en termes intelligibles, mais sa réflexion se trompe
d'objet si, au lieu d'installer d'abord la raison dans le fait
de la religion, il entreprend la tâche contradictoire de faire
tenir la religion dans les limites de la raison. La science
réussirait moins bien qu'elle fait si elle en usait ainsi avec
la nature. L'être passe partout avant le connaître ; l'intellect
commet avec la religion l'erreur de la réduire à la
connaissance qu'il en prend, ce qui revient à la transformer
en philosophie et, pour celle-ci, à détruire son objet. La
philosophie de la religion n'est pas religion.

Le chrétien hérite d'une situation complexe sur laquelle
il est naturel pour lui de réfléchir. Derrière lui, autour de
lui et en lui s'étend le domaine toujours réel du religieux

---

1. Voir aujourd'hui la trad. fr. de Nicolas Blanc, *Les substances
séparées*, « Sagesse Médiévale », Paris, Les Belles Lettres, 2017.

et du sacré. Réaction vitale de l'homme de tous les temps à sa condition humaine et aux problèmes qu'elle lui pose, le sacré entoure tous les moments critiques de sa vie et les actes qui les marquent, naissance, amour, mort, quête des aliments nécessaires. Ce n'est pas sans cause que la sociologie porte dans une si large mesure sur des institutions religieuses primitives, sur du sacré et sur des rites. Il est curieux que le sociologue se croie par-là autorisé à dissoudre en explications la réalité sans laquelle il n'aurait rien à expliquer. Tout le sociologique de la sexualité n'empêche pas que la reproduction de l'espèce soit un fait biologique, celui de la religion n'empêche pas que le religieux soit un donné irréductible. Elle est un fait naturel propre à l'homme, dans la mesure du moins où elle est liée au langage et à la pensée. C'est pourquoi le Dieu de la religion inclut celui des philosophes et des savants, né de leur réflexion sur la réaction immédiate d'un être doué de connaissance intellectuelle au problème de sa destinée. Le Juif, le Musulman et le Chrétien ajoutent à ce donné, ou plutôt lui trouvent ajouté, l'Écriture par excellence, le Livre par excellence, où leur foi croit trouver la parole de Dieu lui-même et ce qu'il a révélé de la connaissance que lui-même a de soi. S'il philosophe, le croyant n'a pas d'autre raison ni philosophie que l'incroyant, la différence est que, une fois de plus en fait, la partie la plus haute de la métaphysique est cette « théologie naturelle » vers laquelle toute philosophie complète tend comme à son terme. S'il philosophe, le croyant se trouve donc porté à l'extrême pointe de la recherche philosophique et engagé dans la poursuite de la conception de Dieu la plus haute entre celles qui sont accessibles à la raison.

Le Christianisme ajoute à cette perspective une dimension différente de toutes celles de la philosophie. Il est une religion du salut. Entendons par là avec lui que Dieu, créateur libre, a librement décidé d'intervenir dans l'histoire de sa création, de s'adresser personnellement à l'homme pour l'associer à sa propre vie divine et lui donner les moyens d'y participer. À vrai dire, Dieu n'a créé le monde que pour l'homme et l'homme que pour cette fin. L'Église maintient à la fois la compétence de la raison pour connaître l'existence et les attributs de Dieu, et l'impuissance de la raison à concevoir seule la possibilité même de ce salut et les moyens que Dieu met à sa disposition pour l'obtenir. La théologie naturelle ne fait que poser les préambules de la possibilité humaine de la foi. Qu'on relise à ce sujet les grands textes du pape Pie IX, on y trouvera cette vérité double et complémentaire fortement affirmée. Tout chrétien d'aujourd'hui le sait, ou devrait le savoir. Il ne peut donner son adhésion qu'au seul Dieu de la révélation judéo-chrétienne et, s'il philosophe, à ce Dieu tel que le peuvent concevoir les philosophes et les savants, mais il la refusera aux dieux des mythologues et sociologues, des poètes et des chefs de la Cité, qui ne sont qu'eux-mêmes et leurs fins propres érigés en ordre du divin. Quand la métaphysique du Chrétien a dit son dernier mot, le philosophe n'a pas encore pénétré d'un pas dans la vérité du Dieu de la révélation et de la foi. La notion d'un salut chrétien d'essence philosophique est dénuée de sens. Le surnaturel chrétien n'est pas du naturel raffiné au-delà de toute limite concevable ; le naturel pur est plus que jamais du naturel. Pascal est ici l'interprète impeccable de la grande tradition chrétienne, car il ne supprime pas le dieu des philosophes et des savants, mais il maintient à bon droit que celui des « saints » est d'un autre ordre, et que cet ordre même est « supérieur ».

On voit comment le philosophe chrétien répond à la question posée : comment le dieu est-il entré dans l'être ? Ou comment l'être a-t-il absorbé le dieu ? Il n'y a qu'un Dieu et si on croit à celui de la foi, il faut nécessairement que ce soit lui qui s'empare de celui de la philosophie. Le seul Dieu qui soit vraiment est le Dieu du salut. Mais ici s'offre à la pensée cette étonnante nouvelle, rappelée déjà par saint Augustin, que le Dieu de la révélation s'est lui-même offert à la foi sous un nom que n'avait encore jamais revendiqué pour lui la réflexion des philosophes. Lui-même s'est nommé QUI EST. Averti de cette parole, le philosophe chrétien sait qu'il lui reste quelque chose à découvrir tant qu'il n'a pas atteint ce sommet dans sa méditation sur Dieu. S'il y parvient, une grande paix se fait dans sa pensée. Comme philosophe, il sait que tout effort de la raison pour pénétrer plus avant dans l'épaisseur de l'être est bien dirigé, mais puisqu'il sait que le terme de son effort est divin, il ne s'étonne pas non plus que cet effort finisse par s'arrêter, comme les pas du voyageur sur les sentiers perdus, mais au point où les sentiers se perdent, le philosophe sait qu'il a atteint son terme. C'est au Chrétien de prendre la relève et d'étreindre dans l'obscurité de l'amour Celui dont Thomas d'Aquin répète, avec Denys, que notre manière de le connaître la plus parfaite est de savoir que nous ne savons pas ce qu'il est. C'est à des philosophes et des infidèles que s'adresse la parole du *Contra Gentiles*, III, 49 : « Et hoc est ultimum et perfectissimum nostrae cognitionis in hac vita ; unde Dionysius dicit in libro *De mystica theologia*, c. 2 : cum Deo quasi ignoto conjungimur. Quod quidem contingit dum de Deo quid non sit cognoscimus, quid vero sit penitus manet incognitum. Unde ad hujus sublimissimae cognitionis ignorantiam dirimendam dicitur *Exod.* 20 : *Quis accessit ad caliginem in quo erat Deus ?* » Ce Dieu du Chrétien est toujours au-delà du philosophe en cette vie ; mais le Chrétien a une promesse, une foi et une espérance que la philosophie n'a le pouvoir ni de lui donner ni de lui enlever.

La notion d'être et tout ce qui peut en être dit appartenant de plein droit au domaine de la philosophie, dont elle constitue même l'objet propre, en tant du moins que la philosophie est essentiellement métaphysique, il est impossible au philosophe de dépasser cet objet. La connaissance en implique, d'une part, celle des êtres dans leur diversité empiriquement donnée, qui est le domaine propre de la science ; d'autre part la recherche et la connaissance des causes de l'être, jusqu'à celle d'une première cause, telle que le Bien de Platon, le Premier Moteur Immobile d'Aristote, l'Un de Plotin, le Premier d'Avicenne ou tout autre de ce genre. Quel qu'en soit le nom, ce premier principe est essentiellement pour le philosophe un objet de connaissance. Terme de la recherche philosophique, ce premier principe ou cette première cause ne transcende pas l'ordre de la philosophie. Si la reconnaissance de ce principe entraîne des obligations dans l'ordre de l'action, celles-ci relèvent de la morale, dont la piété philosophique envers le Principe fait partie à titre de vertu. Il peut donc exister une religion purement philosophique sans même que le mot dieu soit prononcé ; en fait, toutes les religions du *deus sive natura*, de l'Auteur de la Nature ou de l'Être Suprême se sont constituées avec l'intention de ne pas franchir cette limite. La Philosophie Première est la substance même de toute « religion dans les limites de la raison ».

Les notions de sacré, de divin, et de dieu semblent avoir une autre origine. Sous des formes différentes et à des degrés d'élaboration réfléchie divers, toutes paraissent exprimer la conviction, spontanément formée dans la pensée de l'homme, qu'il existe des forces, des êtres, ou même un Être dont lui-même dépend ainsi que tous les autres êtres et l'univers dont ils font partie. Il s'agit alors de rapports entre existants, où l'existence même de ces existants est engagée. Ces êtres et ces forces sont des dieux, qu'il importe de se rendre favorables et sur lesquels seuls on peut compter comme sur un recours suprême contre les fatalités de la nature. Car ils peuvent, s'ils le veulent, en changer le cours. Aucune réflexion philosophique n'est requise pour former des notions de ce genre, ou, plutôt, pour concevoir de tels êtres ; on dirait plutôt, au contraire, bien que ces notions et ces êtres soient ce dont la philosophie finit toujours par s'emparer pour leur trouver un sens intelligible. Elle ne parvient pourtant jamais à assimiler complètement ces notions, car elles naissent au point de rencontre de principes naturels et d'êtres surnaturels qui, n'étant pas de même ordre, ne sauraient coïncider exactement. τί τὸ ὄν ? – « Qu'est-ce que l'être ? », demande Aristote. Saint Augustin demande : « Quand j'aime Dieu, qu'est-ce que j'aime ? » Dieu peut bien absorber l'être, mais si loin qu'on pousse l'analyse de l'être abstrait des philosophes, la raison n'y atteindra jamais la réalité du Dieu de la religion.

Il ne suit pas de là que ces notions soient condamnées à rester isolées l'une de l'autre. Au contraire, l'histoire observe en elles un intense besoin de se rejoindre. Les dieux sont toujours des êtres ; un dieu est toujours quelqu'un et même si nous l'élevons en pensée au-dessus de toute catégorie, nous ne pouvons nous adresser à lui qu'à la condition de pouvoir nous le représenter comme quelqu'un. Inversement, plus l'être des philosophes prend conscience de ses implications intelligibles, plus il devient difficile de lui refuser les perfections qu'exige l'existence individuelle connaissante et libre, car puisque l'être est tout, cela non plus ne peut pas lui manquer. L'être des philosophes se rapproche ainsi progressivement de Dieu jusqu'à se confondre avec lui.

C'est que religion et philosophie ne sont pas des entités séparées qui subsisteraient en elles-mêmes à l'état pur, comme des Idées. La réalité de l'homme consiste en individus qui sont tout d'une pièce et indivisément tout ce qu'ils sont. C'est d'un même fond et de ce qu'il y a de premier en eux comme êtres doués de connaissances intel-lectuelles que jaillissent ces deux réponses aux questions distinctes que leur posent la nature et la vie. La réponse religieuse de l'homme au *noverim me, noverim te* de saint Augustin n'est pas une réponse philosophique, mais elle est celle d'un être intelligent usant, bien qu'autrement, de la même intelligence que celle du philosophe, et qui ne fait par elle que répondre à des questions relevant d'ordres spécifiquement différents. Ces réponses tendent donc naturellement à composer dans l'esprit qui les forme. Le dieu se saisit de l'être dès qu'il tente de se penser comme un objet abstraitement intelligible, et il peut le faire sans s'y dissoudre, mais l'être ne se pensera comme dieu qu'à la condition de devenir un certain être de qui dépendent notre existence et notre destinée. S'il prétend ne penser le dieu qu'à partir de notre connaissance de l'être, il dissoudra fatalement le religieux dans le philosophique. C'est d'ailleurs le résultat que veulent atteindre les philosophes pour qui, devenue sans autre objet qu'elle-même, la sagesse remplace la réalité dont elle devrait être la connaissance. Le succès même qu'ils remportent dans leur désacralisation de l'ontologie confirme à leurs yeux la vérité de leurs conclusions alors qu'elle vérifie seulement l'irréalité de l'entreprise. Le philosophisme est une maladie congénitale de la philosophie, qu'elle condamne à périr d'inanition dans sa solitude. Sa fin arrive lorsque, pour assurer sa pureté intelligible, la pensée décide, avec l'idéalisme, de ne plus se nourrir que d'elle-même à l'exclusion de tout objet.

Il n'est pas ici question de réfuter une philosophie quelconque, prétention particulièrement vaine lorsqu'il s'agit d'ontologie, où voir importe plus que démontrer. On ne peut même pas contester la légitimité d'une entreprise philosophique qui, vue du dedans, n'est justiciable que de son propre jugement; enfin on ne prétend même pas en proposer une interprétation qu'elle-même puisse approuver, d'abord parce qu'elle est et sera sans doute toujours en devenir, ensuite parce qu'il est peut-être de son essence de rester toujours en deçà de l'expression d'elle-même qu'elle se donne et d'avoir toujours du mouvement pour aller plus loin. En revanche, il est légitime que l'image, qui s'en forme dans des esprits autres que ceux qui l'ont conçue, se prenne elle-même pour objet de réflexion. Elle laisse alors en dehors la réalité, inconnue pour elle, de la doctrine en soi, et sensible à des paroles qui l'atteignent profondément elle-même, elle se demande pourquoi la pensée dont procèdent ces paroles lui semble, à certains égards, impénétrable et comme étrangère.

Tout devient alors un problème de position de la question, et pour éviter de blesser aucun sentiment personnel, il est préférable de s'en tenir, comme c'était jadis la coutume, à des positions abstraites aussi libres que possible de toute historicité. Il n'y a d'ailleurs pas lieu de craindre de se perdre par-là dans l'abstrait. Ce sont plutôt là matières où il est impossible de dire quoi que ce soit sans toucher au vif des consciences que l'on blesse sans les avoir visées.

Le problème du rapport de l'être à Dieu dépend tout entier de savoir si on admet une distinction réelle entre le philosophique et le religieux. Admettre cette distinction n'oblige pas à séparer les ordres, car ils peuvent avoir même origine, mais le refus de les considérer comme distincts décide de la solution du problème. Par « réellement distinct », ou « distinction réelle », on entend ici que le passage du philosophique au religieux ne peut pas s'effectuer de l'intérieur de la philosophie elle-même. La distinction pascalienne des « ordres » est donc une fois de plus en cause, mais on peut exprimer le même fait dans la langue impersonnelle de Thomas d'Aquin en disant que la théologie naturelle, couronnement de la philosophie, et la théologie sacrée diffèrent *secundum genus.*

Partant de là, on devra dire que l'ontologie du philosophe, si elle s'interdit de prendre en considération quoi que ce soit d'autre que son objet propre, s'interdit par là même de jamais rejoindre le Dieu de la religion. Beaucoup de théologiens, animés d'un anti-philosophisme radical et d'expression souvent violente, vont en ce sens. De Tatien et de Tertullien jusqu'à Laberthonnière, ses représentants n'ont jamais fait défaut. Beaucoup d'autres théologiens pensent le contraire. Ils sont persuadés qu'on ne peut séparer les deux ordres par une distinction réelle sans nier que des preuves philosophiques de l'existence de Dieu soient possibles. Ils se trompent, et c'est leur erreur qui donne apparence à l'hostilité de tant de théologiens contre toute alliance de la théologie naturelle et de la religion.

Un premier caractère du Dieu de la religion, ou même de ses dieux, est, nous l'avons dit, d'être une personne, ou ce que l'on peut nommer simplement « quelqu'un ». En ce sens la moindre statue, le fétiche le plus grossier appartiennent de plein droit au religieux, alors que la Substance de Spinoza relève de plein droit du philosophique. Il n'est donc pas surprenant que, lorsqu'elle entreprend de se désacraliser, la métaphysique conduise à l'athéisme du Dieu de la religion. Il n'est pas surprenant non plus que lorsque des théologiens se flattent de rejoindre le Dieu de la religion par les seules voies de la philosophie, ils offrent au philosophisme l'occasion d'une victoire facile. On ne saurait trop redire qu'il n'y a pas continuité ni homogénéité entre le philosophique et le religieux.

Un deuxième caractère du Dieu de la religion est de se poser immédiatement comme transcendant. De quelque manière qu'il soit conçu, il jouit du pouvoir d'influencer en bien ou en mal la destinée de l'homme, particulièrement celle de l'homme qui affirme son existence et dont le rapport avec lui est celui de la prière. Il n'y a pas de religion vraie sans prière. C'est pourquoi le dieu de la religion est l'objet d'un culte, entouré d'interdits, protégé de l'indiscrétion du fidèle, en même temps que rendu accessible à lui, par l'observance des rites et même servi par des ministres privilégiés qui participent aux honneurs qu'on lui rend. Le religieux étant le « sacré », ses ministres sont à part comme lui-même est à part.

Ce deuxième caractère s'affirme dans la notion pleinement évoluée d'un Dieu qui, transcendant à l'ordre de la réalité physique, en est pourtant la cause. De là l'idée, insupportable au philosophisme de Kant, d'un Dieu à la fois cause première et pourtant situé hors de la série des causes. Ce deuxième caractère se définit progressivement, non pour la conscience religieuse, qui conçoit la causalité divine comme le type même de la causalité efficiente à tel point que É. Meyerson nommera cette dernière : causalité théologique, mais pour la réflexion philosophique, pour qui la notion d'efficience présentera toujours un aspect mystérieux. Hume n'a fait rien de plus que de le découvrir en niant simplement que nous en eussions une idée distincte, ce qui est vrai, et que tous les occasionnalismes ont marqué en réservant à Dieu ce genre de causalité.

La réflexion philosophique n'a donc défini que progressivement ce deuxième caractère du Dieu de la religion, la manière de concevoir la cause de l'être s'approfondissant à mesure que la réflexion métaphysique pénètre plus profondément la nature de l'être. C'est ce que Thomas d'Aquin donne à entendre en disant que l'homme s'est approché de la vérité pas à pas, *pedetentim*, posant à chaque étape un Dieu cause de l'être tel qu'on le concevait alors, celui de l'accident d'abord, puis celui de la substance, enfin celui de l'être même (*esse*) dont une création *ex nihilo* peut seule être cause. À quelque degré de profondeur qu'elle soit pensée, cette transcendance est nécessairement requise du Dieu de la religion par la raison.

C'est d'ailleurs ainsi que la science sacrée le conçoit, c'est de lui qu'elle fait son objet propre, mais le rapport de sa notion à celle du premier principe qu'atteignent les philosophes est l'origine de maintes confusions et difficultés. En effet la notion religieuse de Dieu, qui est foi absolue en lui, ne peut être présente à l'esprit sans s'emparer aussitôt de toute notion philosophique d'un Dieu connu par une méthode quelconque. Le religieux saisit le philosophique, l'absorbe et s'en nourrit. À partir de là les malentendus foisonnent, car puisque le Dieu de la religion est transcendance absolue, toute démonstration philosophique d'un principe premier de l'être équivaut pour la Science Sacrée à une preuve philosophique de l'existence de Dieu. Et à bon droit, car s'ils existent, le dieu de la philosophie et celui de la religion n'en font qu'un, mais il ne suit pas de là que le Dieu de la religion se réduise au principe premier de la philosophie. Même si la philosophie le pose comme transcendant, ce qui n'est pas toujours le cas et qu'elle répugne même essentiellement à faire, ce premier principe reste par définition *principe de la nature*. Posé à partir des choses, et comme leur cause, c'est comme tel que le philosophe l'atteint. La Science Sacrée n'attend donc pas son Dieu de la philosophie, mais à supposer qu'elle ne le renie pas, elle ne l'accueille qu'en le surnaturalisant. La distinction des deux ordres est discrètement, mais nettement marquée par saint Thomas lorsqu'au terme de chacune des cinq voies qui conduisent la raison vers le Premier des philosophes, le théologien l'adopte expressément comme sien en ajoutant simplement : *et hoc est quod dicimus deum.* C'est *cela* que nous, chrétiens, nous appelons Dieu.

Il faut donc renoncer à résoudre le problème des deux points de vue à la fois, comme si Dieu pouvait être dans la pensée du philosophe le même que dans la foi du croyant. Quand les théologiens exigent du philosophe qu'il réussisse cette quadrature du cercle, ils peuvent s'attendre à un refus, comme ce fut le cas pour Bergson et comme, sauf erreur de ma part, ce l'est encore pour Martin Heidegger. Il n'y a là aucune faute de la part du philosophe, car on demande alors à sa philosophie ce qu'il n'est pas en son pouvoir de donner. Du même coup, on oblige le philosophe à se mettre, généralement à contrecœur, en position défensive *contre* un Dieu dont il pense seulement qu'il n'a rien à en dire et sur lequel, comme philosophe, il ne demande qu'à se taire. Certains théologiens prennent son silence pour une négation : ce n'en est pas nécessairement une ; il peut s'agir simplement d'une réluctance naturelle à prétendre obtenir de la philosophie plus qu'elle ne peut donner.

La ligne de partage des deux ordres se voit mieux si on accepte de poser le problème du point de vue de la religion chrétienne. La transcendance du Dieu chrétien est telle que, s'il ne nous révélait lui-même son existence, nous ne la connaîtrions jamais. Nous saurions avec les philosophes qu'il y a un premier être et nous pourrions le nommer Dieu, mais ce ne serait pas encore le « vrai Dieu » de la théologie chrétienne, celui dont l'être transcende si absolument le nôtre, que la connaissance que nous en avons ne peut nous venir que de lui-même. Le Christianisme apporte donc simultanément trois notions inséparablement liées : celle d'un Dieu unique par définition, tels que les autres ne puissent être que de « faux dieux » ; celle d'un ordre surnaturel, non plus seulement au sens où l'étaient les Intelligences Séparées d'Aristote, dont la supranaturalité consistait en leur immatérialité, mais au sens d'une transcendance ontologique radicale, telle que l'a pour la première fois décrite, en termes sans équivoque, le *De ente et essentia* de saint Thomas d'Aquin ; enfin celle d'une révélation conçue comme le seul moyen par lequel cet être surnaturel puisse se faire connaître des natures dont il est la cause, car leur contingence ontologique est si radicale que, bien qu'elle leur suffise à connaître naturellement qu'ils ont une cause, celle-ci leur est si transcendante qu'ils ne pourraient jamais savoir d'eux-mêmes qu'elle est.

C'est pourquoi le Vrai Dieu doit parler lui-même à l'homme s'il veut que sa créature le connaisse. En fait, il a parlé à Adam, puis à Moïse, enfin à tous les hommes quand il s'est rendu visible en la personne de Jésus Christ. Sa parole n'a jamais cessé depuis d'être redite par l'Église et approfondie par la tradition. La philosophie ne sait rien de cette parole, sauf si le philosophe lui-même est un croyant qui fasse de sa foi l'objet d'une réflexion philosophique. Ce n'est pas par les chemins de la philosophie que l'homme accédera jamais à la vérité de l'Écriture ; le secret le plus profond de la philosophie chrétienne est peut-être le rapport, à la fois simple et insondable, qu'elle a la hardiesse d'établir entre la nature et la fin surnaturelle pour laquelle elle est faite, bien qu'il lui soit impossible d'en soupçonner naturellement l'existence et qu'elle n'ait naturellement aucun droit de l'espérer.

Mais il est bien vain de redire ces choses. Le livre III de la *Somme contre les Gentils* les a dites avec une abondance, une richesse, une beauté insurpassables, et presque personne ne veut plus le relire aujourd'hui.

CHAPITRE VIII

YAHWEH ET LES GRAMMAIRIENS

Le sens du nom divin que nous transcrivons de mainte manière différente, par exemple Jehovah, Iahweh ou Yahweh, est une donnée importante de la théologie des Pères, tel saint Augustin, et des grands scolastiques, tels saint Bonaventure et saint Thomas d'Aquin. L'historien dont la réflexion s'exerce sur les théologies de ce genre se les rendrait inintelligibles s'il n'en acceptait pas les données premières. Entre celles-ci, et au premier plan, se trouvent certaines manières de lire et de comprendre l'Écriture Sainte. Ces manières sont très diverses, mais toutes s'accordent pour affirmer que ce que dit l'Écriture Sainte est vrai. C'est même en partie pour cela qu'on en a cherché tant d'interprétations différentes liées à des manières différentes de l'interpréter.

Le nom que Dieu s'est donné lui-même dans l'*Exode* était naturellement une donnée d'importance capitale aux yeux des théologiens. La plupart d'entre eux n'éprouvaient aucune hésitation quant au sens du texte scripturaire en question : *Exod.*, 3, 13-15. D'Eusèbe de Césarée à Thomas d'Aquin, ils s'accordent à y lire que, selon Dieu lui-même, son nom est *Je suis*, ou *Qui est*, bref, en langage plus abstrait, l'*être*. Mettre en question ce sens du texte est du même coup changer une donnée essentielle du problème qu'ils se proposaient de résoudre. Ils cherchaient une interprétation intelligible du sens littéral de l'Écriture. Toute leur œuvre reposait donc d'abord sur ce sens littéral. Nier celui sur lequel eux-mêmes s'accordent, c'est simplement rendre leur théologie inintelligible. Il se peut d'ailleurs qu'elle le soit, mais c'est une autre question. Celui qui s'emploie à en comprendre le sens ne peut lui en trouver un qu'à partir de ses propres présupposés. Admettre, en principe, le sens littéral dont le théologien cherche l'intelligence, est une nécessité de méthode à laquelle l'historien des théologies médiévales doit déférer.

On peut cependant viser un autre but. Par exemple, on peut légitimement se proposer de chercher le sens littéral exact du texte de l'Écriture, indépendamment des interprétations théologiques ultérieures qu'il est possible d'en proposer. Les Livres Saints deviennent alors semblables à tous les textes littéraires et historiques dont l'étude et l'interprétation relèvent de la philologie. Ils ne jouissent plus alors d'aucun privilège et l'on ne saurait leur attribuer pour sens ce que leurs commentaires ultérieurs leur font dire, ni ce qu'il est possible d'arriver à leur faire dire, mais seulement celui que le texte en question avait dans l'esprit de son auteur, au moment où il l'a écrit. L'interprétation est alors commandée par la connaissance de la langue de l'auteur, de ses habitudes stylistiques personnelles, et de l'usage en vigueur dans son milieu et en son temps.

Le philologue est entièrement dans son droit lorsqu'il applique correctement cette méthode[1]. Par exemple, si je

1. La démarche ici adoptée par Étienne Gilson est assez singulière : en effet, l'auteur qui veut se garder de toute polémique (*sic*) à l'égard du « philologue » ou du « grammairien » commence par citer assez précisément, mais sans en indiquer la pagination, une étude à laquelle il ne se réfère qu'un peu plus loin. Les passages cités, très précisément,

dis que le nom que Yahweh se donne à lui-même signifie qu'il est ce que les métaphysiciens nomment l'être et plus précisément encore l'acte d'être pur de toute essence qui en serait distincte, j'affirme un sens dont rien ne prouvera jamais qu'il était présent à la pensée de l'écrivain sacré. En fait, il ne le dit pas. On ne sait même pas si sa langue mettait à sa disposition les mots nécessaires pour le dire. Je ne connais d'ailleurs aucun théologien qui ait eu la naïveté de soutenir que cette proposition métaphysique abstruse, difficile à saisir, ait été le sens grammatical premier de la parole en question. D'une part, on s'accorde pour admettre que l'Écriture Sainte n'est pas un traité de philosophie, qu'elle est essentiellement religieuse et non pas métaphysique, prenant « essentiellement » au sens fort et comme désignant l'essence. En outre, saint Thomas lui-même a eu soin, au moins à trois reprises, de rapporter l'histoire de cette quête de la vérité à laquelle ont procédé les philosophes, de Thalès à Avicenne, s'en approchant *pedetentim*, ce qu'ils n'eussent pas eu la peine de faire s'il avait suffi d'ouvrir un livre à la bonne page pour trouver la réponse à la question. Enfin, il est bien remarquable que, s'il y avait une telle vérité philosophique dans l'Écriture, personne ne s'en soit aperçu dans le peuple juif. La métaphysique est grecque, même chez le tardif Philon d'Alexandrie. On n'a donc pas besoin de mobiliser les ressources de la critique philologique pour établir que le sens littéral de la formule en question n'implique pas la

entre guillemets, renvoient respectivement aux pages 12, 20, 19 de l'article du P. A.-M. Dubarle. Celui-ci, dans la note 27, de la page 19 de son article critiquait en des termes tout à fait mesurés un énoncé capital aux yeux de Gilson, formulé dans la cinquième édition du *Thomisme*, p. 126 : « Marquons ici une courte pause pour saluer au passage cette première rencontre [à l'enseigne d'Augustin], dans la parole de Dieu lui-même, entre le Dieu d'Abraham, d'Isaac et de Jacob, et le Dieu des philosophes et des savants. Augustin sait bien que c'est le même. »

révélation divine d'une notion métaphysique. Celui qui attribue un sens métaphysique à une parole quelconque de l'Écriture, est, en tant même que ce sens est métaphysique, responsable de sa vérité.

On devrait pouvoir s'accorder sur un deuxième point. En prononçant les mots en question, Yahweh « ne consent pas à définir, à exprimer son essence en un mot ». Il refuse même de le faire. En d'autres termes, « le chapitre 3 de l'*Exode* (est) loin de présenter une notion déterminée comme particulièrement apte à exprimer ce que nous pouvons savoir de Dieu et à nous en donner comme une définition... » Bien plutôt, il « nous montre Dieu se révélant dans un événement historique déterminé, et en introduisant le nom de Yahweh suggère l'impossibilité de définir Dieu ».

À les prendre au pied de la lettre, on ne voit que reprendre à ces mots. Tout au plus serait-on tenté de dire que ce discours est superflu, mais on ne sait jamais et rien ne prouve qu'il ne soit pas utile. En tout cas, que Dieu n'ait pas entendu se « définir », là ou ailleurs, c'est trop évident. Dieu n'est pas définissable ; la plupart des théologiens en conviendraient sans doute et saint Thomas le dit expressément. S'il était définissable, Dieu serait compréhensible, ce qu'il n'est pas, même pour les bienheureux : *nam a beatis quidem mente attingitur divina essentia non autem comprehenditur*[a]. Quand bien même

---

a. Les remarques ici proposées se rapportent à l'article du P. A.-M. Dubarle, O.P., « La signification du nom de Iahweh », dans la *Revue des sciences philosophiques et théologiques*, 35 (1951), p. 3-21. Il m'a semblé inutile de multiplier les références particulières ; elles auraient donné l'aspect d'une polémique à ce qui ne veut être qu'une réflexion sur un sujet d'ailleurs immense.

Le texte cité ici se trouve dans le commentaire de saint Thomas sur Denys, *De divinis nominibus*, éd. C. Pera, Turin-Rome, Marietti, 1950, § 22.

l'Écriture dirait expressément que Dieu a revendiqué pour soi le nom philosophique d'être, ce n'en serait pas encore une définition, car être est un nom de créature ; il ne signifie directement pour nous que les objets empiriquement donnés à qui nous attribuons l'existence. En tant qu'il s'applique à Dieu, ce nom le désigne comme origine du processus par lequel tous les êtres accèdent à l'existence ; quant à lui, il est au-dessus et au-delà : *Nomen vero entis designat processum essendi a Deo in omnia entia, et secundum quod de Deo dicitur, est super omnia existentia*[a]. Des définitions nominales de Dieu sont possibles, et il faut bien qu'elles le soient, autrement le mot n'aurait pour nous aucun sens, ce ne serait même pas un mot, mais une formule circonscrivant la nature divine est incompatible avec l'impossibilité qu'elle soit circonscrite. Définir la chose, c'est dire sa quiddité, *quid sit*, mais, saint Thomas ne cesse de le redire, *quidditas Dei non est nobis nota* ; il est donc impossible d'en former une définition. Au reste, nulle déduction n'est ici requise, c'est la doctrine même du Docteur Commun : puisque le nom de Dieu est l'être, et que l'être n'est pas un genre, il est impossible de le définir : *patet quod Deus definiri non potest : quia omnis definitio est de genere et differentiis*[b].

L'ordre des idées mérite ici qu'on s'y arrête. On nous met en garde contre l'illusion que Dieu aurait voulu révéler une définition de sa nature, notamment l'être, alors qu'il révélait simplement son nom. Or il se trouve que le fait qu'il se nomme l'être (à supposer qu'il le fasse) est justement la raison pour laquelle sa nature ne peut être définie. On nous dit : n'allez pas vous imaginer que Dieu se révèle dans l'*Exode* comme étant l'être, il nous informe

a. *Ibid.*, § 610.
b. *Contra Gentiles*, I, 25, § 7.

simplement de son nom. Cette proposition est très acceptable, et sans doute vraie, seulement elle laisse de côté ce fait remarquable, que si Dieu se nomme l'être, comme l'être n'est pas définissable, Dieu ne l'est pas non plus. Il convient d'attirer l'attention sur ce fait curieux, car il est en un sens au cœur de la question. Je ne prétends pas, puisque l'opposant le nierait, que Dieu révèle ici sa nature par le détour d'une révélation de son nom. Il ne s'agit que d'un nom, nous dit-on, et « le nom divin n'équivaut donc pas à une définition de la nature de Dieu, à la révélation de ce qu'il y a en Lui de plus profond. Il n'est pas le germe ou le résumé de tout ce que l'homme peut en concevoir de plus essentiel. L'explication qui est donnée par l'*Exode* rappelle plutôt à la créature son impuissance à pénétrer un mystère qui la dépasse. Iahweh ne consent pas à définir, à exprimer son essence en un mot ». Cela est vrai, on ajoute seulement que, par un concours extraordinaire, ce refus de se définir n'exige aucunement que le nom être ne soit pas celui de la nature divine ; au contraire, c'est si cette nature est l'être qu'il est en effet impossible de la définir.

Pourquoi cette remarque ? Parce qu'elle est essentielle à la position concrète du problème, dont la complexité dépasse de beaucoup le cadre où l'on voudrait l'enfermer. Tel que l'argument se présente, les données en sont assez simples : il y a l'Écriture, il y a ensuite deux groupes de lecteurs également intéressés à l'interpréter, mais qui ne la lisent pas de la même manière et ne la comprennent pas de la même façon. D'une part, les philologues, ou, comme on eût dit au Moyen Âge, les grammairiens. La *pagina sacra* est d'abord pour eux une *pagina* qu'il convient de lire et de traduire comme n'importe quelle autre page écrite en quelque langue que ce soit. Armée de la grammaire de la langue en question, de son dictionnaire, de l'histoire ou archéologie, l'intelligence de l'interprète se propose de déterminer le sens du texte. Ce sens est ce que le texte en question signifiait dans la pensée de celui qui l'a écrit, ni plus ni moins. C'est la pensée du scribe. Ici, on se demande ce que signifiaient les mots d'*Exode*, 3, 13-15 dans l'esprit de leur auteur. Toutes les méthodes de la philologie ont alors droit d'intervenir, et elles seules ont compétence pour en décider. D'autre part, ceux que l'on nomme « les Pères de l'Église ou les théologiens », esprits spéculatifs dont on rencontrerait déjà des exemples dans la plus haute antiquité, tel l'auteur du livre de la *Sagesse*, qui tentent de parler de Dieu en termes de langage humain s'ils peuvent en trouver qui soient aptes à le signifier. Même sachant que la réussite parfaite est impossible, « il est légitime de parler de Dieu avec un autre appareil conceptuel que celui dont l'Écriture a fait usage. L'exemple du livre de la *Sagesse* montre qu'un croyant peut s'adresser aux sages de ce monde en utilisant leur langage et leurs procédés de pensée ». C'est ce qui permet de comprendre qu'une théologie de l'être soit venue compléter, ou du moins prolonger celle de l'Écriture : « La spéculation chrétienne peut attribuer l'être à Dieu, caractériser Dieu comme l'Être absolu, même si l'*Exode* ne contient pas, même en germe, cette métaphysique abstraite que l'on a cru parfois y trouver. »

Voilà bien des problèmes réglés en peu de mots. Si l'exemple de la *Sagesse* fait voir qu'on peut légitimement parler de Dieu avec un autre appareil conceptuel que celui dont l'Écriture fait usage, est-ce à dire que ce livre ne fasse plus partie de l'Écriture ? La thèse ne serait pas neuve, mais elle relève du problème du canon de l'Ancien Testament, qui est hors de notre propos. Le trait ne mérite d'être relevé que parce qu'il confirme le séparatisme latent sous la pensée qui vient de s'exprimer. Il y a si peu de philosophie dans l'Écriture que, si l'on y en rencontre la moindre trace, on peut être sûr que l'on est sorti de l'ordre de la révélation pour entrer dans celui de la spéculation.

Il doit y avoir une raison à ce souci. On la trouve dans la certitude arrêtée que le sens vrai de l'Écriture n'est pas spéculatif, mais historique. Elle rapporte des faits, des actes, des promesses qui visent à déterminer d'autres faits et d'autres actes, elle n'exprime donc jamais de vérités générales et abstraites destinées à satisfaire le seul désir de connaître. Pour nous en tenir au problème du nom divin, on peut être sûr que Dieu ne se l'est pas donné et ne l'a pas révélé à titre d'information adressée à l'esprit. En disant à Moïse : *Je suis qui je suis*, Dieu a voulu rappeler l'homme au sentiment de ses limites, plutôt que définir pour lui sa propre essence. « Pour Israël Il sera celui qui délivre des esclaves de leur servitude. » Si l'exégète tient à ce que l'on ne voie pas dans l'Écriture ne serait-ce que le germe de la métaphysique abstraite que l'on a cru parfois y trouver, c'est qu'il veut attirer notre attention vers autre chose. Que la « spéculation » chrétienne attribue l'être absolu à Dieu, même si l'Écriture n'en dit mot, passe encore, « mais elle ne doit pas oublier ce que l'*Exode* nous montre avec une si grande clarté, que Dieu s'est révélé dans une histoire, à travers des péripéties multiples. Aucun nom abstrait ne peut suffire à faire connaître Dieu. Les mots qui ressemblent le plus à une définition dans l'Écriture nous reportent immédiatement vers l'histoire sainte ».

Ceci est tellement vrai, si parfaitement évident et connu de tous qu'on se demande à qui s'adresse ce rappel à l'ordre ? Saint Augustin a dit avec une force insurpassable

que le Dieu des philosophes et des savants était le même
que le Dieu d'Abraham, d'Isaac et de Jacob. Ce que saint
Augustin savait n'a jamais été oublié depuis et Blaise
Pascal l'a d'ailleurs éloquemment rappelé[a]. Même si
quelqu'un pensait trouver de la métaphysique dans
l'Écriture, cela ne lui rendrait pas impossible d'y trouver
aussi autre chose, et d'abord ce récit qu'elle est si
évidemment, de celui de la création et de la chute à celui
de l'œuvre de rédemption en y comprenant l'histoire du
peuple juif et cette vie de Jésus qu'est l'Évangile. Ceux
que la spéculation n'intéresse pas sont libres de s'en
détourner; ils peuvent même, s'ils y voient leur devoir, en
détourner les autres, mais il est par trop simple de le faire
en pareils termes. Il n'est pas nécessaire de supposer qu'on
oublie nécessairement le caractère essentiel de l'Écriture
pour y chercher aussi matière à spéculation. À moins de
se situer sur la ligne qui va de Luther à Barth, ce qui n'est
assurément pas le cas, on n'aperçoit pas cette nécessité.

Partons donc nous aussi de ce fait que l'Écriture est
essentiellement histoire. Ceux dont le premier livre de
lecture latine fut l'*Epitome historiae sacrae* de l'abbé
Lhomond n'auront aucune peine à l'admettre. Admettons
aussi, comme convenu, que ce livre d'histoire n'est
aucunement un ouvrage spéculatif de science ni de
philosophie, il reste à tenir compte d'un troisième terme :
le fait même que pendant tant de siècles ce livre
a-philosophique soit devenu un thème de réflexion

a. É. Gilson, *Philosophie et incarnation selon saint Augustin*,
Montréal, Institut d'Etudes Médiévales Albert le Grand, 1947. [Voir en
particulier p. 11 *sq.* ; 36 *sq.* ; et surtout p. 43. C'est cette même page à
laquelle renvoyait en mode critique le P. Dubarle, art. cit., p. 18, note 27.
– Ces pages de 1947 permettent d'éclairer le présent raccourci.]

philosophique dont l'abondance et la fécondité furent telles
que l'histoire de la philosophie occidentale en ait été
changée.

L'explication du fait que l'on nous propose est que, du
deuxième ou troisième siècle à nos jours, la « spéculation »
chrétienne a vécu d'un commentaire sur un contresens.
On le lui pardonne d'ailleurs volontiers : « Il serait
simpliste de critiquer les Pères de l'Église ou les théologiens
qui ont pensé que l'Être était le meilleur nom de Dieu, ou
de prétendre rayer d'un trait de plume leurs élévations et
leurs spéculations, sous prétexte qu'au point de départ il
y a eu erreur exégétique. Il peut arriver et il arrive qu'en
reprenant les mots d'un texte mal compris un penseur
réussisse à exprimer une pensée vraie conforme en
profondeur à l'enseignement biblique. » Il se peut en effet,
mais ce qui ne se peut pas facilement accepter, c'est que
la notion fondamentale de Dieu commune à Augustin et
Thomas d'Aquin, pour ne rien dire de beaucoup d'autres
Pères et Docteurs, soit sans justification dans le sens littéral
de l'Écriture. S'il n'y est dit, ni là ni ailleurs, soit actuellement soit au moins virtuellement, que le nom de Dieu
est *Est*, alors l'harmonie entre la vérité philosophique et
la parole de Dieu, dont saint Thomas s'est émerveillé,
cesse simplement d'exister. La notion centrale, en philosophie comme en théologie, autour de laquelle s'organise
l'enseignement du Docteur Commun de l'Église, a son
origine dans « une erreur exégétique », bref, elle naît d'une
erreur qui lui permettait de se rattacher à l'Écriture et dont
la dénonciation lui interdit désormais de le faire. L'auteur
de cette thèse sent bien l'importance de l'enjeu. Le
grammairien aussi peut citer des encycliques, mais quand
il déclare pour justifier son intention, qu'une telle remarque

« ne peut légitimer une séparation totale de la théologie et de l'exégèse », on peut se permettre de sourire. Si la notion de Dieu traditionnelle en théologie scolastique n'a aucun fondement réel dans la lettre même de l'Écriture, comment éviter une séparation totale de la théologie et de l'exégèse ? Et qui provoque cette séparation, ceux qui croient trouver dans l'*Exode* la garantie divine de leur théologie, ou celui qui leur refuse le droit de s'abriter en cela sous son autorité ?

Il ne faut donc pas se faire illusion : si la thèse en question est fondée, la théologie du Docteur Commun de l'Église repose sur un contresens scripturaire. Ce n'est pas impossible, et si c'est vrai, il faut le dire, mais il ne faut pas dissimuler que tel est l'enjeu, et il faut savoir si c'est vrai.

Je ne me permettrai pas de discuter l'exégèse grammaticale du texte de l'*Exode*. Mon ignorance de l'hébreu me l'interdit. Elle m'interdirait même de dire quoi que ce soit sur la question si je ne constatais que les spécialistes sont loin de s'entendre sur le sens littéral du passage. Lorsque le problème s'est imposé à mon attention pour la première fois, il y a plus de trente ans de cela, j'ai interrogé deux rabbins parisiens, l'un et l'autre appartenant à l'Université de France en qualité de maîtres respectés, mais ni l'un ni l'autre n'a pris la responsabilité de choisir pour moi entre les deux sens. Puisque le choix me restait libre, je n'ai pas cru devoir contester celui qu'avaient fait jadis tant de théologiens, les uns chrétiens, comme saint Thomas, les autres juifs, comme Maïmonide, pour ne rien dire de ceux d'Islam dont l'exégèse aboutit à l'ontologie philosophique d'Avicenne. En fait, si l'histoire de la spéculation chrétienne repose sur un contresens scripturaire, son historien n'a pas le choix. Il lui faut bien l'accepter

telle qu'elle est, mais quand on la lui explique, il a le droit
de se demander si l'explication est adéquate à l'expliqué.
Le contresens était au moins possible; pourquoi s'est-il
produit?

Personne, à ma connaissance, n'a nié que le texte de
l'*Exode* puisse avoir été une réponse dilatoire signifiant
quelque chose comme : je suis qui je suis et le reste ne te
regarde pas. On avait d'ailleurs d'autant moins de raison
d'en contester la légitimité que, de toute manière, ce sens
est impliqué dans celui de l'autre réponse. Si Dieu dit : je
suis Est, ou je suis Suis, ou toute autre chose du même
genre, comme *est* à l'état pur ne se prête à la formation
d'aucun concept quidditif distinct, il n'y a pas de différence
sensible entre comprendre avec Augustin (*Conf.* XIII,
31, 46), celui « qui non aliquo modo est, sed est *est* » ou
comprendre, comme on nous le propose, « Celui qui est
ce qu'il est ». Où il n'y a pas de *ce que*, il ne reste que l'*est*.

Une différence d'intention subsisterait pourtant, au
moins de la part de l'écrivain. N'abusons pas ici de
l'argument, pourtant bien fondé, qui pourrait se tirer de
l'incertitude où l'on est toujours plus ou moins sur les
intentions de ce genre. Les mots expriment des idées, mais
les idées et les mots ne se correspondent pas un à un[a].

a. En faveur de cette concordance « en profondeur », notre philologue
observe (p. 18, n. 24) : « C'est ce que rappelait récemment E. L. Mascall,
dans *Existence and Analogy*, [London, New York, Toronto], 1949,
p. 12-15. M. Mascall est prêt à concéder que la réponse divine à Moïse
pourrait être un refus et non une révélation. Mais il note en même temps
que l'Ancien Testament donne une idée positive de la toute-puissance
et de la transcendance divine. » C'est là pour moi un de ces livres qu'on
se propose longtemps de lire sans trouver l'occasion de le faire. Il me
semble pourtant que mes réflexions vont dans le même sens que celles
de l'auteur. La réponse divine à Moïse pourrait être un refus *et* une
révélation. *Polysema sunt biblia sacra*, et non seulement les livres de

L'inconvénient de l'argument est qu'il vaut dans les deux sens et d'ailleurs nous ne cherchons pas ici à discuter, mais à comprendre un événement dont, s'il s'est réellement produit, on accepte l'énormité avec un calme un peu déconcertant. Que la notion théologique de Dieu dont vit la spéculation catholique depuis des siècles, presque depuis ses origines, ne puisse se réclamer du vrai sens littéral d'aucun texte biblique, je reconnais que, si c'était vrai, ce ne serait pas une catastrophe religieuse pour ceux à qui suffit l'Écriture, mais ce serait un effondrement de la théologie spéculative dont on se demande si elle pourrait jamais se relever.

Si on accepte d'inclure la possibilité de l'erreur dans les données du problème, il convient de noter d'abord que l'interprétation proposée comme la vraie, non seulement n'a pas été niée, mais a toujours été présente à l'esprit des interprètes qui préféraient l'autre. On vient d'en voir la raison. Il convient seulement d'ajouter que, toute difficulté grammaticale mise à part, le nom de Dieu lui-même a toujours impliqué une intention de voiler la divinité derrière un mystère. Selon Maïmonide, qui entend le texte au sens ontologique, les juifs eux-mêmes ignoraient la prononciation

l'Écriture, mais souvent aussi les autres. Comme je demandais un jour à Bergson si la première phrase du *Discours de la méthode* était sérieuse ou ironique, il me répondit qu'elle avait simultanément trois sens, tous vrais mais étagés en profondeur selon les trois publics avec lesquels un philosophe a généralement affaire. Pour le plus superficiel, c'est un bon mot : chacun s'estime assez intelligent, et pas plus sot qu'un autre. Un peu plus profond, c'est une banalité : les jugements de bon sens ne sont le privilège de personne. Tout au fond : le droit usage de la raison, suivant la méthode mathématique, rend tous les hommes également capables de découvrir ou comprendre la vérité. La révélation divine s'adresse à beaucoup plus que trois publics. Les philologues y ont leur accès propre ; ils en gardent même l'entrée, comme de bons *janitors*, mais la porte n'est pas l'édifice ; passée la porte, il doit être permis de le visiter.

du Tétragrammaton; elle n'était connue que du grand-prêtre qui la faisait connaître à son futur successeur. Quand on ne sait prononcer un mot, on ne saurait être tout à fait sûr de ce qu'il veut dire. De toute manière, et toujours pour la même raison, les deux sens se rejoignent, et saint Thomas ne l'ignorait pas. Si le nom propre de Dieu, le Tetragrammaton, n'appartient exclusivement qu'à lui, il est incommunicable à aucun autre être, on ne saurait donc en extraire aucun concept. Il est *omnibus modis incommunicabile*[a], non en ce sens qu'on ne puisse le transmettre, mais parce qu'il désigne un être unique, dont la nature est exclusivement sienne, si bien qu'en savoir le nom ne renseigne pas sur ce qu'il est.

Acceptons donc le texte tel qu'on l'interprète; quelles raisons les anciens théologiens peuvent-ils avoir eues de l'entendre comme ils ont fait? Je rappelle d'abord la traduction qu'on en propose :

> Et Dieu dit à Moïse : « Je suis qui je suis ». Et il dit : « Tu parleras ainsi aux enfants d'Israël : *Ehie* (je suis) m'envoie vers vous. » Et Dieu dit encore à Moïse : « Tu parleras ainsi aux enfants d'Israël : Iahweh (il est), le Dieu de vos pères, le Dieu d'Abraham, le Dieu d'Isaac, et le Dieu de Jacob, m'envoie vers vous. C'est mon nom à jamais, c'est mon mémorial de génération en génération. »

Ce que l'écrivain sacré avait dans l'esprit en écrivant ces mots, je ne me flatte pas de le savoir au juste et je ne suis pas sûr qu'aucune méthode scientifique permette de le déterminer avec certitude, je me demande simplement pourquoi tant de lecteurs chrétiens les ont entendus comme ils ont fait, et, là, étant moi-même un de ces lecteurs, je

a. *Summa theologiae*, I[a] qu. 2, art. 9, fin de la réponse à la question.

peux me l'expliquer. On nous dit que le responsable est d'abord la traduction grecque des Septante. Elle a frayé la voie à l'interprétation contestée en rendant le verset 14 par ἐγώ εἰμι ὁ ὤν, je suis l'Être (littéralement l'Étant) ; les versions latines anciennes ont suivi avec : *ego sum qui sum ; qui est*, et les théologiens ultérieurs ont développé l'idée. C'est vrai, mais il faudrait expliquer d'abord pourquoi les Septante ont choisi cette traduction, et c'est là que leur état d'esprit trouve en nous une complicité qui permet de comprendre jusqu'à un certain point leurs raisons.

Revenons au début du passage. Il est omis dans la citation qui vient d'en être faite, mais il est important. L'initiative de cette partie du dialogue revient à Moïse. Chargé par Dieu de cette mission, il accepte d'aller trouver les enfants d'Israël et de leur dire : « Le Dieu de vos pères m'a envoyé vers vous ! » Sur quoi il ajoute : « Mais s'ils me demandent quel est son nom, que leur répondrai-je ? » Deux points me semblent ici indiscutables. D'abord, il n'est pas question de révéler au peuple juif que son Dieu est le Dieu de ses pères ; on sait dès le début que c'est de lui qu'il s'agit, et à moins de supposer que le peuple ignore que ses pères sont Abraham, Isaac et Jacob, ce ne peut pas être cela non plus que Dieu se propose de lui révéler. La supposition, peu vraisemblable en soi, est d'ailleurs démentie par le sens obvie du texte, car en III, 6, Dieu commence par établir son identité en déclarant à Moïse qui il est : « C'est moi le Dieu de ton père, le Dieu d'Abraham, le Dieu d'Isaac et le Dieu de Jacob. » L'objet de la révélation qui va venir n'est donc pas celui-là. Ensuite, ce que Moïse demande à Dieu et que Dieu donne à Moïse, c'est un nom. Il s'agit de savoir comment nommer ce Dieu d'Abraham, d'Isaac et de Jacob. La réponse est celle qu'on a vue et qu'il s'agit d'interpréter.

Si l'on part de ce qu'il y a de plus clair dans la réponse, le sens ne fait vraiment pas difficulté. Ce passage clair est III, 15 : « Yahweh, le Dieu de vos pères [...] m'a envoyé vers vous. » En d'autres termes : vous voulez savoir comment s'appelle le Dieu de vos Pères ? il se nomme Yahweh ; c'est ce nom, Yahweh, que ce Dieu portera à jamais et sous lequel l'invoqueront les générations futures. Quel est le sens de ce nom ? Le philologue répond : « Iahvé (il est). » On ne fait que reproduire exactement les mêmes mots en disant : ce que ce texte signifie est que Dieu se nomme lui-même « Il est ». On peut préférer une autre interprétation du passage, il est difficile de prétendre que cette manière de l'entendre fasse aucune violence au langage et soit une invention des théologiens.

On objecte à cela que la première partie de la réponse faite à Moïse signifie autre chose, savoir : *Je suis qui je suis*, ou *Je suis ce que je suis*. On accumule à ce propos des passages parallèles pour faire voir que les formules de ce genre, fréquentes en hébreu biblique, expriment « généralement, toujours peut-être même en hébreu, l'indétermination : quand on ne veut pas ou ne peut pas préciser, on recourt à une telle construction ». La nuance intensive que l'on a cru découvrir dans certains cas ne ressort pas avec évidence. Admettons que le passage en question ne soit pas un des cas si rares dont on ne veut pas nier absolument l'existence, il reste que, de quelque manière qu'on la traduise, cette formule ne se présente pas comme une réponse directe à la question. Moïse demande à Dieu son nom ; si Dieu ne veut pas le dire, l'usage biblique que l'on invoque ici ne l'autorise pas à répondre : Je suis qui je suis, mais bien plutôt : je me nomme comme je me nomme. Ce serait l'analogue exact de formules telles que celles de *Genèse*, 43, 14 : « je serai privé d'enfants comme je serai

privé d'enfants », ou d'*Esther*, 4, 16 : « je périrai comme
je périrai », dont on nous dit qu'elles expriment clairement
l'indétermination. C'est là, me semble-t-il, ce qui a
déterminé les Septante, et tous ceux qui les ont suivis
jusqu'à ce jour, à interpréter comme signifiant un nom la
formule qui se présente comme répondant à une demande
de nom. Si quelqu'un doit ici justifier son exégèse, c'est
plutôt celui qui s'écarte du sens obvie du texte ; les Septante
n'ont pas à s'excuser.

On assure pourtant que la traduction qu'ils ont
transmise aux théologiens offre des difficultés grammaticales insurmontables. L'historien de la philosophie ne
peut ici que s'incliner devant la science des philologues,
tout en regrettant un peu son manque d'unanimité. On peut
de toute manière admettre que Dieu ait voulu d'abord,
avant de dire son nom, mettre Moïse et son peuple en garde
contre une curiosité indiscrète et les rappeler au sens du
mystère, la question n'en attend pas moins une réponse.
Les défenseurs de cette interprétation la cherchent alors
dans la suite du texte qui commente la première formule ;
« je suis qui je suis » prépare aux noms de *Ehieh* (je suis)
et de *Yahweh* (il est), mais si ce sont là des noms de Dieu
préparés par la formule énigmatique dont nous cherchons
le sens, on n'évite pas la conclusion que le sens de cette
formule est une affirmation de Dieu comme être. On ne
gagne rien, me semble-t-il, à invoquer la règle selon
laquelle, à la naissance des enfants, le nom isolé qu'on
leur donne « doit évoquer toute une phrase prononcée dans
une circonstance déterminée ». D'abord, il ne s'agit pas
cette fois de la naissance d'un enfant, mais d'une révélation
du nom de Dieu par Dieu même. Disons plutôt, de l'un
des noms de Dieu, car il en a pris bien d'autres, mais surtout
il faut dire que si c'est là ce que Dieu veut dire, il est passé

maître dans l'art de l'équivoque. Quand il dit à Moïse, tu diras au peuple juif que mon nom est : *Je suis*, c'est alors simplement une manière abrégée de leur rappeler le sens de la formule complète : *Je suis qui je suis.* De même encore, quand Moïse dira au peuple : le nom de Dieu est *Il est*, cela ne signifiera pas qu'il se nomme vraiment Yahweh (il est), mais bien qu'il est qui il est. Avec la meilleure volonté du monde, il est difficile de se prêter à ces acrobaties exégétiques. On ne peut en tout cas s'étonner que la traduction des Septante, acceptée par les théologiens, se soit si généralement répandue au Moyen Âge. Elle n'a d'autre défaut aux yeux de certains que d'offrir immédiatement à l'esprit un sens intelligible et cohérent.

Dans la mesure où elles sont bien fondées, ces observations autorisent les conclusions suivantes :

1. ce que Moïse demande à Dieu, est son nom ;

2. la réponse commence par la formule en discussion, mais celle-ci n'est pas expressément donnée pour un nom ;

3. le nom est ensuite donné sous deux formes, l'une et l'autre empruntées à certains éléments de la formule ;

4. ces noms sont *Je suis* et *Il est.*

Tels sont les faits. Quant à leur interprétation, qui relève d'une philologie considérablement élargie au-delà de la grammaire et de la stylistique, elle présente d'abord un point d'accord assez important : tous les interprètes que je connaisse ont toujours lu dans la réponse divine un avertissement à respecter le mystère de la nature divine. Certains pensent, pour des raisons grammaticales et stylistiques, que c'est là le sens direct de la réponse, et même le seul (*Je suis qui je suis, Je suis ce que je suis*), les autres admettent au moins que, sous une forme différente (*Je suis celui qui suis, Je suis qui suis*) la réponse divine connote indirectement mais sûrement ce même sens. Si Je suis *suis*, sans autre détermination, n'essayez pas de vous représenter ce que je suis.

Le désaccord porte sur la fin du verset 14 et sur le verset 15. Déférant à la lettre du texte, certains lisent dans les mots *Je suis*, et *Il est* (Yahweh), la réponse à la demande du nom ; d'autres, les interprétant comme des références à la formule précédente, pensent que Dieu entend ici se nommer simplement « le Dieu d'Abraham, le Dieu d'Isaac et le Dieu de Jacob ». Cette deuxième interprétation me semble inacceptable, parce qu'elle contredit la lettre du texte. Celui-ci, en une seule phrase, enjoint à Moïse de dire aux enfants d'Israël, à la fois le nom du Dieu qui l'envoie (Yahweh, *Il est*) et que Celui qui porte ce nom à jamais est le Dieu de leurs pères, Abraham, Isaac et Jacob : le même Dieu.

Resterait un dernier point, dont la discussion se situe loin du texte et qui pourtant en affecte profondément l'interprétation. Au fond, nul ne peut sérieusement nier que Dieu ne se donne à lui-même en ce passage des noms qui signifient l'être. Un souci travaille ceux qui s'efforcent de pallier ce sens obvie sous des commentaires assez compliqués. La notion d'être est d'aspect philosophique, elle appelle le commentaire métaphysique et ce n'est pas sans raison que les théologiens chrétiens, à la suite des Pères de l'Église, ont gonflé le sens de ce texte d'ontologies profondément élaborées. Ce que les adversaires de ce genre de théologie veulent faire entendre, c'est que, même s'il était *Je suis* ou *Il est*, le nom biblique de l'Écriture ne signifierait toujours aucune notion métaphysique comme telle. Dieu dit *Je suis*, il ne dit pas Je suis *l'être*. Surtout, aucune notion abstraite de l'être n'est impliquée dans sa réponse. Bref, la parole de Dieu a un sens totalement et uniquement religieux[a].

Il devrait être d'autant plus facile de s'accorder sur ce point que nul, que je sache, ne l'a jamais contesté. Pour ma part, et ne parlant que pour moi, j'irais jusqu'à accepter, en un certain sens bien défini, que la parole de Dieu dont il s'agit ne *contient* la notion philosophique d'être même pas virtuellement. En effet, la parole divine n'est aucunement de l'ordre du philosophique, mais de l'ordre du religieux. Il n'y a donc en elle aucune philosophie, pas même en germe.

Nous n'en sommes pas moins ici au bord d'une question immense que l'analyse textuelle de l'Écriture ne permet pas de résoudre à elle seule. Pour nous, Occidentaux, l'origine de la spéculation philosophique est grecque. Que

a. Le commentaire marginal de la Bible de Jérusalem au passage controversé me semble à cet égard parfaitement équilibré. L'équilibre était pourtant difficile à obtenir. Selon ce commentaire, si l'on suit l'interprétation théologique traditionnelle, « le nom Yahweh, *Il est*, affirme, sinon explicitement l'Être absolu de Dieu, tel que la philosophie et la théologie le définiront plus tard, du moins déjà son existence sans restriction (qu'on opposera au *néant* des autres dieux). Jésus se désignera par la même expression, *Je suis, cf.* Jean, 8, 24 ». Notons seulement que, même en ce commentaire si sage, on sous-entend sous *Je suis*, le sens de Je suis *le vrai Dieu.* Et il y est sans doute, mais *Je suis* signifie, d'abord et immédiatement, *Je suis.* L'homme ne dispose que du langage pour exprimer la pensée, et c'est un truchement bien imparfait. Faute de compétence philologique, je m'interdis de m'engager sur ce terrain, mais il ne manque pas d'hébraïsants pour favoriser la traduction reçue. Voir, par exemple, la conclusion suivante de l'un d'entre eux : « With my investigation into the syntax of the passage I hope to have demonstrated, that far from being problematical, the "existential" interpretation of the passage is the only natural and syntactically correct exegesis. » E. Schild, « On Exodus III », 14 : « I am That I AM », *Vetus Testamentum* 3 (1953), p. 296-302. Les traductions proposées par E. Schild sont : « I am (the) one who is, – or : I am He who is. »

l'on admette ou non que l'Ancien Testament contenait des invitations à philosopher, aucun écrivain juif ne les a entendues. Elles furent d'abord perçues et accueillies par des Chrétiens nourris de culture grecque qui, lisant que Dieu s'est lui-même nommé *Il est*, entreprirent de décrire sa nature en lui attribuant les propriétés principales de l'être philosophique. Nul ne songe à contester ce fait historique massif et très évident. Il s'agit seulement de savoir si ce fait autorise à présenter la théologie scolastique du Moyen Âge, en tant qu'elle fait usage de la philosophie, comme dépourvue de tout fondement dans l'Écriture ? Est-il exact de dire, sans plus, que le texte controversé de l'Exode n'autorise aucun recours « à l'être en un sens philosophique, au moins virtuellement » ?

La formule est ambiguë et son apparente rigueur ne doit pas faire illusion. Au fond, elle exprime peut-être surtout la revendication, par le croyant, du droit à faire son salut par la foi en l'Écriture seule, sans se croire tenu de philosopher. Rien de plus légitime, et peut-être même n'est-il pas mauvais que cette protestation se fasse entendre contre l'illusion de ceux qui pensent qu'une « certaine philosophie fondamentale est nécessaire à tous », ou qui parlent comme s'ils le pensaient. On a fait des orgies de spéculation philosophique à propos de l'Écriture Sainte, il serait facile de citer des théologies où le donné révélé, qui devrait en être la substance même, disparaît sous une végétation parasite de spéculation philosophique difficilement intelligible, alors que la fin divine de la révélation, selon l'enseignement constant de saint Thomas d'Aquin, était de rendre possible à tous la connaissance de la vérité salutaire, qu'ils soient ou non capables de philosopher. On conçoit l'impatience des croyants à qui l'on semble vouloir forcer la main, pour ainsi dire, et que l'on veut obliger à philosopher en leur imposant un devoir dont, précisément, la révélation les dispense. Ce sentiment va jusqu'à l'indignation la plus légitime chez le croyant à qui l'on donne à penser qu'il doit *substituer* la connaissance à la foi et remplacer la parole de Dieu par son interprétation philosophique. Aucune philosophie ne peut dispenser de la religion. Il semble que l'accord sur ce point devrait être possible. On invoquera Pierre Damien s'il le faut pour remettre en honneur cette évidence, mais saint Paul devrait suffire (*Coloss.* 2, 8). Luther aurait peut-être fait l'économie de son épreuve, si l'enseignement de l'Apôtre avait été mieux écouté.

Mais ce n'est pas tout le problème. La spéculation théologique est un fait ; quoi qu'on en pense, il s'est produit ; il y a eu de ces hommes que le Moyen Âge appelait des *philosophantes*, et s'il est, d'une part, certain que leur interprétation philosophisante de l'Écriture a été toute grecque dans son origine, ses techniques et son inspiration même, il est, d'autre part, non moins certain que ce fait ne s'est produit, autant qu'on sache, qu'à propos de la révélation juive. Bien que tout croyant réfléchisse sur le sens de sa foi, on ne connaît pas d'autre « scolastique » hormis la théologie chrétienne et la philosophie qu'elle a motivée comme une sorte de sous-produit. C'est en outre un fait que, dans son premier contact avec la révélation judéo-chrétienne, la pensée grecque, représentée par les premiers convertis de culture hellénique, l'a d'abord accueillie comme un enrichissement, comme un don moins conféré que reçu. Justin, Minucius Félix, Lactance, Clément d'Alexandrie ont fortement insisté sur ce point : tout ce dont les philosophes doutaient, ou qu'ils ignoraient, sur l'origine et la fin du monde de l'homme, les chrétiens le savaient. La foi chrétienne, qui n'était pas philosophie, apportait pourtant à la philosophie un enrichissement dont elle n'était certes pas obligée de tenir compte, mais dont il ne tenait qu'à elle de faire son profit[a]. Le développement extraordinaire de la spéculation théologique chrétienne, puis islamique, juive et enfin, si l'on peut dire, religieuscment neutre ou areligieuse, n'a fait que prolonger cette expérience initiale ct courir sur sa lancée. Il devait donc y avoir dans la révélation judéo-chrétienne de quoi rendre cette spéculation au moins possible, sans quoi elle n'aurait pu se produire. Les théologiens chrétiens de langue grecque ou latine, les théologiens juifs ou musulmans de langue arabe, ont presque tous cru trouver dans la Bible des réponses à certaines questions philosophiques dont il leur appartenait de créer des interprétations rationnelles. Ils l'ont fait avec un succès tel que les métaphysiciens classi-ques du dix-septième siècle, tels Descartes, Malebranche, Leibniz et Spinoza, ont fait de cette théologie spéculative de la philosophie dans leur effort même pour la remplacer.

Ce sont là des faits. Cette rencontre et cette symbiose de la foi et de la raison, de la religion et de la philosophie ne se serait pas produite si la nature de la révélation juive ne s'y était au moins prêtée et même, en un sens quelconque, ne l'avait rendue possible. Il ne manque pas de gens qui détestent la philosophie, ni de prêtres qui détestent la théologie scolastique, et rien n'oblige à aimer l'une ni

a. J'ai rassemblé ailleurs les témoignages les plus frappants connus de moi sur le sentiment, alors si généralisé, que la révélation judéo-chrétienne représentait une avance sur les conceptions philosophiques du monde et de l'homme connues des anciens. Bien loin d'avoir l'impression de contracter une dette envers la philosophie, les premiers penseurs chrétiens trouvèrent souvent dans l'Écriture la seule réponse satisfaisante aux problèmes philosophiques qu'ils s'étaient longtemps posés. Cf. *History of Christian Philosophy in the Middle Ages*, New York, Random House, 1954, p. 11-51 et 555-578.

l'autre, mais l'expérience fait voir que la théologie scolastique remplit une fonction indispensable. Pour théologiser, il faut théologiser, et pour ne pas théologiser, il faut encore théologiser. Les inquiétantes divagations où se laissent aller ceux qui, au lieu de se réfugier dans un sage silence, se croient qualifiés pour remplacer la théologie classique par une spéculation de leur cru, font assez voir la nécessité du rôle régulateur qu'a toujours joué la pensée patristique et la science scolastique. Tout comporte ses propres risques. Celui de paraître usurper les prérogatives de la parole de Dieu est assez grave pour qu'on croie devoir le dénoncer, mais si on allait au fond de chacune des grandes théologies chrétiennes, on verrait qu'aucune d'elles ne s'attribue de valeur que comme intellection de la foi, poursuivie dans la foi et comme une étape vers la vision béatifique. Les philosophes modernes d'Averroès à Descartes, ne s'y sont pas trompés. La première chose qu'ils en aient dite est que ce ne sont pas des philosophies, et cela est vrai, mais il l'est aussi que, de ces non-philo-sophies, leurs propres philosophies sont sorties trans-formées. Il se peut donc qu'aucune philosophie ne soit contenue dans l'Écriture, même virtuellement. L'Écriture comme révélation religieuse ne tend pas d'elle-même à se développer en spéculation philosophique; elle en diffère *secundum genus*; elle ne pourrait devenir autre qu'elle-même sans cesser par là même d'exister, mais une vaste expérience historique permet d'affirmer que de nombreuses philosophies, parmi les plus illustres, se sont nourries de la substance de ces non-philosophies. C'est pour ces philosophies que la religion contenait du virtuellement philosophique qui n'en était pas pour elle. S'il n'y avait été en puissance d'aucune manière, ni en aucun sens, elle ne l'y aurait jamais trouvé.

Pourquoi s'intéresser à ce problème ? Pour un historien de la pensée chrétienne du Moyen Âge, plus encore pour celui qui tient Thomas d'Aquin pour un maître et un guide dans la recherche de la vérité, il est important de savoir si les théologies patristiques et médiévales sont ou ne sont pas ce que leurs auteurs imaginaient. La distinction qu'on introduit parfois aujourd'hui entre théologies scolastiques et théologies bibliques les aurait profondément surpris. Une théologie qui ne serait pas biblique ne serait pas une théologie du tout[a]. Saint Thomas n'a jamais pensé faire autre chose que méditer sur le sens de la parole de Dieu ou s'instruire de ce qu'il désirait savoir pour en faciliter l'intelligence aux autres hommes. Le problème se posait donc pour lui autrement qu'on ne l'imagine et l'on méconnaît totalement le sens de son œuvre quand on se le représente victime d'une méprise aussi grave que celle qu'on lui prête. Il ne croit pas du tout lire de la philosophie dans l'Écriture. Son expérience personnelle la plus vivace, celle qui, se renouvelant sans cesse, n'a jamais fini de l'émerveiller, implique au contraire que le révélé ne soit pas du tout philosophique, car ce qui l'étonne plus que tout est que l'Écriture et la philosophie grecque, deux sources de connaissance génériquement distincte, semblent si fréquemment converger vers la même vérité, bien qu'elles ne se réclament ni de la même lumière ni des

a. Nous ne faisons ici que retrouver, en y souscrivant sans réserve, les vues si justes plusieurs fois développées par le R.P. M.-D. Chenu, O.P., par exemple dans *Saint Thomas d'Aquin et la théologie*, Paris, Seuil, 1959, p. 34-37. On trouvera dans ces pages tous les éléments inclus dans la structure de la théologie comprise à la manière de saint Thomas d'Aquin. Cette théologie, y est-il dit, « émane » de l'Évangile ; la « science théologique » naît de la parole de Dieu, « au-dedans de cette foi ». C'est le seul point de vue d'où la théologie thomiste soit intelligible.

mêmes principes. Comme saint Thomas ne cesse de le redire, un tel accord spontané dans une distinction si complète, ne peut s'expliquer que par une origine commune, mais il est impossible de les confondre ni même de les mélanger. Le théologien ne peut que les associer.

Les philologues ont raison de rappeler les philosophes chrétiens au respect de la grammaire et de les informer au besoin des erreurs qu'ils commettent, mais pour juger une théologie, ou simplement la comprendre, une autre compétence est nécessaire, que les philologues ne possèdent pas toujours dans toute la mesure désirable. Car dans le cas particulier de saint Thomas d'Aquin, le plus curieux est qu'au lieu de comprendre le Yahweh de l'Écriture comme l'être des philosophes, il a fait tout le contraire. C'est l'être des philosophes qu'il a immédiatement assimilé au Dieu de l'Écriture. Si les Septante avaient commis une imprudence en traduisant *Je suis* par *l'Étant*, saint Thomas a rétabli la situation en retraduisant *l'Étant* par *Je suis*. Est-il besoin de faire remarquer la révolution que cette décision causait en ontologie comme en théologie ? Quel philosophe grec a jamais décrit Dieu comme le pur acte d'être, *actum purum essendi* ? Et comment ne pas voir qu'en le désignant de ce nom, *Esse*, sans détermination à aucune « talité » particulière, la théologie chrétienne l'élevait infiniment au-dessus de tout concept philosophique possible ? C'est parce qu'il est celui qui est, que Dieu est qui il est, et nous n'avons plus qu'à nous taire. Les théologiens ont si peu sacrifié la révélation à la philosophie qu'ils ont complètement reformé du dedans l'ontologie à la lumière de l'Écriture. On est bien bon de ne pas prétendre rayer d'un trait de plume leurs élévations et leurs spéculations, sous prétexte qu'au point de départ il y a eu erreur exégétique; cette indulgence est d'autant plus heureuse que l'erreur exégétique en question est loin d'être évidente. En pensant à celle que lui-même commet sur la vraie position des théologiens scolastiques, on réservera volontiers la même indulgence à son auteur.

INDEX NOMINUM

TABLE DES MATIÈRES

Achevé d'imprimer en juin 2023
sur les presses de
La Manufacture - Imprimeur – 52200 Langres
Tél. : (33) 325 845 892

N° imprimeur : 230437 - Dépôt légal : juin 2023
Imprimé en France